地理哲学

ドゥルーズ&ガタリ『哲学とは何か』について

ロドルフ・ガシェ――著

大久保歩――訳

月曜社

Geophilosophy
On Gilles Deleuze and Félix Guattari's *What Is Philosophy?*
Rodolphe Gasché

地理哲学

ドゥルーズ&ガタリ『哲学とは何か』について

目次

凡例

一、本書は、Rodolphe Gasché, *Geophilosophy: On Gilles Deleuze and Félix Guattari's* What is Philosophy?, Evanston: Northwestern University Press, 2014 の全訳である。

一、原文中のイタリック体による強調は、傍点で表した。

一、原文中の二重引用符は「 」にし、（ ）は（ ）のままとした。

一、引用文中の［ ］は、ガシェ氏による原文中の挿入や省略を表す。

一、原文で頭文字が大文字で始まる語句は〈 〉に入れて表した。

一、原註は【 】内にアラビア数字で表し、訳註は【 】内に漢数字で表した。

一、訳者による補足は〔 〕で表した。

一、文中で＝で連結している訳語は、原語一語に対して複数の含意を示すものである。

一、ジル・ドゥルーズとフェリックス・ガタリの『哲学とは何か』からの引用は、基本的に邦訳書（『哲学とは何か』財津理訳、河出文庫、二〇一二年）に従い、仏語原書（*Qu'est-ce que la philosophie*, Paris: Minuit, 1991）を参照しながら適宜修正を加えた。英訳書（*What Is Philosophy?*, trans. by Hugh Tomlinson and Graham Burchell, New York: Columbia University Press, 1994）からの引用の際にガシェ氏の加えた修正や注記については一切省略した。また引用の頁数を示す場合には、（ ）内に、英訳書、仏語原書、邦訳書の順に頁数を併記した。

一、原文にあった誤植や表現上の誤りは、ガシェ氏と相談の上、修正した。

一、引用・参照文献の表示は、原著の方式を踏襲し、邦訳のある文献は、訳書のタイトルと頁数を〔 〕に入れて表した。邦訳書からの引用は適宜訳文を変更してある。

謝辞

本書は、最初二〇一〇年にイタリアのチッタ・ディ・カステッロでの「現象学会議」〔Collegium Phenomenologicum〕で行った講義と、続いて二〇一一年にチリのサンティアゴのディエゴ・ポルタレス大学でそれを拡大して三日間のセミナーで行った講義から主に構成されている。二〇一二年春のニューヨーク州立大学バッファロー校におけるわたしの大学院の講義コースは、「地理哲学」というテーマで行われた。このときにわたしは、そのまえに行った講義を現在の本のかたちになるまで拡大した。二〇一二年の夏、ドイツのベルリンにある文学芸術研究センター〔Zentrum für Literatur- und Kulturforschung〕での地理哲学についてのワークショップで、第2章と第3章のいくつかのアイディアを最後にもう一度検討した。

こうした講義やセミナー、ワークショップに参加してくれたすべての人々、また、これらの探究をまとめるにあたって建設的な意見を与えてくれたすべての人々に感謝したい。ドナルド・クロスには心より感謝する。彼には原稿を出版用に編集し準備するために多大な尽力を頂いた。けれども、だれよりもまず、このプロジェクトを進めるあいだ、ブロニア・カーストが示してくれた寛容さと励ましに感謝したい。彼女にはいくら感謝しても足りないほどである。

序論

ジル・ドゥルーズとフェリックス・ガタリの二人の名前の下で出版された最後の著作である、『哲学とは何か』は、伝記作者フランソワ・ドスが認めるように、「それ以前の本とは少し違った仕方で書かれ〔1〕」た。それは「明らかにドゥルーズひとりで書かれたものである。しかし、同時に、ドゥルーズがガタリとの共著として出すことに同意したのは、たんに密度の濃い友情のしるしというだけでなく、この本の中で展開されているテーゼ、使われていることばが、一九六九年以来の二人の共同作業の延長であることを示唆している〔2〕」。これから『哲学とは何か』に注釈を加えていくなかで、二人の著者を指し示すのに、名前をそのつどフル・ネームで書く代わりに、D&Gという省略記号を使うのは、たんに節約のためだけではなく、彼らの友情を讃えるためでもあり、また、ドゥルーズの送った草稿段階からおそらくガタリが携わり、いくつかの修正を提案し、新たな方向性を決めたという事実に敬意を払うためでもある。しかし、この著作がドゥルーズ自身によって主に書かれたという事実よりも、おそらくもっと重要なのは、『哲学とは何か』というテーマで一冊書くというプロジェクトが、『千のプラトー』を出版したあとにドゥルーズによって構想されていたことである。ドスはこう書いている。「実際、『千のプラトー』の刊行直後から、ドゥルーズはこのテーマで仕事をしたいともらしていた。一九八〇年のパリ第八大学での最終授業での彼の締め括りのことばは、「来年は何か新しいものを見つけなければならないでしょう。わたしの夢は「哲学とは何か」というテーマで講義することです」だった。学生たちは彼が冗談を言っていると思って笑い出した。さらに、一九八〇年代に入ってからも、ドゥルーズはこうしたことを学生たちに繰り返し言っており、この問いに答える準備がまだできていなかったので哲学に関する講義をこれまでできなかったと語っていた〔3〕」。一九八一年のガタリへの手紙に見られるような他のいくつかのことばや、『襞』の出版のあとの一九八八年のインタヴューでの、「「哲学とは何か」という問いについて一冊書きたい」というコメントから、この問いを扱うプロジェクトがドゥルーズの心にずっとあったことがわかる〔4〕。ドスは、『哲学とは何か』が「きわめて個人的なプロジェクトであるとともに彼の哲学者としての人生の最後を飾るようなものである」〔5〕と評しているが、これは要を得ている。実際、『哲学とは何か』の冒頭の文章によれば、「哲学とは何か」という問いは、「おそらく老年を迎えてはじめて」、すなわち、自分がしてきたことがいったい何かはっきりと反省するひまもなく、生涯をかけて哲学をしてきた後になってはじめて、「立てることのできる」問いであり、そして、「もはや何も問うべきことがないときに」、「哲学とは何か」という問いは、哲学者の人生で最後を飾る問いである〔6〕。

これからわたしが提示する『哲学とは何か』の読解は、ドゥルーズの哲学、さらには、D&Gの哲学が、何であるかを証明しようとするものではない。わたしは彼らの思考の本質を発見したふりはしない。反対に、わたしは、彼ら自身が科学や芸術と区別して何を哲学と定義するのか、そして彼らが哲学をするときに自分たちがしてきたと理解するものはいったい何かということに関心を向けるだろう。さらに、哲学がギリシア的なものであるだけでなく、哲学がそれ自体、根本的な理由から、本性上地理哲学的〔geophilosophical〕であるという著者たちの主張にわたしは関心をもつだろう。また、この晩年の仕事になってはじめて明確にされたとはいえ、ある種の地理中心主義〔geocentrism〕

が、ドゥルーズやD&Gの哲学構想の周縁的な問題であるというよりは、むしろ、はじめからその思考の中心的な次元であることを明らかにしよう。実際、以下に論じるように、もしD&Gにとって哲学を構成する主要な特性のすべて——土着性〔*autochthony*〕、フィリア〔*philia*：友愛〕、ドクサ〔*doxa*：臆見、オピニオン〕——が、本質的な仕方で、〈大地《アース》〉への関心を暗に示しているとしたら、ドゥルーズやD&Gが哲学をしながらしてきたことは、はじめからこの関心にしるしづけられてきたということになる。

それゆえ、わたしの注釈は、『哲学とは何か』で発展させられた、哲学の概念に焦点を絞るだろう。科学や芸術に関して証明されることが取り上げられる場合はすべて、哲学に関してや〈大地〉に対する哲学の内的な関係に関してより精確な説明を与えるのに必要であるかぎりになるだろう。それゆえ、体系立った注意が向けられるのは、次の問いに対してである。すなわち、哲学をギリシア的なものにする三つの特性が、〈大地〉に対するこの根本的な関心にまさにどのように基礎づけられているのかという問いである。問題となっている三つの特性について詳述するためには、数々の迂回をし、ギリシアについてのD&Gの典拠や、彼らが自分の意見を述べるために依拠した研究者の研究に触れることが避けられないとわかるだろう。実際、D&Gの最後の作品を読むにあたってわたしは、膨大にあるドゥルーズ研究よりも、D&Gが思考するにあたって彼ら自身が典拠としたものを重視する。いずれにせよ、ドゥルーズ研究は、地理哲学的なものの問題を、管見のかぎり、これまでほんのわずかな機会にしか取り上げてこなかった。また、できるかぎり方法論的に語れば、わたしは、D&Gの用語法を、たんに繰り返す代わりに、伝統的な哲学の概念系に翻訳し戻すだろう。D&Gの専門用語は、自明なものではなく、額面通りに受け取ることはできない。このようにD&Gの特殊な概念系を慣習的な用語に翻訳し戻そうとする点で、わたしの読解は、管見のかぎりでは『哲学とは何か』のみを扱った唯一の本、エリック・アリエズの『世界の署名、あるいはドゥルーズ&ガタリの哲学とは何か』とは異なる[7]。加えて、D&Gが他の思想家のことばや概念系を自分たちの用語にどのように翻訳するかということに、特別な注意が払われるだろう。このように、いくつかのD&Gの専門用語を普通の哲学用語に再転換するために、わたしは、『哲学とは何か』のテクスト中の参考文献を、とりわけ脚注に挙げられている参考文献をすべて、多少なりとも調べた。こうした参考文献は、D&Gが哲学をギリシア的なものとして理解することに密接に関わっており、それゆえ、この作品全編にわたる叙述や展開を解明するためだけでなく、また彼ら自身の概念の起源や文脈を発見するためにも、こうした文献は必要な背景知識を与えてくれた。のちほど見るように、彼らの特異な概念系をこのように再翻訳することは、言語に対するD&G自身の認識によって正当化される。しかし、こうした再翻訳はまた、哲学こそが自分たちが生涯をかけてしてきたことだという彼らの主張を真剣に受け止めようとするなら、正当化されるだろう。さらに、そもそも、彼らが古典的な概念系から断絶することで成し遂げようとしてきたのはいったい何かということを証明しようと願うならば、ときに奇妙な彼らの用語法を再翻訳することは、必要な措置である。言い換えれば、原則的にはこうした再翻訳が条件となってはじめて、彼らの思考が古典的な哲学問題に対しておこなった貢献を精確に評価し、彼らの思考がこうした問題からみずからをどのように区別しているのかを評価することができるのである。しかしながら、こうした貢献が実際にはどのようなものかは、以下に続くこの短い研究の中では、点描の輪郭によってスケッチすることしかできない。

さて、D&Gの最後の作品が、哲学はギリシア的なものだと力強く告げ知らせるので、『哲学とは何か』を読むという課題は、哲学を他でもなくギリシアの創造とするのはまさに何か、はっきりと定義することを求めてくる。しかしまた、もし哲学が本性上ギリシア的であり、そしてもし、D&Gの言うように、哲学者になるためにはギリシア人にならなければならないとするならば、自分たちが哲学をしながらしてきたことはいったい何かと彼らが反省していることについて注釈するなかで、わたしが直面する問いとは、確かにもはやギリシア人であることが不可能である時代に、D&Gはどのように哲学者としてギリシア人であったのかという問いである。ことばを変えれば、この問いは、次のように定式化されるかもしれない。すなわち、哲学者としてD&Gは、昔のギリシア人とは混同されない仕方でどのようにギリシア人になったのかという問い、そしてその結果、ギリシア人とは異なる何か、根本的に新しい何かをすることがどのようにできたのかという問いである。またしかし、それゆえ、彼らのした根本的に新しいこととは、非ギリシア的な何か、哲学を超えた何かでは必ずしもなく、反対に、近現代の世界に適切に対応する形態の哲学である。たしかに、D&Gが生涯を通して哲学者としてしてきたことについての反省として、『哲学とは何か』は、できるかぎり厳密に、彼らが哲学ということで理解しているものを確立しようとしている。けれども、哲学の本質に関する問いが、彼らが生涯をかけてしてきたことへの問いかけによって枠付けられているという点で、『哲学とは何か』は、D&Gのそれ以前の著作のすべてが実際に哲学的であったと暗黙に考えているだけでなく、また現在の状況下での哲学の輪郭をも確立している。より精確には、『哲学とは何か』は、現代のデモクラシーと資本主義の環境にかなう哲学を創造することに携わっているのである。たとえ今日ひとはもはやギリシア人ではありえないにしても、こうした哲学は、ある点では、いまだにギリシア的であるだろう。

『哲学とは何か』の著者の問題に少し戻れば、この作品がドゥルーズだけによって書かれたという事実は、ドスが懸念するように、「ガタリという友と「絶縁した」ドゥルーズによる「真の」哲学への回帰[8]」と読まれるべきであることを示唆すると解釈されうるだろうか。これから見るように、『哲学とは何か』で提示される哲学理解は、ソクラテス以前の哲学者たちを高く評価する解釈に依拠している。ソクラテス以前の哲学者たちの思想や「真理」は、著者たちによれば、別の二つの哲学的時代――カントの批判哲学とフッサールの現象学――によって裏切られるよりさらにまえに、プラトンのイデア論によってすでに裏切られていた[9]。もちろん、二人の著者の名前の下で出版されたこの最後の作品が、実際にはドゥルーズひとりによって書かれたのならば、この作品は、古典古代の哲学や近代哲学の系統を受け継ぐよりはむしろ、「真の」哲学を主に初期ギリシア思想から理解する、ひとりの哲学者によって書かれたのである。しかし、もしドゥルーズが「ガタリとの共著として出すことに同意したのは、たんに密度の濃い友情のしるしというだけでなく、この本の中で展開されているテーゼ、使われていることばが、一九六九年以来の二人の共同作業の延長であることを示唆している[10]」のだとしたら、これはまた、ドゥルーズにとって、彼とガタリが生涯をかけてしてきたこと、特に、一見ほとんど哲学とは関係ないように見える新しい形態の思考を実験したときにしてきたことが、つねに「真の」哲学だったからではないか。そして、もしそうならば、結局、彼らがみずから設定したこの基準に照らして、彼らの作品を評価しなければならないのではないか。

この序論の最初でわたしは、ドゥルーズの哲学の本質、あるいはD&Gの哲学の本質が何であるかに関して、決定的で徹底した答えを立証するふりはしないと言った。むしろ、わたしは、彼らが哲学そのものの本性であると断言するものについて詳しく論じ、彼らによる哲学の再定義が依拠している前提を、その派生的影響の一部と合わせて、解きほぐすことを試みる。本書の全体にわたって多くの問題提起がなされており、実際には一連の問いは答えられないまま本書が締め括られているにせよ、本書の主旨は批判ではない。本書のねらいは、彼らが哲学として理解しているものを定義するときに依拠している典拠を文献学的に探索することを通して、彼らの企てをめぐる毀誉褒貶をいくらか込み入ったものにすることである。D&Gと署名されたこの最後の作品（しかしまたドゥルーズ自身にとっても著作としての最後の作品）が提示するさまざまな革新にもかかわらず、わたしの『哲学とは何か』読解の導きの糸のひとつは、この作品が与える哲学の構想が、哲学それ自体とは断絶してはいないことである。また、D&Gが提示する哲学の構想は、哲学の脱構築とも徹頭徹尾似ていない。むしろ、『哲学とは何か』は、哲学の内部でのみ、ある別の伝統の名の下に、支配的なプラトン主義の伝統と断絶する哲学の構想を与えるのである。この別の伝統は、多かれ少なかれ最近まで支配的な伝統から無視されてきたが、しかしそれは、この支配的な伝統の傍らで、また、西洋哲学の長い歴史の中で「真の」哲学的思考の力が現れる、数少ない非連続的で偶然的な出来事のかたちをとって、支配的伝統を中断し、あるいはそれに区切りを打つのである。間違いなく、『哲学とは何か』を書くときドゥルーズは、この彼自身最後の著作を、もうひとつのこうした出来事にすることを狙っていたのである。

原註

[1] François Dosse, *Gilles Deleuze and Félix Guattari: Intersecting Lives*, trans. D. Glassman (New York: Columbia University Press, 2010), 14.〔フランソワ・ドス『ドゥルーズとガタリ——交差的評伝』杉村昌昭訳、河出書房新社、二〇〇九年、二五頁〕

[2] Ibid., 456.〔同書四六六頁〕

[3] Ibid.〔同頁〕

[4] Ibid., 14〔同書二四〜二五頁〕; Gilles Deleuze, *Negotiations: 1972–1990*, trans. M. Joughin (New York: Columbia University Press, 1995), 155.〔*Pourparlers : 1972–1990*, Paris: Minuit, 1990, 211–212. ジル・ドゥルーズ『記号と事件——1972–1990年の対話』宮林寛訳、河出文庫、二〇〇七年、三一四頁〕

[5] Dosse, *Gilles Deleuze and Félix Guattari*, 456.〔ドス『ドゥルーズとガタリ』四六六頁〕

[6] Gilles Deleuze and Félix Guattari, *What Is Philosophy?*, trans. H. Tomlinson and G. Burchell (New York: Columbia University Press, 1994), 1.〔*Qu-est-ce que la philosophie?*, Paris: Minuit, 1991, 7. ジル・ドゥルーズ／

フェリックス・ガタリ『哲学とは何か』財津理訳、河出文庫、二〇一二年、七頁〕

[7] Eric Alliez, *The Signature of the World, or What Is Deleuze and Guattari's Philosophy?*, trans. E. R. Albert and A. Toscano (New York: Continuum, 2004). D&Gの思想が「論証性〔discursiveness〕[…]の幻想」や、それに付随する誤ったオピニオン、すなわち、概念はそれが内在平面の上で答えようとする哲学的問題から切り離しうるというオピニオンから、「哲学を救出する」(ibid., 23) 試みであることを根拠にして、アリエズはこうした再翻訳の必要性から自分を赦免する。あらゆる超越を拒絶する哲学に忠実であり続けるために、アリエズの本は、いくつかの注目すべき例外はありながらも、なんら批判的な距離をとらずにD&Gの言語を支持し、ときには、彼らの哲学を「スピノザの神秘」や「スピノザの唯物論的な想像力」「の周りで回転させ」(ibid.) ようとするにあたって、彼らの言語を誇張しさえするのである。

[8] Dosse, *Gilles Deleuze and Félix Guattari*, 15.〔ドス『ドゥルーズとガタリ』二五頁〕

[9] Deleuze and Guattari, *What Is Philosophy?*, 47.〔*Qu-est-ce que la philosophie?*, 49. ドゥルーズ／ガタリ『哲学とは何か』八六頁〕

[10] Dosse, *Gilles Deleuze and Félix Guattari*, 456.〔ドス『ドゥルーズとガタリ』四六六頁〕

第1章

「ギリシアの奇跡」

あまりよく知られていないが注目に値するテクストである「アクロポリスの丘の上での祈り」のなかで、エルンスト・ルナンは、若い頃、哲学や宗教の最も高尚な問題を自分で解決することで頭が一杯でせわしなく、人生について振り返る時間がまったくなかったと述懐している。彼はこう述べている。別の惑星のように彼とは異質であった、自分の生まれた世紀の動向と後に対峙することを迫られたときは、いろいろなことで忙しく、物思いに耽りながら直接の関心事ではない過去へと帰ることなど、さらにできなくなった。さらに、何度かの旅行（特にシリアへの旅行）は、「自分の古い記憶との距離をさらに遠ざける[1]」のに役立っただけだった。実際、ルナンは「本当にあとになってはじめて記憶を持ち始めた」と認めている。驚くことに、彼に自分自身の過去をはじめて振り返らせるには、非常に特異な経験が必要だった。彼はこう書いている。「奇妙なことだが、一八六五年のアテネではじめてわたしは、過去を振り返ろうという強烈な感情を感じた。それはまるで、はるか遠くからやってくるすがすがしい風、肌を刺すそよ風のような効果だった」。アクロポリスの光景は、「それ以前に感じたことのあるなによりも強力な印象」を彼の中に生み出しただけではない。それはまた、ルナンに向きを変えさせた、いわば彼を振り返らせ、過去と直面させたのである[2]。実際、アテネでルナンは、古代ギリシアが、「ユダヤの奇跡」と並んで、すべての同時代の関心事を凌ぐ過去、ユダヤと同じく奇跡に属する過去、すなわち「ギリシアの奇跡」であることにはじめて気づいたのである。ルナンはこう断言する。「すでにずいぶん前からわたしは、真の意味での奇跡というものがあるとはもはや信じていなかった。けれども同時に、イエスやキリスト教に結実するユダヤの民の特異な運命は、わたしにはなにかまったく特殊なものに思われていた。だがいまや、ギリシアの奇跡は、わたしにはユダヤの奇跡に並ぶものになっていた、すなわち、かつて一度だけ存在したもの、それ以前には一度も見られたことがなく、再び見られることもないだろうが、しかしその影響は永遠に残るであろうもの、つまり、なんら地域や国の染みがない、ある種の永遠の美である［3］。ギリシアで起こったことが独自《ユニーク》なことであり、なによりもまず、奇跡に属するものであることに気づいて、ルナンは初めて過去の西洋文化に興味をもった。ギリシアへのこの旅行より以前にも、もちろん彼は「ギリシアが科学や芸術、哲学、文明を創造した」ことに十分意識的であった。しかしそれが今ではまるで、他のなにものにも比べようのない完全性——すなわち、アクロポリスの上の「ペンテリコン山の大理石に結晶化した理想」——が啓示されたこの場所そのものと、この場所が命を吹き込む古代ギリシアの記憶とがまた、ルナンにみずからを振り返らせて自分自身の過去を思い出させるための条件を作り出すかのようなのである［4］。ギリシアの奇跡は、わたしが思うに、ルナンにとってはユダヤの奇跡さえよりも強く光り輝くものであり、このギリシアの奇跡の体験が箔となり、この箔に反射させることによって、ルナン自身が哲学や宗教がもたらす大きな問題を解こうとしながら生涯をかけてしてきたことそのものを反省できるようになるのである。それゆえ、この奇跡は、ルナンのそれまでの活動を中断させ、彼に自分の過去へと向かわせたもうひとつの奇跡の理由である。この奇跡において、彼の個人的な過去とヨーロッパの過去とが絡み合い、こうして、ギリシアでヨーロッパの文化的アイデンティティと対峙することが、彼自身の過去を回想することの条件となり、これを形づくるのである。

ルナンが造語して以来、「ギリシアの奇跡」というこの表現は、ある種紋切り型となり、イオニアでいくぶん唐突に起きた、ソクラテス以前の思想の知的革命を特に指すようになった。この革命のあいだに、合理的思考が、それ以前の神話的で宗教的な足かせのすべてから解放されて現れたのである。またこの表現は、こうした展開がたんに歴史的で社会 - 文化的な原因の観点からだけでは説明できないという信念をも指すようになった[5]。『哲学とは何か』のなかで、ジル・ドゥルーズとフェリックス・ガタリはこの表現をただ使っているだけではない。彼らはまた、ルナンと似た仕方で、哲学者としての自分たちのライフワークについて遅ればせながら回想しつつ反省することにこのことばを結びつけている。この作品の冒頭で彼らは、「「哲学とは何か」という問いはおそらく、老年を迎え、具体的に話せるときが到来する晩年になってはじめて、おそらく立てることができる」(1/7/七)[6]と述懐している。晩年の到来とともに彼らは振り返りはじめ、そして思うのだ、哲学自体の本質について、またもしあったとするならば、このギリシアの奇跡について、反省することのないまま哲学をしながら生涯をかけて自分たちはいったい何をしてきたのか、と(1/7/七)。人生を通して哲学者として自分がしてきたことはいったい何なのかと、人生の夕暮れに反省するこの身振りは、いくぶん月並みなものである。ドゥルーズは、ふくろうが(シラミやクモやダニとは対照的に)「真に哲学的な動物」のなかのひとつであるとは考えていないけれども、それにもかかわらずこの身振りは、ドゥルーズの公言された宿敵であるヘーゲルが、『法権利の哲学』の序言でした有名な主張、すなわち、ミネルヴァのふくろうである哲学は、太陽が沈んではじめて飛び立つという主張と共鳴している[7]。さらには、「哲学とは何か」と問うことによって、D&Gはたんにギリシア特有の問い――ti esti、「……とは何か」という問い――を立てているだけではなく、ギリシア特有のものの本質についても問い質しているのである。実際、あるものがそれ固有の本質において何であるかを探究するためには、すなわち、あるものを、はっきりと浮き彫りにされた輪郭のきわのなかで、かつ、どんな文脈からも離れて、見ることができるためには、ギリシア思想と伝統的に結びつけられてきた、前代未聞の抽象力が必要である。それゆえまた、「哲学とは何か」という問いは、必然的に精神の転換の問いでもあり、この転換によってひとは、このような問いや、それに必要な方法論的なディシプリンを問うことができるのである。つまり、この問いは、不可避的に哲学の起源の問いである。実際、この問いは、哲学の起源の問いから切り離すことができないのである。このように、自分たちが生涯をかけて何をしてきたのかという問いに直面して、D&Gは、古代ギリシアにおける哲学の始まりを振り返ることを強いられるのである。

『哲学とは何か』のこの出発点――哲学をしながら自分たちは何をしてきたのか問い質すこと――は、彼らが生涯をかけてしてきたことが哲学であったことをはっきりと強調している。彼らのある種の作品群が、彼らの創造した用語法と同様に、そうではないと示唆しているように見えたとしてもである。『記号と事件』のなかでドゥルーズは、『アンチ・オイディプス』や、特に『千のプラトー』で、彼とガタリのふたりは哲学を創造しようとしたのだとはっきりと主張し、映画や絵画についての彼の本も「哲学書〔8〕」であると付け加えている。こうした事情がまた、彼らのこの晩年の作品へのわたしのアプローチの仕方を規定するだろう。

もちろん、D＆Gが「哲学とはなにか」と問いかけた唯一の思想家ではない。しかし、彼らが指摘するように、「〈哲学とは何かという問題の〉文献目録は非常に貧相である」（1／7／七）。もちろん、この問いにどこかで答えなかった哲学者はひとりもいない。しかし、実際のところ、ひとつの作品すべてをこの問いに捧げた哲学者はほとんどいない。彼らの探究のタイトルが示唆するように、ハイデガーのエッセイ「哲学、それは何か〔Was ist das, die Philosophie?〕」〔1〕は、彼らが念頭に置いている数少ない作品のひとつである。彼らが明示的にこの作品を参照することがないにもかかわらず、『哲学とは何か』は、おそらく、「哲学、それは何か」を書き換えてこれに取って代わろうとしている。しかし、哲学についてほんの初歩的な知識しかもたないどんな読者もすぐに気づくのは、D＆Gの『哲学とは何か』が、哲学的思考への入門書でもなければ、哲学の伝統の枠組みのなかで哲学的思考を定義しようとする試みでもないことである。「哲学とは何か」という問いに対する彼らの答えは、哲学に関して伝承されてきた証言の多くと共鳴しない。反対に、哲学の本性の問いに対する彼らの答えは、結局、伝統のなかで実践されてきた哲学を根本から問いに付す試みに等しい。彼らの答えは、哲学の名のもとにおこなわれてきたことの歴史と奇妙な仕方で齟齬をきたすのである。しかし、彼らが哲学として示すものが、伝統的な哲学、あるいはアカデミックな哲学の観点からはほとんど認められない、もうひとつの理由がある。すなわち、「哲学とは何か」という問いが——少なくとも「序論——こうして結局、かの問いは……」で提示されるように——本当は「わたしが生涯をかけてしてきたことはいったい何であったのか」(1／7／七)〔という問い〕であるということである。『哲学とは何か』はまず、そして主に、哲学をしながら自分たちがいったい何をしてきたのかという問いに返答しており、そして彼らは実際、哲学をしながら哲学以外のなにもしてこなかったのではあるけれども、またそれを講壇哲学者たちとは異なる仕方でしてきたのである。彼らの本の第一の焦点が、哲学をすることで自分たちが生涯をかけて何をしてきたかであるのだから、「哲学とは何か」という問いへの彼らの答えが、スタイルにおいても中身においても、彼ら以前の返答とは区別されることは予想できる〔9〕。にもかかわらず、彼らに哲学をするように、しかも伝統のほとんどとは異なる仕方でそれをするように、何が動機づけ、さらには何がそれを必然とさせているのかは、この晩年の作品をわたしが読んでいく終わり頃だけでなく、読んでいくプロセスの中で、ただ見定めることしかできないものである。

ここまでわたしは、『哲学とは何か』の冒頭でなされる次のような主張に重きを置いてきた。すなわち、この作品で探究される問いは、哲学者としてしてきたことを振り返る晩年になってはじめておそらく立てられ答えられる問いだという主張である。しかし、ライプニッツの襞についての本を完成したあとに行われた一九八八年のインタヴューで、ドゥルーズは、『襞』が「『哲学とは何か』について一冊書くこと〔…〕を〔わたしに〕自由にやれるようにした〔me rend libre〕〔10〕」とも述べている。そして彼はこう付け加えている。「ライプニッツの世界では、すべてが折り畳まれ、拡げられ、拡げられたものがまた折り畳まれ、ひとは襞の中で知覚し、世界はひとつひとつの魂のなかに折り畳まれ、今度はこの魂が、空間と時間の秩序を守りながら、世界のさまざまな地域を拡げる。〔…〕バロックは襞を無限にまで高める」。確かに、ドゥルーズにとって、襞は「よい哲学概念」であり「その力能はまだまだ尽くされていない[11]」。いまや、襞が無限にまで高められる哲学について詳述したあと、哲学とは何かについてドゥルーズが自由に反省できるようになるのは、ライプニッツによる襞の一般化によってこうした反省や問いかけができるようになったからであり、さらには、それはたんに「反省的な」仕方ではなく、むしろこの問いに答えようとする過去の試みと手を切る仕方でもある。あとで見るように、D&Gにとって、哲学は反省ではない。あらゆる反省がつねになにかについての反省であるならば、そして例外なく、すでに何か完全に成し遂げられたものについての反省であるならば、襞の問題系は、D&Gが哲学の名のもとにしてきたことに思考を向けることを考慮に入れているように思われるし、この思考の振り向けは、彼らが事実上生涯をかけてしてきたことをより高次の水準で再生産するだけでなく、また再び哲学をするもう一つ別の仕方であるだろうし、同時に、哲学とは何かということとの新たな意味を作り出す機会でもあるだろう。言い換えれば、『哲学とは何か』は、おそらくは人生の終わりになってはじめて成し遂げられる作品であるとしても、D&Gがずっとしてきたことのたんなる回顧的な説明ではない。それは正しく哲学作品であり、加えて、哲学とは何かということについて新しい前代未聞の構想を作り出そうとする作品である。

「哲学、それは何か」でのハイデガーと同じ仕方で、D&Gも、哲学をしながら生涯をかけて自分たちがしてきたことについて反省するために、哲学の誕生の地であるギリシアへ旅をし、この「ギリシアの奇跡」が精確には何なのか規定しようとしており、実際、この表現を「ギリシアの「奇跡」に関する」ルナンの「有名なテクスト」に負っていることをついでながら認めている（224n14／98n14／三七六頁原注14）。すぐさま指摘しておくべきなのは、D＆Gがルナンのこの表現に訴えるのは、これから見るように、ギリシアで起きたことが独自《ユニーク》であるという考えを彼らが支持しているからであるということだ。しかしながらまた、彼らがこの表現を受け入れたとしても、このために彼らがそこから距離を置けなくなることはない。実際、ある箇所で彼らがこのことばの適切さを問うのは、これから明らかになるように、大きな困難にもかかわらずギリシアで起きたことが、結局のところ不可避であり、つまりは必然であると、この表現があまりに強く示唆するからである。つまり、この表現は、彼らによれば、ギリシアで起きたことを捉えるには十分にラディカルではないのである。

　それではここからは、この晩年の作品でD＆Gがギリシアにおける哲学の起源に向かう点に焦点を合わせたい。しかしながら、わたしがそうするのは、非常に伝統的な身振りであるものを問う意図からではむろんない。結局のところ、哲学〔philosophy〕は、その名前自体が示すように、ギリシア的なものである。にもかかわらず、『哲学とは何か』での哲学のギリシア起源に対するD＆Gの関心をこのように選び出すからには、いくつか前置きとなる注記が必要だろう。実際、数々の他の哲学的トポスを話題にし、哲学の本質だけでなく科学や芸術の本質についても語っている本のなかで、なぜ哲学の誕生の地についてのこの問いを特権化するのか。これまですでに示してきたように、哲学の本性に関する問いに答えることは、ギリシアにおける哲学の起源へと帰ることを避けられないものにする。とりわけ、それ自体はギリシアには限定されない神話的で宗教的な思考形態と哲学を区別する、哲学特有のものを理解するためには、古代ギリシアにおいて合理的思考の主要な教説が出現したことや、それが可能にした種類の問いや探究を問う必要がある。これは実際、時間上のある特定の時期に、世界の、あるいは大地の、ある特定の部分、すなわちギリシアで起こった。しかし、哲学とその誕生の地との関係とは何か。哲学の発生元の地域性は、哲学にとってなにか重要なのか。もし哲学が地理上のある決まった地点で現れるのならば、この哲学の領土的《テリトリアル》起源はどのような意味で哲学的思考そのものに影響するのか。今日しばしば信じられているように、哲学の領土的起源は、哲学の合理的で普遍的な推進力をたんに局所的なものにするのか。あるいは、哲学はその起源の時間や空間を超越するのか。哲学をそのギリシアの起源まで遡るD&Gの身振りは、学問的で専門的な行為であるように見えるにもかかわらず、それはまた、哲学と領土性《テリトリアリティ》との関係を、すなわち哲学の普遍性の要求を無効にするほどには領土性が哲学にとって外的でも内的でもないという関係を、再考する努力を表しているのではないか。

著者たちはこう考える。ギリシア的なものとしての哲学は、芸術や科学のような他の思考の様態《モード》や形態とはまったく異なる思考様態である、しかし、この区別は哲学がそれ自身に特有の特権性を享受していることをなんら示唆しはしない、と。それゆえ、次のような問いがすぐに課せられることになる。すなわち、この学問《ディシプリン》の本質を探究し、また同等の身分《ステータス》をもつ他の二つの学問〔科学と芸術〕と哲学が並べられる作品において、哲学の身分と役割とは何かという問いである。哲学は、他の二つの思考形態との等価性にもかかわらず、思考のこの差異化を考えられるようにするという点で、何かしらの特権性を享受しているのではないか。ところで、『哲学とは何か』において、問われている三つの思考様態は、多様体の理論の用語法や概念系の助けを借りて、区別される。この多様体の教説は、D＆Gが『千のプラトー』においてすでに体系的に明らかにし、哲学であれ非哲学であれ、あらゆる種類の問題の探究のための体系的なツールへと形づくったものである。実際、『記号と事件』においてドゥルーズが認めているように、哲学とは多様体の論理である〔12〕のだから、こう主張することもできるだろう。D＆Gが哲学をしながらしてきたことは、最初から、哲学する伝統的な仕方とは異なる、なぜなら、彼らは哲学を多様体の理論の観点から再考し、これによって、他の思考形態とは異なると同時に等価である思考形態としてみずからを説明する新たな手段を哲学に与えているのだから、と。多様体の三つの形態――哲学、芸術、科学――へのこの哲学的アプローチは、はじめは、哲学のギリシア的起源を呼び起こす、『哲学とは何か』の結局のところどちらかと言うと伝統的な哲学的身振りとは齟齬をきたすように思える。しかし、結局、D＆Gとともに彼らが哲学をしながら何をしてきたかを振り返るとき、位相数学へのこの訴えかけは、彼らの思想にとってどれほど決定的なのだろうか。この問いに長々と答えるよりはむしろ、これにどう取り組むかに関していくつかヒントを与えるだけで今は十分に違いない。

『千のプラトー』から明らかなように、D＆Gが取り組んでいる多様体の理論は、まず、本質的には哲学理論であり、ベルクソンの『意識に直接与えられたものについての試論』やフッサールの『算術の哲学』へと遡ることができる。D＆Gが考察するように、「多様体」という実詞は、フッサールによるMannigfaltigkeit〔多様体〕の練り上げと平行する展開のなかで、ベルクソンによって創造されたものである。それは、「多と一のあいだの抽象的な対立を逃れるため、［…］失われた〈統一性〉や〈全体性〉という数の上での断片に多を仕立て上げたり、あるいは逆に、来るべき〈統一性〉や〈全体性〉の有機的な要素に多を仕立て上げたりするのをやめて、むしろ、さまざまなタイプの多様体を弁別するため[13]」だった。一と多の二元論という古典的な哲学の問題系、ドゥルーズによればスピノザは実体とその個体化や様態との関係を練り上げたときにラディカルなかたちでこの問題系にアプローチしたのだが、そうした問題系へのこの関心こそが、D&Gの多様体への関心をしるし付けるのである。特に、多様体の理論に関する論理学や数学での先行者やこの理論のさらなる技術上の発展だとD&Gが考えるものに彼らが言及するとき、これが、多様体の概念を通して一と多なるものという由緒正しき哲学的問題を再考しようとする試みであることを見失うべきではない。ベルンハルト・リーマン、ゲオルク・カントール、アレクシウス・マイノング、バートランド・ラッセルへの頻繁な言及は、彼らがより限定して集合論や空間の理論について語っていることを示してはいるが、しかし、彼らがこうした理論すべてを駆使する第一の目的は、依然として、多様体の理論が達成しようとしたものである。すなわち、哲学の名において、一と多なるものの二元論を克服すること、そして同時に、ここで哲学すべての偽の全体性を克服すること（120–121／113–114／二〇三〜二〇五）である[14]。そして、この目標は、『哲学とは何か』で彼らがシステム論やカオス理論を援用するときも同じではないだろうか。

さらに、多様体の理論の援用をラディカルな革新として、D&Gの思想のトレードマークとして無批判に賞賛するまえに、まず、次のような事実に含まれる意味を問うべきではないだろうか。その事実とは、この理論が、『千のプラトー』において、コナン・ドイルのいくつかの小説の中に現れるフィクション上の登場人物、誇大妄想狂のもったいぶった人物、チャレンジャー教授によって、途方もなくおかしな報告のなかで提示されていること、しかも、それが「半過去」という文法の法ですべて書かれていることである。多様体の概念の解説と、ベルクソンによる二つのタイプの多様体の区別——一方は数的、あるいは延長的、他方は質的、あるいは強度的＝内包的《インテンシィブ》——に続いて、D&Gは、この区別にいぜんとして取り憑いている二元論を克服するために、「道徳の地質学」と題された章で、かの教授を登場させる。チャレンジャー教授は、自分が考案したのだという学問《ディシプリン》、すなわち、考えつくかぎりのあらゆる学問についての彼の言及が示すように、天体物理学とミクロ物理学の両方に適用できる学問を、ここで明らかにする。この新しい学問を、彼はさまざまな名前、おそらくは互いに交換可能な名前で名指すのであり、「多様体の科学」はそのなかのひとつだが、この学問は、すべての二元論を克服し、多様体に関してはその二つの種類のアレンジメント(agencement)、すなわち分節を、明らかにしようと目論む学問である。チャレンジャー教授が舞台から退場するまえ、H・P・ラヴクラフト〔アメリカの怪奇小説家〕に明らかに帰せられるシナリオにしたがって、彼の姿が文字通り溶解し、後ろ手でドアを閉めるやいなや、棺のかたちをしたケースに入るそのまえ、たしかに彼の講義の紛れもない要点は、多様体が、ガラクタの単なる寄せ集めというよりはむしろ、強度的＝内包的であること、すなわち、みずからに折り重ねられ接合されており、その合成要素に対して俯瞰の状態にあることである[15]。しかしながら、この哲学的な要点をはっきりさせるために、チャレンジャー教授が、多様体の理論などの自分が訴えかける理論と、理論を根拠付ける実例との寄せ集めとを舞台にかける滑稽な仕方は、それらの理論の最終的な妥当性にも影響しないだろうか。

ここで、おそらくひとは、チャレンジャー教授が、教授という概念的人物であると主張したがり、そして、D&Gが『哲学とは何か』で教授たちについて示していることすべてを念頭に置きながら、チャレンジャー教授はむしろ、D&Gが「概念的人物を先生たちや校長たちと取り替えること」と診断するものの一例ではないかと思うかもしれない。D&Gは、(英語訳では消えている一文のなかで)ニーチェと一緒になってこうした取り替えを賤民の徴候とみなし、哲学における非常に悪い趣味のしるしとみなしている(80/77/一四〇)。いずれにせよ、あらゆる論理的で数学的な形式における多様体の理論はたんに、哲学そのものへのオルタナティヴ、哲学に取って代わることのできる何か、あるいは取って代わるだろう何かではない。実際、『ディアローグ』の「英語版への前書き」でドゥルーズが強く述べるように、「集合論は空間論に劣らずまだ手はじめの段階であったようにわれわれには思えた[16]」。実際、それはまるで、こうした理論すべてには、多様体の哲学的理論が約束するものが欠けているかのようである。欠陥があるにもかかわらず、こうした理論すべてが多様体——哲学や科学や芸術といった思考形態の多様体のような——に力点を置くことでD&Gの興味を引きつけたのだとしたら、それは、なによりもまず、それらが経験論の延長、言い換えれば、超越論的な哲学的思考と対立する種類の哲学の延長であるからである。「経験論は」、ドゥルーズは述べる、「ある種の論理と――多様体の論理と根本的につながっている[17]」。つまり、多様体の理論、すなわち集合論、位相幾何学、カオス理論に訴えかけることによって、D&Gは、それらが哲学を時代遅れにすると示唆しているわけでは決してない。そのまったく反対である。哲学こそがこうした理論に対するD&Gの興味をかき立てているのである。

哲学には今日、哲学と関わりがあるふりをしているさまざまな競争相手がいることをD&Gは何度か認めている。ほんのわずか名前を挙げれば、たとえば第一にまず科学であるが、また社会学や精神分析、マルクス主義などである。対照的に、『哲学とは何か』では、D&Gは哲学が他に還元不可能な独自性《ユニークネス》をもっていることを非常に強力に擁護しているだけではない。彼らはまた、哲学の競争相手が、哲学が死んだと宣言することでその地位を簒奪すること以外のなにもしていないと主張する。それゆえ、『ディアローグ』でドゥルーズが指摘するように、「他の多くの学問が哲学の機能を引き受けている以上、哲学が死んだかどうか問うのは、実際にはあまり大きな意味はない[18]」。『哲学とは何か』でD&Gは、哲学が終わったとか形而上学は克服されるべきだとか主張するのは、「何の役にも立たない、我慢ならないたわ言」(9/14/二〇)であり、こうした主張の名のもとになされたことが、結局のところ哲学や形而上学以外の何ものでもないのだとまで断言する。彼らはこう書く。「概念を創造する場所と時期が存在する以上、それを遂行する営みはつねに哲学と呼ばれるだろうし、たとえ別の名前が与えられたとしても、その営みは哲学とは見分けがつかないだろう」(ibid./ibid./同頁)。

『哲学とは何か』におけるこうした発言が示唆するのは次のことではないだろうか。この作品のなかを貫く古典的な糸――哲学のギリシア起源――を辿ることが正当化されるだけでなく必要でもあること、しかも、もしD&Gがたとえば多様体理論のような理論に与えている重要性を理解しようと願うならば、さらには、こうした理論が彼らにどう役立っているのか見定めようとするならば、この作品が前提としている哲学への伝統的なアプローチが必須であること、これである。

いずれにせよ、これ以降わたしが『哲学とは何か』のなかでの「ギリシアの奇跡」に関するD&Gの発言を際立たせ、この奇跡の観点から哲学の地理哲学的な本質をさらに詳しく述べようとするのは、確かに彼らの思考のひとつの側面を追究するからであり、そしてこの側面は明らかに伝統的な、大陸哲学のあかしのひとつである。さらに、彼らが哲学一般の特有性について断言することは、問題となっているギリシアの奇跡に対する彼らの分析に深く負うところがある。けれども、『哲学とは何か』の最後でD&Gはまた、哲学に対する非哲学的理解もほのめかしている。この非哲学的理解とは、哲学を包含するものであり、さらには哲学自体がこうした理解を必要としていると言われている。本書〔『地理哲学』〕が進むなかで、次の問題に取り組むことになるだろう。すなわち、哲学と芸術と科学のあいだの差異と関係を分節するのに著者たちが用いている多様体の理論が、哲学の書き込まれている、否定的なもののこのより広い領域ともどのように結びついているのかという問題である。哲学的なものから非哲学的なものへの拡大は、哲学自体から要求されているとD&Gは主張するのであり、そしてここで改めてわたしは、おそらく「ギリシアの奇跡」こそが、こうした拡大を最初にどのように考えればよいのか、いくつかの手がかりをわれわれに与えてくれるだろうと思う。

D&Gの考える、ルナンの「ギリシアの奇跡」の明確な意味をさらに探究するまえに、まず、この表現に含まれる明らかな含意をいくつか強調させてもらいたい。ランダムハウス・ウェブスター大辞典が示しているように、奇跡とは、「人知の力あるいは自然の力すべてを超越し、超自然的な原因に帰せられる、物理的な世界における作用や途方もない出来事」のことである。人間が行うものであれ神的な行為者によるものであれ、どんな奇跡も、出来事の因果系列の中断を含意するのであり、この出来事の脈絡のなかでは、奇跡はなにかまったく予期しないものを表す。明らかに、超自然的な原因は「ギリシアの奇跡」には関わっていない。しかし、それはいわば奇跡的である特異な出来事であり、なぜなら、どんな種類の因果関係もそれを説明できないように思われるからである。D&Gがしばしば参照するジャン゠ピエール・ヴェルナンが、紀元前六世紀のギリシアにおける哲学の出現に対して社会‐歴史的な観点から取り組むなかで主張しているように、古代ギリシアのさまざまな状況、たとえば、ミノア文明やミケーネ文明において息の詰まるような存在であった王の廃位、それに続く主権の危機、そしてポリスの誕生、こうした状況が明確に、当の奇跡の出現に有利に働いたのであり、こうして、「学者たちがときに哲学の中に見てきた、絶対的な啓示の性格[19]」が捨て去られた。特に、イセゴリア（言論の平等権）やのちのデモクラシーという形態での、ギリシアにおける政治的なものの誕生は、むろん哲学の出現に有利に働いた。なるほど、こうした展開はそれ自体奇跡的ではない。なぜなら、マルセル・ドゥティエンヌが『古代ギリシアの真理のマスターたち』で示したように、政治の領域とデモクラシーは、戦士たちの集会によって前もって準備されていたからである。戦士たちは、戦利品を自分たちのあいだで分け合うために、共同の場（meson：共通の点）の周りに座り、それぞれの戦士は中心から等距離で座り、こうして、のちのアゴラを予感させる、最初の公共空間を形成した。アゴラでは、市民たちは互いに完全な互恵関係を享受したのである。けれども、こうした展開から決定論的な仕方で哲学を導くことは許されない〔20〕。こうした展開によっては、哲学がギリシアでまさにあのときに取った特定の形態で出現したことは滑らかには説明されないのである。バーバラ・カッサンが組織した会議「われらのギリシアと彼らの現代」でエリック・アリエズとフランシス・ウォルフが提出した論文へ短く答えた「考察」のなかで、ドゥルーズは、アテナイの土着性〔*autochthony*〕、フィリア〔*philia*：友愛〕、ドクサ〔*doxa*：臆見、オピニオン〕という三つの根本的な特性が、「おそらく哲学の誕生と発展の条件〔21〕」であると示唆している。こうした特性は、ヴェルナンが注意を求める社会‐歴史的な条件とは異なる種類のものではあるが、しかしそれらは依然として条件であって確かに原因ではない！　それゆえ、「ギリシアの奇跡」という表現が完全に不適切というわけではない。このように、なにものによっても予感も予言もされないこの奇跡は、偶然の出来事であり、同じようには起こりえなかっただろう出来事、つまり、何によってもその発生が完全には必然にはならないまま起こった出来事なのである。ジャン・ボーフレは次のように言っている。「哲学は、人間が大地の上を歩きだせば最初から伴ってくるような、永遠の必然性ではない。むしろ、哲学は生まれたのであり、誕生の国を、ゆりかごをもつのである〔22〕」。『哲学とは何か』でD＆Gは、ボーフレのもう一つの考察を、死後出版されたインタヴューから引用している。そこでは次のように述べられている。（ハイデガーによれば）「その源泉は、どこにでもあり、不定であり、中国的、アラブ的でもあればインド的でもある［…］。しかしそこには、ギリシアのエピソードが存在し、そのエピソードとは、ギリシア人たちはこの源泉を存在と命名する奇妙な特権をもっていたというものである」（223–224n6／91n6／三七五頁原注6）［23］。この場合、哲学とは、ある特定の場所で世界の特定の地域に住む人々のあいだだけではじめて起こった出来事である。「ギリシアの奇跡」が奇跡であるならば、それは、歴史上の因果関係の観点からでは説明できない——実際、それを予感させるものは何もないし、それを必然的な出来事とするものも何もない——から途方もないだけではなく、また、ルナンによれば、それがギリシアでだけ、しかもたった一度だけ、起こったからなおさら、途方もないものなのである。ボーフレが注記しているように、哲学がわたしたちの言語でだけでなくあらゆる言語で「哲学〔philosophy〕」と呼ばれているからには、「英語やドイツ語、イタリア語やスペイン語だけでなく、ロシア語、アラビア語、そしてきっと中国語でもそう呼ばれている［24］」からには、哲学とギリシアにおけるその出現——そしてそれゆえその本質的にギリシア的な本性——とのあいだのつながりは、哲学的な主張がされるときにはいつでもどこでも反響し続けるのである。しばらくのあいだ、このようにギリシアで何が起きたかを考えることの含意に思いをめぐらせてみよう。この考えによれば、哲学の出現は、ある地理上の領域や特定の人々と切り離せない。ここから哲学のこのギリシア起源がもつ逆説的な帰結が引き出される。すなわち、もし、ギリシアにおける、そしてギリシアの人々のなかでの、哲学の出現を何ものも必然的には規定していないならば、それは、ある地方のたんなるひとつの出来事ではなく、むしろ、原理上、どこかほかのところでも起きえただろう。さらには、同様の理由で、厳密に言えば、それは「ギリシアの奇跡」の前にも起きえなかっただろうか。何ものもそれを必然的な事件としていないという理由からまさに、それは実際、他のどこかでもっと早い時代にも起きえただろう。しかし、それは起きなかった！　それはたった一度、さらには地理上のある特定の地点で、しかしそのテリトリーと因果的に結びつくことはまったくないままに、起きた――それゆえ哲学は抽象という身分《ステータス》（哲学的思考に特徴的な、前代未聞の抽象の力を与えているもの）を享受している――けれども、「ギリシアの奇跡」は、まさにこの理由から、反復されうるのであり、すでに特にヨーロッパでその反復は起きたのであるが、おそらく、他の場所でも同様に起こりうる反復なのである。はじめから、「ギリシアの奇跡」という観念は、どれほど独自なものであったとしても、より多くの奇跡の可能性、来たるべき他の奇跡の可能性（しかし決して必然性ではない）を含意している。このとき、ギリシアの奇跡とともに出現したもの――哲学――は、潜在的には複数でもあるものである。

原註

［1］Ernest Renan, *Souvenirs d'enfance et de jeunesse* (Paris: Calmann Lévy, 1893), 57–58.〔エルンスト・ルナン『思い出』上下巻、杉捷夫訳、岩波文庫、一九五三年、上巻六五～六六頁〕

［2］Ibid., 59.〔同書上巻六六頁〕

［3］Ibid., 59–60.〔同書上巻六六～六七頁〕

［4］Ibid.〔同書上巻六七～六八頁〕

［5］Jean-Pierre Vernant, *The Origins of Greek Thought* (Ithaca, N.Y.: Cornell University Press, 1982), 103–4.〔ジャン＝ピエール・ヴェルナン『ギリシャ思想の起原』吉田敦彦訳、みすず書房、一九七〇年、一〇八～一一〇頁〕

［6］Gilles Deleuze and Félix Guattari, *What Is Philosophy?*, trans. H. Tomlinson and G. Burchell (New York: Columbia University Press, 1994).〔*Qu'est-ce que la philosophie?*, Paris: Minuit, 1991. ジル・ドゥルーズ／フェリックス・ガタリ『哲学とは何か』財津理訳、河出文庫、二〇一二年〕文章中の参照ページはすべてこの版のものである〔本訳書では、英訳のページ数に続けて、フランス語原書と邦訳のページ数を併記してある〕。

［7］Gilles Deleuze and Claire Parnet, *Dialogues II*, trans. H. Tomlinson and B. Habberjam (New York: Columbia University Press, 2002), 61.〔*Dialogues*, Paris: Flammarion, 1996 (1er édition 1977), 75. ジル・ドゥルーズ／クレール・パルネ『ディアローグ——ドゥルーズの思想』江川隆男／増田靖彦訳、河出文庫、二〇一一年、一〇五頁〕 Georg Wilhelm Friedrich Hegel, *Philosophy of Right*, trans. T. M. Knox (Oxford: Oxford University Press, 1952), 13.〔*Werke*, Bd. 7, *Grundlinien der Philosophie des Rechts oder Naturrecht und Staatswissenschaft im Grundrisse*, 2. Aufl., Frankfurt am Main: Suhrkamp, 1989, S. 28. G. W. F. ヘーゲル『ヘーゲル全集 9 a　法の哲学 上巻』上妻精／佐藤康邦／山田忠彰訳、岩波書店、二〇〇〇年、二二頁〕 ヘーゲルに対するドゥルーズの関係についての洗練された議論としては、Henry Somers-Hall, *Hegel, Deleuze, and the Critique of Representation: Dialectics of Negation and Difference* (Albany: State University of New York Press, 2012) を見よ。

[8] Deleuze, *Negotiations*, 137.〔*Pourparlers*, 187. ドゥルーズ『記号と事件』二七五頁〕

[9] 「スタイル練習」ではなく、すなわち、哲学をする過程でひとがするように、仕事の規則に合うように哲学について仕方なく考察することではなく、むしろ、自分たちがずっとしてきたことは何だったのかと振り返るのに十分節度をわきまえられるぐらいになった人生の時期に、哲学の本性についてD＆Gが立てる問いとは、彼らが「ノン・スタイル」（1／7／七）と名付ける種類のものである。ドゥルーズにおけるノン・スタイルという観念についてのすぐれた研究として、Donald Cross, "What Is Nonstyle in *What Is Philosophy*?" in *Deleuze and the Schizoanalysis of Literature*, eds. I. Buchanan, A. Tynan, and T. Matts (New York: Bloomsbury Academic, forthcoming 2014〔二〇一五年に同出版社から出版された〕）を見よ。

[10] Deleuze, *Negotiations*, 155.〔*Pourparlers*, 211–212. ドゥルーズ『記号と事件』三一四頁〕

[11] Ibid., 154–155.〔ibid., 211. 同書三一三〜三一四頁〕

[12] Ibid., 147.〔ibid., 201. 同書二九七頁〕

[13] Gilles Deleuze and Félix Guattari, *A Thousand Plateaus: Capitalism and Schizophrenia*, trans. B. Massumi (Minneapolis: University of Minnesota Press, 1987), 32.〔*Mille plateaux : Capitalisme et schizophrenie*, t. 2, Paris: Minuit, 1980, 45–46. ジル・ドゥルーズ／フェリックス・ガタリ『千のプラトー——資本主義と分裂症』上中下巻、宇野邦一／小沢秋広／田中敏彦／豊崎光一／宮林寛／守中高明訳、河出文庫、二〇一〇年、上巻七八頁〕 また、Gilles Deleuze, "Théorie des multiplicités chez Bergson," http://www.le-terrier.net/deleuze/20bergson.htm を見よ。

[14] Deleuze and Guattari, *A Thousand Plateaus*, 32–33〔*Mille plateaux*, 45–46. ドゥルーズ『千のプラトー』上巻七八頁〕も見よ。

[15] Ibid., 73–74.〔ibid., 93–94. 同書一六〇〜一六一頁〕

[16] Deleuze and Parnet, *Dialogues II*, ix.〔"Préface pour l'édition américaine de Dialogues," in Gilles Deleuze,

Deux Régimes de Fous : Textes de Entretiens 1975–1995, David Lapoujade ed., Paris: Minuit, 2003, 284–287, 286. ジル・ドゥルーズ「『対話』アメリカ版への序文」江川隆男訳、『狂人の二つの体制 1983–1995』所収、河出書房新社、二〇〇四年、一六六頁〉

[17] Ibid., viii–ix.〈ibid., 285–286. 同書一六四〜一六六頁〉

[18] Ibid., 14.〈*Dialogues*, 21.『ディアローグ』三〇頁〉

[19] Vernant, *The Origins of Greek Thought*, 130.〈ヴェルナン『ギリシャ思想の起原』一四五頁〉

[20] Marcel Detienne, *The Masters of Truth in Archaic Greece*, trans. J. Lloyd (New York: Zone Books, 1996), 89–106. ポリスと結びついた、中心化された新しい社会空間に関しては、Vernant, *The Origins of Greek Thought*, 125–26〈ヴェルナン『ギリシャ思想の起原』一三九〜一四〇頁〉も見よ。

[21] Gilles Deleuze, "Remarques," in *Nos Grecs et leurs modernes*, Barbara Cassin ed. (Paris: Seuil, 1992), 250.〈この論考は改稿され「プラトン、ギリシア人たち」と改題されてドゥルーズの生前最後の論文集『批評と臨床』に第16章として収録されている。引用の該当箇所は以下に見られる。「プラトン、ギリシア人たち」守中高明訳、『批評と臨床』所収、河出文庫、二〇一〇年、二八二頁〉

[22] Jean Beaufret, "La naissance de la philosophie," in *Dialogue avec Heidegger : Philosophie grecque* (Paris: Minuit, 1973), 36. ボーフレは続けてこう述べている。「ある日哲学が誕生したのは、イオニアの岸辺とまたイタリアの岸辺——地中海——であった。その後哲学は、ギリシア世界の終わり頃、歓迎されることのないままアッティカ地方に住み着きに来たのである」。

[23] "Libres Propos de Jean Beaufret recueillis par Frédéric de Towarnicki," *Ethernité* 1, no. 1 (Paris: Editions de la Différence, 1985): 92.

[24] Beaufret, "La naissance de la philosophie," 19–20. ボーフレはこう付け加えている。「他方、ギリシア語では、フィロソフィアという語は、いつも存在していたわけではなかった」。

訳注

〔1〕 Martin Heidegger, "Was ist das — die Philosophie?," in *Identität und Differenz*, *Gesamtausgabe*, Bd. 11, hrsg. Friedrich W. v. Hermann, Frankfurt a. M.: Vittorio Klostermann, 2006, 3–26. マルティン・ハイデガー『哲学とは何か——ハイデッガー選集第七巻』原佑訳、理想社、一九六〇年。

第2章　どの大地か？

すでに見たように、ルナンにとって、「ギリシアの奇跡」は、たった一度だけ起きたのであり、その影響は永遠に残るとしても、この「奇跡」は二度と再び見られることはないだろう。この奇跡は、完全性の観念がペンテリコン山の大理石のなかに結晶化したものであり、そしてこの完全性の観念とは、ルナンにとっては、非時間的基準を表し、この基準によってどんな世界も測定されなければならず、特にわれわれ現代の世界が、測定されなければならないのである。けれども、これはもちろんD&Gが理解するような意味での「ギリシアの奇跡」ではない。これから見るように、彼らにとって哲学とはまた、世界のあの特定の地域でのみ現れたという点で本質的にギリシア的なものであり、そしてもし哲学がのちに別のどこかで現れるときには、この最初のはじまりを創造的に再発明するというかたちをとるのである。ところで、D&Gはまた、このギリシア特有のものである哲学が本性上地理哲学的であることを主張する。D&Gによれば、「地理哲学」とは、ニーチェが「フランス哲学、イギリス哲学、ドイツの哲学のナショナルな特徴を規定し」(120／98／一七七)ようとするなかで、(名付けてはいないけれども)創立した概念である。ヨーロッパのさまざまな哲学の「ナショナルな特徴」に言及するとき、D&Gの典拠は、もちろん、『善悪の彼岸』の第八章「民族と祖国」である。実際、ヨーロッパの哲学をそのナショナルな特徴でニーチェが性格づけていることが、地理哲学の最初の草案であると言われているのならば、この観念は、どのような意味で理解されるべきか。フランスやイギリスやドイツの哲学のナショナルな特殊性へのこうした関心から導かれるのは、以下のようなことではないだろうか。つまり、シュテファン・ギュンツェルが主張してきたように、D&Gが

「ニーチェとともに哲学のポスト構造主義的規定の中心に位置づける」「地理哲学」という用語［1］は、たんに、哲学が地理的に根を下ろしていること、それゆえ哲学がつねに、その分節化に関してはどこか相対的なものであることを示唆しているだけだということではないだろうか。実際わたしには、このようにD&Gの主張はときに理解されていると思われる。確かに、土着性、フィリア、ドクサがギリシア哲学に特有の三つの特性であることを際立たせることによって、ドゥルーズ自身が、ギリシア哲学の地理哲学的性質をこうしたニーチェ的な（そしておそらくはポスト構造主義的な）仕方で理解するように、ギリシア特有のナショナルな特徴に関わるものとして理解するように、促したのかもしれない［2］。しかし、これから示すように、『哲学とは何か』での「地理哲学」という語は、哲学がたんに、それぞれの場合に特定の哲学を規定する物理的な環境の意味で、地理的であるということをまったく意味しない。むしろ、すでに指摘されてきたように、D&Gの主張は、たんに哲学が本質的にギリシア的なものであるということだけではなく、哲学そのものが本質的に地理哲学であることでもある。それはどのような意味か。

この問いに答えるために最初に指摘させてもらいたいのは、地理哲学という観念はニーチェにまで遡らなければならないとしても、この用語自体は、わたしの知るかぎり、アナール学派の歴史家、フェルナン・ブローデルが『フィリッポス二世の時代の地中海と地中海世界』〔邦訳名『地中海』〕での方法論的考察で「地理歴史〔geohistory〕」と呼んだものの基本線に従って、D&G自身が造語したものだということである。「地理歴史」という用語は、ドイツにおいて十分に確立された概念である「地政学〔geopolitics〕」を思い起こさせるけれども、ブローデルが考えるように、これは、「図式化された空間的歴史とはなにか異なるもの、より歴史的であると同時により幅広いもの」である。「図式化された空間的歴史は、諸国家の現在や未来の状況に対して当てはめられ、たいていの場合初めからすでに何かしらの方向へと屈折させられているものである」。対照的に、地理歴史は、人間の問題を、空間上に繰り広げられたものとして、そして可能ならばひとつの地図（cartographie）のかたちで図式化されるものとして、扱おうとする試みだろう。この地図とはすなわち、現在にとってだけではなく過去にとってもまた「意味のある（intelligente）人文地理学」であり、これは地理学を現在から引き離し、地理学に「その手法や精神で過去の現実を再考させ、同様に、歴史の生成とでも呼ばれるものを再考さ」せるのである。こうした地理歴史の二重の目的は、第一に、地理学者にもっと時間に対して注意を払わせることであり、第二に、「空間の圧倒的な永久性」について、すなわち、空間が支え、生み出し、可能にし、阻止しているものについて、歴史学者にもっと不安に思わせることである。ブローデルはプログラム的な考察を次のように書いて要約している。こうした歴史のねらいは、「ほとんどもっぱら国境や行政区分の研究に没頭して、大地自体や気候、土壌、植物、動物、この種の生命やその労働活動にはなんら関心を持たない」これまでの地理学を、「真に回顧的な人類史」へ転換することである、と[3]。ブローデルの作品の第一部「環境の分け前」で特に明らかにされているように、地理的なものは、たんに行動のための設定や風景ではないし、また、人類の文化が自然と対立して、あるいは少なくとも自然から区別されて発展してきたことのたんなる背景ではない。反対に、『地中海』でのブローデルの主張の要点は、地理的なものが、人間活動のための自然環境であるのではなく、むしろ、精神的かつ社会的な構造と密接につながって、あらゆる歴史的展開のための環境を形づくっているということである。要約すれば、地理歴史は、自然史というよりはむしろ、大地《アース》の人類史、大地と分かち難く絡み合った歴史である。

『哲学とは何か』ではときおり曖昧になっているけれども、地理哲学が大地の哲学であるというのは、D&Gによれば、地理歴史が、大地の歴史であること、すなわち、あらゆる人間活動にとっての可能性を解放する、地理的かつ精神的な環境の歴史であることと似た意味でである。彼らはこう書く。「歴史がブローデルの観点からすれば地理－歴史〔géo-histoire〕であるのとまったく同様に、哲学は地理－哲学〔géo-philosophie〕である」(95／91／一六五)。地理哲学を哲学そのものの構成要素であると理解することの第一の帰結として、地理哲学はある特定の哲学ではありえない。それは哲学のひとつのタイプではない、すなわち、他のタイプの哲学からは区別された、大地についての哲学ではない。たとえば、地理哲学は生態－哲学〔eco-philosophy〕ではない、すなわち、環境とつねに相互作用している生物学的存在としての人間にとっての、場や家としてのオイコスの哲学ではない。たしかに、D&Gがわれわれの生態系の破壊が進んでいることに無神経であったわけではない。しかし、わたしが思うに、『哲学とは何か』には、こうした懸念の痕跡はない。この作品では、地球《アース》は環境保護主義の感傷的な趣きの対象では特にない。地球への大地郷愁的なアプローチの痕跡は、どんな種類もここには見られない。反対に、「地理哲学」という語において、「地理〔geo〕」は、哲学を内側から規定する環境としての大地《アース》、哲学に内的に属している大地、哲学的思考の縄張りである大地を指す。こうした思考は、本質的に、その付属物である大地についての思考ではなく、そうした大地に属した思考なのである。さて、D＆Gが強調するように、哲学がギリシア的なものならば、哲学が大地に関わっているという主張、あるいは大地を必然的に伴うという主張には、驚き以上のものがある。実際、だれもが知っているように、ギリシア哲学は、大地についての哲学ではなく、むしろ、コスモスについての哲学である。つまり、意味のあるように秩序付けられ、合目的に分節され、公正に配置され、それゆえ美しい、天と地全体としてのコスモス、すなわち、ギリシア人によれば、カオスから現れたものとしての「世界」である。けれども、D＆Gにとっての哲学が、どれほどギリシア的であろうとも、コスモスとは関係していないとしても、これはコスモスがD＆Gの思考においてなんの役割もしていないということではない。反対に、これからある箇所で見るように、コスモスは〈哲学とは〉別の思考形態の「相関項」である。

それでは、「地理哲学」のなかの「地理」や「大地」をどのような意味で理解する必要があるのだろうか。このことばをD＆Gが使うときの意味の全体は、徐々にしか明らかにならないだろう。しかし、『哲学とは何か』になにか概念的に一貫していないものがあるとしても、解釈上のいくつかの選択肢をはじめから排除するのが安全だとわたしは考える。そうした選択肢が排除されれえ、また排除されなければならない本質的な理由は、あとでしか明らかにならないだろうけれども。また、D＆Gの研究を読んでいくプロセスのなかでしか、今つけようとしている区別を精密にすることはできないだろう。地球《アース》は、D&Gの意味では、惑星や球体ではない。これらは、対象化する準拠的《レファレンシャル》な思考様態の相関項である。思考の参照項《レフェラント》として、惑星や球体としての地球は、哲学とは別の思考形態に属する。すなわち、これから見るように、科学に属する。地球はまた、すでに述べたように、コスモスという意味での世界でもない。のちに論じるように、コスモスは、芸術という思考形態の相関項である。大地《アース》はまた、世界やコスモスを構成する四元素のひとつでもない〔4〕。まさにこの理由から、それはまた、ハイデガーが大地と呼んだ、四元の一部と同一ではない。この四元は、改訂されたコスモスの観念であり、四元では大地は天に対して我有化と脱我有化の秩序だった動的関係にある。しかしながら、また確かに、「大地はほかの元素のなかのひとつの元素ではなく、むしろすべての元素をひとつの括りのなかにまとめると同時にこうした元素のあれこれを使ってテリトリーを脱領土化する」とD&Gが主張するとき、四元を思い出さずにはいられないし、脱領土化をハイデガーの脱我有化（Ent-eignung）の一形態として解釈せざるをえない。最後に、また非常に重要なことに、大地は、〈母なる大地〉、ゲー・メーテル〔Ge Meter〕、ガイアではない、すなわち、ギリシア人が神話（とヘシオドスの『神統記』）から知っていた、生み出し育むと同時に血に飢えた神ではない。この神は、モーリス・ブランショを引用するならば、ルネ・シャールのような現代人が、「「流動する、恐るべき、精妙なる大地」と呼びかけるときに」訴えかけている神、「ヘルダーリンが〈母なる大地〉と呼んだ、自身の沈黙の中に身を閉ざした大地、地下のものであり、自身の影の中に身を隠す大地」である神、「リルケが「〈大地〉よ、目に見えぬものとしてわれらのうちに再生すること、これこそおまえの望むところではないのか」と呼びかける」神、「ファン・ゴッホが「わたしは大地に繋がれている」と言い放つことでいっそう力強くわれわれに示した」神だろう[5]。D&Gによれば、ギリシア哲学が関わっている大地とは、コスモスや惑星、元素、あるいは〈母なる大地〉といった神話的形象のような、すでに構成された対象や物ではない[6]。『ディアローグ』での考えをさらに追究するならば、こうした「われわれを引き留めようとする固定的な力、大地の確固たる力[7]」は、哲学の問題そのものである大地を創造的に構築するためには、裏切られなければならない（ドゥルーズにとって裏切りはよいことである）。ギリシア初期以来哲学が関わってきた大地とは、哲学そのものに内的であると同時に、まえもって与えられるのではなく、むしろ、構築される必要のあるものである。一部で考えられてきたように、D&Gの哲学が哲学を大地に下ろす哲学なのだとしたら、それは、逆説的なことに、われわれが知らないような大地である。これはいくつかの意味でそうなのであり、これについてはこのあと明らかにする必要があるだろう。実際、心に留めておきたいのは、『哲学とは何か』では、大地、la terre（「大地」のフランス語）は、すぐれて脱領土化されたものとして、言い換えれば、地球《アース》も含めたなんらかの特定のテリトリーから解放された大地《アース》として、つまりは、いわば非常に抽象的な大地として、特徴付けられているということである[8]。もうひとつ指摘しておけば、『記号と事件』によれば、脱領土化されたものとしての大地は、どんなテリトリーよりも「なにか深いもの[9]」である。大地は哲学者の大地であると語られる。それは、哲学者が哲学する土地《グラウンド》である。けれども、哲学が、本性上地理哲学であるものとしてギリシアで生じたのはまた、最初から、大地——D&Gのことばでは、すぐれて脱領土化されたもの――に関わる何かが、それにもかかわらず、大地の特定の部分へ、ギリシア人の大地へ、彼らの世界へ、彼らにとってはこの世である世界へ、すぐに再領土化されるからである。しかしながら、これは、哲学がギリシア以外の世界にとって何の意味ももたないような、たんなるギリシアの現象であるということでは決してない。反対に、哲学は、大地そのものに関わりながらも、しかしつねに再領土化という補完的な形式で関わるものである。脱領土化した大地がこのように不可避的に再領土化することは、哲学を本質的には必然的に特異的《シンギュラー》な＝単数的なものにするのであり、そしてこれはまた〔哲学が〕潜在的には複数であることを意味する。「ギリシアの奇跡」は、そのとき、ルナンの場合はまだそうであるように、非時間的な基準にはもはや属さず、むしろ、大地そのものにつねに特異的な＝単数的な仕方で関わることが現れるという出来事である。

　それゆえ、テリトリーや大地が何を意味し、それらのあいだの関係がどのように理解されるべきか、より正確に把握する必要がある、もし、D&Gが言うように、この関係が哲学的思考の生じる中間であるのならば。これを行うためには、脱領土化と再領土化の二重の運動を明らかにすることが急務だろう。しかしまず、D&Gの用語法について一言言っておきたい。『ディアローグ』では、ドゥルーズは「文字通りのことばは存在しないし、隠喩も存在しない（あらゆる隠喩は汚れたことばであるか、さもなければ汚れたことばを生み出す）。何かを正確に指し示す不正確なことばだけが存在する」と考える。それゆえ「異常なことばを創造する」必要がある、「ただし、そうしたことばを最も通常の語法にし、それらの指し示す物が最もありふれた対象と同じように存在するようにするという条件で[10]」。

その少しあとで、ドゥルーズは、自分とガタリの二人が使ってきた用語法について次のような意見を述べている。「いかなる場合にもわたしたちは比喩的用法を用いない。それは「……のようだ」とはわたしたちは言わないのだ。［…］わたしたちは脱領土化された用語を使っている。すなわち、別の観念に再領土化するために自らの領域から引き離された用語を使っている［11］」。ドゥルーズが自分やD&Gの用語法についてここで提示していることは、一見、『哲学とは何か』を読むわたしの方法論的な関心、すなわち、彼らの用語法をもっと普通の哲学的言語に再翻訳するという関心の妨げになるように思える。確かに、隠喩化に手を貸すような、ことばの文字通りの意味が存在しないとすれば、ことばの文字通りの意味に戻ることは不可能なように思われる。けれどもまた、ドゥルーズが文字通りの意味や比喩について自分の意見を述べているときに基礎となっている言語の考え方には、言語のすべてのことばが、つねにすでに翻訳されたことば――以前のシニフィアンや文脈から引き離されたことば――であることや、つねにすでに別の文脈で別の対象に適用されていることが、暗に含まれている。それゆえ、言語は翻訳の媒体として構築されている。つまり、言語のそれぞれのことばは、翻訳されたことばであり、以前の領域から引き裂かれ、別の領域に適用されたのであり、それぞれの翻訳は創造的な行為、すなわち異常なことばの創造なのである。しかし、これが真実ならば、ことばが取り去られたもとの意味や文脈、すなわち脱領土化され、その後別の観念に再領土化された、そのもとの意味や文脈、こうしたものの痕跡やこうしたものへの参照は、新たに創造されたそれぞれの用語のなかに残存しているのであり、したがって、新たに創造されたこうした用語は、以前の用語へ再翻訳することを正当化するだけでなく、ついには、それをその新奇さのなかで理解することを要求するのである。つまり、ことばが文字通りの意味を欠いているというドゥルーズの発言は、わたしの方法論的アプローチを問いに付すよりはむしろ、それを正当化するのである。

加えて、ドゥルーズやD&Gがありふれた用語を使い、異常な用語になるようにそれを変形する仕方についてドゥルーズがここで語っていることは、脱領土化や再領土化という用語を彼らが理解している仕方を明らかにするときに大きな助けになる。というのもとりわけ、ここでわかるように、こうした用語は、非常にさまざまな、問題含みの文脈で使用されているからである。けれども、これらの用語が、文字通りの意味がせいぜい二次的な役割しか果たしていないような仕方でしばしば使われているとしても、まさにこの文字通りの意味こそが、すなわち「テリトリー」や「脱領土化」や「再領土化」における「大地」（la terre）への参照こそが、『哲学とは何か』においては決定的なのである[12]。それゆえ、この作品でこそ、脱領土化や再領土化の運動がテリトリーに関して、そしてついには大地自身に関して、成し遂げるものが問題なのであり、まずそれがこうした用語の解明の出発点となるのである。

「逃走線」という表現は、芸術に起源をもち、遠近法での消失点を指すが、ここではこの表現がわれわれの出発点として役立つだろう[13]。ドゥルーズは、「逃走」に強調点を置き、逃走すること（と裏切り）を肯定的で創造的な行為にすることによって、この表現を再解釈する。こうして、彼は脱領土化を、「逃走線」を本質とするものとして定義する。すなわち、完全に自己に閉じ込められたテリトリーからの創造的な逃避あるいは単なるそこからの出立と、外界や他なるものへの開けとを本質とするものとして定義する。逃走線の結果として、ひとは「われわれを引き留めようとする固定的な力、大地の確固たる力」を裏切り、そこから立ち去ることになる[14]。言い換えれば、脱領土化とは、ある抽象化の線を引くことを本質とし、この線は最終的には、あらゆる確固たる規定から大地が解放される「最高度の抽象[15]」をその目標とする。ところで、そこから去って抽象すべきありとあらゆる種類のテリトリーが存在するのだから、同じ数だけの意味の脱領土化が、D&Gには存在する。しかし、明らかに、脱領土化が第一に関わるテリトリーとは、terraのテリトリー、terreのテリトリー、すなわち大地それ自体のテリトリーである。脱領土化について語るいくつかのやり方を挙げたあとで、ドゥルーズは、「究極的には、〈大地〉それ自体、脱領土化されたもの[16]」こそが意味されていると述べる。D&Gははっきりとは認めないとしても、あとに残され逃走されるもの、すなわち、あらゆる確固とした力をもつ大地は、脱領土化されたテリトリーに痕跡を避けがたく残す。実際、「脱領土化」という語それ自体は、大地から抽象的に引き裂かれることを含意し、これは結局、すぐれて脱領土化されたものとしての大地とD&Gが呼ぶもの、言い換えれば、抽象そのものとしての大地ではないにしても、抽象的な大地を、創造することになる。このあとに、あらゆる再領土化が、すなわち特定のテリトリーへの（あるいは、のちに見るように、大地への再びの）あらゆる付着が続く。さらに、大地はすべてのものに共有されている居住地であるから、脱領土化という語は、「普遍性」や「一般性」や「理念性」といった意味を響かせつづける[17]。つまり、根本的な内在を謳う二人の思想家、超越とのいかなる妥協も拒絶する内在を謳う二人の思想家が大地と呼ぶものは、普遍が特殊と関係するのと似ていなくもない仕方で、テリトリーと関係している。もちろん、大地はわれわれが知っているようなたんなる普遍ではないし、テリトリーはたんなる特殊ではないにしてもである。「大地は絶えず、その場その場で脱領土化の運動を行い、これによって大地はいかなるテリトリーも越えていく。つまり、大地は脱領土化し脱領土化されるのである」(85/82/一四八)とD&Gが述べるとき、大事なのは、大地がその場その場でどんなテリトリーも脱-特殊化し、どんなテリトリーも普遍性や一般性の水準に上げることである。このとき、こうした脱領土化と再領土化の運動は、本質的に、土地を更地にする作業と基礎を据える作業という相補的な運動である。しかし、すでに注意したように、こうした脱領土化する普遍化はまた、今度は、すぐに再領土化される。すなわち、テリトリーという形態で大地の一部に再び書き込まれるのである。

こうした諸観念とそれに対応する運動をより精確にするために、D&Gが脱領土化のひとつとして大地の運動に明示的に取り組んだ、ある重要な文章に舞い戻ろう。実は、こうしたことをやり遂げるには、ある問題を予感せずにはいられないのだが、これについては先に進んではじめて詳しく展開できるだろう。『哲学とは何か』に親しんでいる者ならば誰でも知っているのは、D&Gにとっての哲学が、科学や芸術とは区別され、概念の創造をその本質としていることである。しかしながら、哲学が概念の創造であるのは、抽象という薄い大気のなかではなく、むしろ、内在平面において、すなわち、「〈一者-全体〉」(これがhen kai panというギリシア語の表現に翻訳されることはあとで論じる)という非哲学的で前‐哲学的な直観によって「創建される[18]」平面において、である。この非哲学的で前‐哲学的な直観がカオスを横断し、これに続いて、この直観は概念によって住まわれるのである。前‐哲学的でありながらいぜんとして概念のものであるこの平面は、概念創造としての哲学の前提であるから、哲学にとって内的で内在的な条件である（41／43／七五）。実際、哲学のこうした内的な条件として、概念創造のために要求されるものとして、非概念的な内在平面は、哲学それ自体によって創建されるものである。D&Gがこの点をかなり力強く主張するのは、次のように述べるときである。「前‐哲学的なものとは、何か前もって存在するようなものを意味するのではまったくなく、むしろ、たとえ哲学によって前提されるにしても、哲学の外には存在しないものを意味する。これは哲学の内的な条件なのである。この非‐哲学的なものはおそらく、哲学そのものよりも哲学の核心に近い」（41／43／七五）。今度は、D&Gはこう主張する。この〈一者‐全体〉の平面が「哲学の絶対的な土地、哲学の〈大地〉[sa Terre] やその脱領土化、哲学の基礎を構成しているのであり、これらの上で、哲学はその概念を創造する。この二つのこと、すなわち概念を創造することと平面を創建することの両方が、あたかも二つの翼や二つの鰭のように、必要なのである」（41／44／七六）。われわれの著者たちはこれ以上ないほど明確である。つまり、哲学が関わる大地は、内在平面である。つまり、存在するものすべて、哲学が概念を創造する対象すべての直観的統一性である。この場合、哲学の内部では、大地は、哲学にとって本質的で絶対的な土地《グラウンド》＝根拠であり、哲学が概念創造であるかぎり哲学によって前提されているのであるが、しかしそれは、哲学それ自身がみずから自身の非哲学的基礎《ファウンディション》として創建する土地＝根拠、したがって超越的であるよりはむしろ哲学自身に徹頭徹尾内在している土地＝根拠である。大地を絶対的土地＝根拠として創建することによって、哲学は、根本的に地理哲学である、それはつまり、いまや明らかなように、哲学が大地によって生み出されるというだけではなく、また、哲学の土地＝根拠、哲学の大地が哲学に完全に内在的であるがゆえに、哲学が徹頭徹尾自律的な構築であるということである。もし、哲学に属する大地（sa Terre〔その（哲学の）大地〕）、哲学の概念創造を下支えする大地が、脱領土化であるならば、すなわち、大文字のEの〈大地〉〔Earth〕、テリトリーのあらゆる特殊性から自由な、絶対的な意味での〈大地〉であるならば、そのとき〈大地〉とは、伝統的な哲学のことばで言えば、哲学の普遍的な土地＝根拠である。そして哲学が創造する概念たちは、概念をその内側へと受け止める土地＝根拠に住みつきにやってくるのだが、この概念たちは、この完全に内在的な土地＝根拠を肉付けするために不可避の手段である。さらに、われわれの注意を引かずにはいられないのは、テリトリーを脱領土化し、こうして大地を自らの絶対的な基礎として創建することによって、哲学が、テリトリーのいかなる特殊性からも独立して、みずからに固有の自己-準拠性を成就することである。この文脈では、「地理哲学」〔邦訳書では「哲学地理」〕と名付けられた『哲学とは何か』第四章の冒頭の段落の最後で立てられた問いは、特に意義深い。D&Gはこう問う。「ギリシアが哲学者のテリトリーや哲学の大地であるのは［…］どのような意味においてか」（86／82／一四九）。少し単純化すれば、この問いに対する答えは次のようになる。すなわち、ギリシアが哲学の大地であるというのは、その受胎《コンセプション》＝構想が大地からであり、特定のテリトリーへの固着がまったくない、自己－基礎づけ的で自律的な存在からであるという意味であり、つまり、外の原因や理由の存在によって減衰することのない内的一貫性《コンシステンシー》をもった、完全に内在的な大地から生まれたという意味なのである。概念的人物と社会心理的類型（後者はゲオルグ・ジンメルやアーヴィング・ゴフマンを参照している）とを区別する必要性を論じた、『哲学とは何か』のはじめのほうの文章で、著者たちは「テリトリーの形成、脱領土化のベクトル、再領土化のプロセス」（68／67／一一二）について問う。この文脈ではじめて、脱領土化と再領土化の運動の相補性が言及される。すでに見たように、大地は、テリトリーからの解放の運動の結果である。それは脱領土化されたものそのものであるが、しかし、こうした脱領土化が起こると同時に、（哲学の絶対的で普遍的な土地＝根拠としての）大地は、ギリシアへ、すなわちそれ自身はもはや自然の所与ではなく、むしろア・プリオリな脱領土化を前提するテリトリー（や歴史的文化）へ、もう一度再領土化される[19]。D＆Gは次のように述べる。「もしギリシア世界の独創性を追究するのならば、ギリシア人たちはどのような種類のテリトリーを創建するのか、彼らはどのようにみずからを脱領土化するのか、彼らは何の上でみずからを再領土化するのかと問わなければならない」（ibid.／66／一二〇〜一二一）。すぐさま指摘しておきたいのは、これ以降、相関する二つの大地の形態を区別する必要があるだろうということである。一方には、哲学の絶対的土地＝根拠としての〈大地〉、すぐれて脱領土化された世界が存在し、他方には、ギリシア人が形づくった大地や世界のような、歴史的に創建された大地、すなわち、哲学者が哲学的な意味での〈大地〉をそのうえで再領土化する大地が存在する。両者の関係についてはのちに詳しく見よう。

地理哲学は、〈大地〉（普遍的世界）に関わるものとしての哲学であるだけでなく、〈大地〉が再領土化され、またあえてこう言ってよければ、〈大地〉が受肉される、特定のテリトリーにも関わるものとしての哲学である。この特定のテリトリーとは、のちに明らかになるように、自然的テリトリーあるいは物理的テリトリーではなく、主として政治的なテリトリーである。この政治的テリトリーは、ギリシア固有の社会の組織的特徴（自由、デモクラシー）とギリシア固有の社会心理的類型（友、ライバル）から構成される。「地理哲学」の章の冒頭でD＆Gが次のように問いかけていたことを思い出しておこう。「ギリシアが哲学者のテリトリーや哲学の大地であるのは［…］どのような意味においてか」。疑いなくそれは、ギリシアが、再領土化の結果としての〈大地〉によってもう一度復元された、あるいは返された、テリトリーであるという意味であり、また、この復元されたテリトリーが、もとのテリトリーあるいは自然のテリトリーではなく、むしろ、徹底的に変形されたテリトリーであるという意味であり、それは、このテリトリーがギリシア固有の制度やギリシア固有の類型――「（たとえば、〈友〉？）」――を含んでいるからというだけでなく、また、意義深いことに、このテリトリーが「どこか他の場所に開かれている［20］」からでもある（86／82／一四九）。脱領土化するとともに再領土化することによって、〈大地〉は、「あらゆるテリトリーも越えていく［…］。〈大地〉はそれ自身、集団で自分たちのテリトリーを離れるものたち、（たとえば）列をなして海底を行進し始めるエビ、天の逃走線をゆくイナゴやシギ、こうしたものたちの運動と混じり合う」（85／82／一四八）［21］。いかなるテリトリーも越えていくことによって、哲学の〈大地〉、しかしまた同時に、これから見るように、再領土化を通過したテリトリーとしての大地は、閉じられた空間ではなく、むしろ、移住を通してどこか別の場所へと開かれ、自らを他者へと晒すのである。

原註

［1］ Stephan Günzel, “Nietzsches Geophilosophie und die ‘gemässigte Klimazone’ im Denken des Abendlandes,” *Dialektik* 1 (2000): 17–34.

［2］『善悪の彼岸』の「民族と祖国」という章は、実際、哲学についてだけでなく、特に芸術について、とりわけ音楽に強調点を置いて、ナショナルな特徴を検証している。つまり、自分たちがナショナルな習俗に対して偏見のない公平な観察者であると自負していた、フランスのモラリストたちの精神のもとに行われた検証である。この研究は、最終的にはヨーロッパが統一されるという観点から、ニーチェのことばでいう「ヨーロッパの魂」（182〔二四五番〕）にしたがって、行われている。ヨーロッパでは、「古くて多様なモラリスト風文化」、すなわちモンテーニュからモンテスキューに及ぶ伝統をもつフランス人は、はっきりと「ヨーロッパにおける優越性」をもっており（193〔二五四番〕）、これと対照的なのが、「なんら哲学的な人種ではなく」（189〔二五二番〕）、さらには、キリスト教に頑強に固執しているイギリス人であり、そして、土地への原始的な強迫観念、「国粋妄想」（196〔二五六番〕）を持ち、（説教壇から聞こえる「唯一の公的でおそらく芸術的な語り」（184〔二四七番〕）をのぞけば）偉大な様式を欠き、こうして「ヨーロッパの高貴さ」（192〔二五三番〕）を奪われたドイツ人である。加えて、ヨーロッパにおけるフランスの優越性を際立たせているもの、特にドイツと差をつけているものは、イギリスやイタリアと同じように、「今日ヨーロッパで暮らす人種の中で、最も強く、最もタフで、最も純粋な人種」（187〔二五一番〕）とニーチェが特徴づけるユダヤ人をこれまで

同化することができていることである。実際、ユダヤ人という遊牧人種は、ニーチェがヨーロッパの魂として構想するものに明確なモデルを提供している。これが特に当てはまるのは、ニーチェが良きヨーロッパ人を次のように特徴づける場合である。すなわち、「風土的にまた階層的に制約された人種を生じさせた諸条件からますます解放されていくこと。何世紀にもわたって心と身体に同じ要求とともにその影響を刻み込んできた特定の環境からますます独立していくこと。こうして、本質的にナショナルなものを超えた遊牧的な種類の人間が、しだいに出現しつつある。こうした種類の人間は、生理学的にいって、典型的な特徴として最大限の適応術と適応力を持っている」（176〔二四二番〕）。ここで注記すべきなのは、ニーチェがネイション、民族、人種と呼ぶものは、単純に地理上の地域と同一視できないということである。ニーチェがドイツ人を「中間の民族」（178〔二四四番〕）と呼び、北部と南部の断絶や気候条件について語るとき、そこではもちろんある種の位相幾何学的あるいは地理的枠組みが示唆されている。しかし、全ヨーロッパの恐るべきドイツ化やフランスのイギリス化についてニーチェが提示しているものはすでに、地理上の特定の位置に民族を割り当てるといったことをかなり難しくしている。こうしたことを何よりも難しくしているのは、ニーチェによれば、「今日ヨーロッパで「ネイション」と呼ばれているもの〔…〕が、res nata〔生まれたもの〕というよりはres facta〔作られたもの〕（そしてときには〔…〕res ficta et picta〔虚構され描かれたもの〕）であり、〔…〕いずれも生成しつつあるもの、若いもの、たやすく変化しうるものであって、まだ人種ではなく、ましてや」、それ自身は特定の地理上の故郷をもたない「ユダヤ人のタイプのような、aere perennius〔青銅よりも永久なるもの〕ではない」（188〔二五一番〕）ことである。つまり、フランス人やドイツ人やイギリス人のナショナルな特徴をニーチェが特徴づけるとき、それが地理哲学をどのようにして基礎付けるのかは、わかりづらいのである。さらに付け加えさせてもらえば、大地への唯一の言及が現れるアフォリズムは、ニーチェが、凡庸さや、個人性の喪失に加えて、ヨーロッパのデモクラシー化が、結果として、新しい専制君主のカーストを、精神の領域での専制君主、すなわち天才も含めて、生み出すことになるかもしれないと指摘したあとに続くのである。「われわれの太陽がヘラクレスの星座の方へと急速に進んでいると聞いてわたしは満足である。この大地の人間もこの点で太陽と同じようにしてくれたらいいのだが。そうなれば、われわれはその先頭に立とう、われわれ良きヨーロッパ人は！」（177〔二四三番〕）（Friedrich Nietzsche, *Beyond Good and Evil: Prelude to a Philosophy of the Future*, trans. W. Kaufmann [New York: Vintage Books, 1989]〔フリードリヒ・ニーチェ『善悪の彼岸――未来の哲学の序曲』信太正三訳、『ニーチェ全集11』所収、ちくま学芸文庫、一九九三年、九〜三五六頁〕）。対照的に、『ツァラトゥストラはこう語った』においてこそ、ニーチェが彼岸とは異なるものとしての大地に携わる哲学者であることが示されるのである。

[3] Fernand Braudel, *La Méditerrané et le monde méditerranéen à l'époque de Philippe II*, Paris: Colin, 1949〔1er edition. ガシェ氏はここで第二版を参照しているが第一版の誤り〕, 295–96.〔邦訳書『地中海』（全五巻、浜名優美訳、藤原書店、二〇〇四年）は第二版を底本としているため、該当する記述は存在しない〕

[4] ドゥルーズの一九八七年のエッセイ「創造行為とは何か」〔"Qu'est-ce que l'acte de création?," in *Deux Régimes de Fous : Textes de Entretiens 1975–1995*, Paris: Minuit, 2003, 291–302.「創造行為とは何か」廣瀬純訳、『ドゥルーズ・コレクションII――権力／芸術』所収、河出文庫、二〇一五年、三〇六〜三二九頁〕が多くの点で『哲学とは何か』（一九九一年）のひな型として読むことができるとしても、このエッセイでの形象としての大地、すなわち境域《エレメント》としての大地は、この本〔『哲学とは何か』〕でD＆Gが語る大地ではまったくない。

[5] Maurice Blanchot, *The Space of Literature*, trans. A. Smock (Lincoln: University of Nebraska Press, 1982), 224.〔L'espace littéraire, Paris: Gallimard, 1955, 233–234.『文学空間』粟津則雄／出口裕弘訳、現代思潮新社、一九六二年、三一五〜三一七頁〕

[6] これはまた、「ひとつの生き物、超‐生物としての惑星生態系」の概念でもない。すなわち、古代の大地の女神〔ガイア〕にならって名付けられた、「フィードバック・ループと安定化下部システムをそなえている」、

「グローバル「生物」」でもないのだ。Jack Cohen and Ian Stewart, *The Collapse of Chaos: Discovering Simplicity in a Complex World* (New York: Viking, 1994), 378, 384, 387 を見よ。

[7] Deleuze and Parnet, *Dialogues II*, 40.〔*Dialogues*, 52. ドゥルーズ／パルネ『ディアローグ』七四頁〕

[8] マーク・ボンタとジョン・プロテヴィは、「大地 terre」という語に関して、「フランス語のテクストでのD&Gの大文字の使い方に一貫性はない」と主張している (Mark Bonta and John Protevi, *Deleuze and Geophilosophy: A Guide and a Glossary* (Edinburgh: Edinburgh University Press, 2006), 80)。彼らが正しいのかもしれないけれども、わたしとしては何かを見過ごしてしまわないように、「大地 Terre」と大文字Tで綴られているフランス語原文に従い、〔語頭が小文字に〕統一された英語版の翻訳を本書〔『地理哲学』〕ではひとつひとつ〔語頭を大文字に〕修正する。D&Gが、すぐれて脱領土化されたものとしての大地と、その脱領土化された大地が再領土化された大地とを区別していることを考慮すれば、あるときには大文字のTで「大地 Terre」と綴り、またあるときには小文字〔terre〕で綴るのには、理由があると思うべきではないだろうか。〔日本語訳では冒頭大文字の Terre/Earth の場合は〈〉で括って〈大地〉と表している〕

[9] Deleuze, *Negotiations*, 146.〔*Pourparlers*, 201. ドゥルーズ『記号と事件』二九七頁〕

[10] Deleuze and Parnet, *Dialogues II*, 3.〔*Dialogues*, 9. ドゥルーズ／パルネ『ディアローグ』一二～一三頁〕

[11] Ibid., 18.〔ibid., 25. 同書三六頁〕 ドゥルーズの用語法における隠喩の問題に関する詳細な議論としては、Paul Patton, *Deleuzian Concepts: Philosophy, Colonization, Politics* (Stanford, Calif.: Stanford University Press, 2010), 20–28 を見よ。

[12] 「脱領土化」と「再領土化」という用語についてのD&Gのさまざまな用法の例としては、たとえば、カフカについての本が挙げられる。そこでは、言語の脱領土化とそれに引き続く言語の精神的あるいは物理的再領土化が、マイナー文学の最初の特徴として挙げられている。Gilles Deleuze and Félix Guattari, *Kafka: Toward a Minor Literature*, trans. D. Polan (Minneapolis: University of Minnesota Press, 1986), 18–20.〔*Kafka* :

pour une littérature mineure, Paris: Minuit, 1975, 33–37. ジル・ドゥルーズ／フェリックス・ガタリ『カフカ——マイナー文学のために〈新訳〉』宇野邦一訳、法政大学出版局、二〇一七年、三二～三七頁〕 あるいは『アンチ・オイディプス』を取り上げてみよう。そこでは、これらの用語は、プロセスとしての分裂症の二つの方向性や二つの意味を描くために使われている。Gilles Deleuze and Félix Guattari, *Anti-Oedipus. Capitalism and Schizophrenia*, trans. R. Hurley, M. Seem, and H. R. Lane (New York: Viking, 1977), 130–31.〔*L'anti-œdipe : Capitalisme et Schizophrénie*, Paris: Minuit, 1972, 155–156. ジル・ドゥルーズ／フェリックス・ガタリ『アンチ・オイディプス——資本主義と分裂症』上下巻、宇野邦一訳、河出文庫、二〇〇六年、上巻二五〇～二五一頁〕

[13] この観念のすべての側面についてのより詳細な議論としては、Deleuze and Guattari, *A Thousand Plateaus*, 54–55〔*Mille plateaux*, 71–73. ドゥルーズ／ガタリ『千のプラトー』上巻一二三～一二五頁〕を見よ。

[14] Deleuze and Parnet, *Dialogues II*, 36, 40.〔*Dialogues*, 47, 52. ドゥルーズ／パルネ『ディアローグ』六七頁、七四頁〕

[15] Ibid., 118.〔ibid., 140. 同書一九六頁〕

[16] Ibid., 134.〔ibid., 162. 同書二二四～二二五頁〕

[17] ゲイリー・シャピロはこう書いている。「脱領土化は理念化する運動にその本質があり、この運動によってアクチュアルな物理空間は、より概念的な定義を必要とするなんらかの構造のもとに包摂される」(Gary Shapiro, "Beyond Peoples and Fatherlands: Nietzsche's Geophilosophy and the Direction of the Earth," *Journal of Nietzsche Studies* 35–36 [2008]: 11)。

[18] 『哲学とは何か』の英語訳においてフランス語の "instauration"〔「創建」〕を "institution" とすることに関しては、Leonard Lawlor, "A Note on the Relation Between Etienne Souriau's *L'instauration philosophique* and Deleuze and Guattari's *What Is Philosophy?*," in *Deleuze Studies* 5 (November 2011): 400–406 を見よ。

[19] そして反対に、「あらゆるテリトリーは先行する脱領土化をおそらく前提しているのであり、あるいは、す

べてが同時に生じているのである」。「どれが最初に来るかを言うことさえできない」(68／66／一二〇)。

[20] フランス語原文では、D&Gは“la terre qui redonne des territoires〔テリトリーを再び与える大地〕”(82)について語っているが、H・トムリンソンとG・バーチェルはこれを「テリトリーを回復する〔restore〕大地」と翻訳している〔邦訳は「回復する」(一四九頁)と訳している〕。

[21] しかし、もし大地がいかなるテリトリーも越えていき、他のどこかへと開かれるならば、哲学の大地としての大地もまた、ギリシアのようなひとつのテリトリーによっては十全には決して完成されない。結果として、D&Gは次のように問わざるをえない。脱領土化された大地が再領土化されるテリトリーのほかに、「物理的で心理的であるばかりでなく、さらに精神的でもある」テリトリーは存在しないだろうか。「思想家や哲学者や芸術家によって引き合いに出される〈祖国〉あるいは〈生地〉とは、どのようなものだろうか。哲学は、ア・プリオリなものや生得性や想起もまたその証拠となるような〈生地〉[Natal]から切り離すことができない。しかし、なぜこのような祖国は、未知であったり、失われていたり、忘却されていたりして、思想家を〈亡命者〉にするものなのだろうか。家に値するような、テリトリーと同等のものを取り戻そうとするのはいったい何か。哲学的リトルネロとはどのようなものか。思考と〈大地〉は、どのような関係にあるのか」(68–69／67／一二一〜一二二)。のちにわれわれは、「新しい大地」というモチーフとユートピアという論点に出会うだろう。D&Gの問いに答えることができるためには、このそれぞれを深く探究する必要が明らかにあるだろう。

第3章

もはや大地に縛られることのない土着的なもの

「地理哲学」の章でのD&Gの問いに舞い戻ろう。「［ギリシアが］哲学者のテリトリーや哲学の大地であるのは［…］どのような意味においてか」（86／82／一四九）。この問いに答えるためには、もっとダイレクトに「ギリシアの奇跡」の論点にとりかかる必要がある。準備として、ルナンの「アクロポリスの丘の上での祈り」をめぐってもうひとつ短い脱線をすることで注釈を始めたい。女神アテナに呼びかけてルナンはこう宣言する。「世界があなたのもとに戻り、野蛮なつながりと手を切るときにはじめて、世界は救われるでしょう」。そしてルナンはこう熱弁を振るう。

あなたを固く信じることでわたしは、死をもたらす助言者たちに抵抗しましょう。わたしに民衆を疑わせようとする、わたしの懐疑主義に。一度真理が発見されたあとでも、引き続き探究させようとわたしを突き動かす、わたしの過酷な精神に。理性が語りかけたあとでも、わたしが止まったままでいるのを邪魔する、わたしの空想に。おお、アーチギーテス〔Archegetes〕、天才がその芸術作品のなかに具現化する理想よ、わたしは他のどこかで第一人者であるよりは、あなたの住まいで末席を汚すことを好みます［…］。わたしはあなたの最後の息子の召使いになりましょう。あなたがエレクテウス〔Erechtheus〕に与えた、大地の今の住人たちを、わたしは賛美しましょう、喜ばせましょう［…］［1］。

最終的に明らかになるのは、D&Gにとってギリシアが哲学者のテリトリーあるいは哲学の大地であるのがなぜかを理解するうえで、アーチギーテス、すなわちアポロン・アーチギーテスが、決定的な形象であるということである。

しかしまず、多くのステップを踏む必要がある。哲学的であるよりはむしろ歴史的で社会学的で社会心理的な思考の道筋で、それゆえギリシア文明で生じたものとしての大地に関わる思考の道筋で、D&Gはこう述べる。しばしばされるように、ギリシアの国家や都市国家を、領土的《テリトリアル》な存在として、「系族の原理をテリトリーの原理に」(86/83/一四九)代えることで生じた存在として、考えるのは正しくない。反対に、国家と都市は脱領土化を基礎とする。ポリスは通常フランス語では「cité」と翻訳される。ドイツ語や英語では通常、都市-国家〔city-state〕と翻訳される。しかし、次のように書くとき、D&Gは明らかにポリスのこの二つの側面〔国家と都市〕を区別している。

> 〈国家〉と〈都市〉は［…］脱領土化を行う。なぜなら、前者は、農業の諸テリトリーを算術上の高次な〈単位〉と関連させることによってそれらを並置し比較するからであり、後者は商業の回路へと引き継がれうる幾何学的広がりにテリトリーを適応させるからである。〈国家〉の帝国的スパティウム〔*imperial spatium*〕、あるいは都市の政治的エクステンシオ〔*political extensio*〕は、テリトリーの原理というよりはむしろ、脱領土化であり、この脱領土化は、〈国家〉が地域の集団のテリトリーを自分のものにするとき、あるいは、都市が後背地に背を向けるときに、ありありと［sur le vif］把握される。再領土化は、一方では、宮殿やその財物に関して行われ、他方では、

アゴラや商業のネットワークに関して行われる。(ibid.／82-83／一四九〜一五〇)

以下では、まず、D&Gが都市としてのポリスに関して何を立証しているのか、追跡する。われわれの著者たちが都市空間の形成についてここで主張していることは、前五世紀の終わりごろの、クレイステネスによるギリシアのポリスの、「「再構成［Neugründung］」」とまでは言わないまでも、その「非常に革命的な」改革と、研究者たちがみなしてきたものを指すように思われる［2］。ニコル・ロローは、クレイステネスによって開始されたこの改革を、「アテナイの時間性の根本的中断」と特徴付けている［3］。D&Gはポリスの都市空間の形成を、「算術上の高次な〈単位〉」と対置された「都市の幾何学的な［…］政治的エクステンシオ」の観点から特徴付けているが、これは一部の研究者たちの主張を参照しているように思われる。その主張によれば、クレイステネスの改革は、「抽象がプラグマティズムを支配するという例外的なまでに成熟したものだった。なぜなら、この改革のなかには、イオニア派の哲学者たちによって発展させられた哲学的かつ算術的な体系の影響が感じられるからである（これまで「十進法のデモクラシー」について語られてきたのである）［4］」。ここでは、クレイステネスの新しい政策につながった特別な環境や、これまで多く議論されてきた、ひとりの貴族がこの改革を求めた政治的動機に触れる必要はない。改革を通してクレイステネスが、デモス〔demos〕に、民衆に訴えることによって、貴族の家系（アルカイックなギリシアではこうした家系の権力闘争がこの時期「政治的」生活の本質を表していた）のあいだでの膠着状態の浮き沈みからこの都市を解放し、これによってアテナイに自由の支配をもたらし、これが「デモクラシー」として知られるようになるものへとのちに進化することになったことに触れておけば十分だろう。この中断の結果として、アテナイは、周知のように、二百年のデモクラシー生活を享受した。

この改革は、イソノミア〔isonomia〕を実際に実現する結果となり、このイソノミアとは、文字通りには、ポリスのすべての制度での平等な発言権であるイセゴリア〔isegoria〕によって、ポリスに市民が平等に参画することだった。ところで、正確にはこの改革は何から成っていたのか〔5〕。この改革は、実際には、諸々のデモス（demoi）、すなわちタウンシップのような最小の居住の地域単位を基礎として、アッティカをテリトリーとして再組織化することにその本質があった。このデモスという単位は政治的組織として与えられ、フュライ〔phylai〕（部族）、ゲネ〔gene〕（氏族）、フラトリアイ〔phratriai〕（同胞団）、ティアソイ〔thiasoi〕（祭礼共同体）から成る古い秩序をいわば横断するものだった。こうしたデモスが今度は、フュライを完全に再構成して再分類するために使われ、こうしてデモスはもはや地域の特殊利益を代表しなくなった。この再組織化の結果として、アテナイの都市政体は完全に変わり、それまで地域ごとの派閥を固めていた地域的連帯からいまや引き離されるのである。この改革は、市民の新しい種類のアイデンティティを、すなわち政治的所属だけに基づくアイデンティティ、ポリスへの市民の帰属に基づくアイデンティティを生み出すことになり、これが市民に都市－国家内での市民としての存在をはじめて与えただけではない。部族を再構成し、また、非原住民や解放奴隷や外国人などを新しく市民として加えたことの結果として、この改革はまた、市民の混合をもたらしたのであり、これはこの改革の最も驚くべき面のひとつである。これによって、すべてのひとが平等になる、ひとつの法的資格が至高の重要性を獲得した〔6〕。クリスチャン・マイアーが述べるように、「それぞれのフュライのメンバーは、共有された市民権以外にはなにも共通点がなく、これがそれ以降、彼らの連帯の基礎となるのである〔7〕」。

市民権とアテナイの政治生活の基礎としてテリトリー原理を設定する代わりに、クレイステネスは、ロローのことばで言えば、「すでに同じ場所に暮らしていた男性の市民兵〔andres〕を、有機的に組織された集団へと構成した。この集団は、この居住によって、このときから集団的な連帯と個人的なアイデンティティの両方を享受した〔8〕」。さて、ロローによれば——そしてこれで『哲学とは何か』の問題系に戻る——、アテナイにおける都市空間のこの創造は、「「脱‐空間化」と呼ばれてきたものを代価にして」行われたのであり、これはアテナイからすれば、〔ロローが言うように〕脱領土化と呼びたくなるものだろう〔9〕」。『アテナイ人の国制』でアリストテレスは、コーラ〔khora〕(ここでは都市空間、すなわち外部から境界線で孤立させられた、地理上の決まった空間といういまだ前‐哲学的な意味で理解されている)とトポス〔topos〕(場)とを区別したが〔10〕、この区別にしたがってロローはこう主張する。アテナイ人であること、そしてそれゆえ市民であることの卓越した特質とは、デモスに所属している人々が互恵性によって結びつけられていることから出てくるのであり、このデモスとは、住民のグループ分けとその互恵的な関係が空間的な次元へと広がる制度なのだが、まさにこうしたアテナイ人の特質がデモスから出てくるその瞬間に、コーラは漸進的にトポスに座を明け渡す、と。彼女はこう結論づける。「[アリストテレスが『自然学』で言うように]トポスが、「そこにあるものの最初の包み」であるならば、それはもはやテリトリー[コーラ]ではなく、むしろデモスの住民を含む——そしてただそれだけを含む——デモスである」。結果として、「アッティカの大地は、市民と親密な関係を享受するという要求に関しては却下される[11]」。ギリシアが「哲学者のテリトリーや哲学の大地」であることの「意味」に関するD&Gの問いに戻れば、明らかにちがいないのは、D&Gにとって問題となっている大地が、もはやゲー(Gē)、ガイアではありえないこと、ヘシオドスのことばでいう「八百万の神々の永遠《とわ》に揺るぎなき座なる、胸広き〈大地〉」ではもはやありえないことである。この「胸広き〈大地〉」に触れながら、アッティカの人々は、一貫して土着性を、大地から生まれたことを、訴えたのである[12]。

ギリシアの国家や都市をテリトリーとして定義するのが正しくないというのに加えて、D&Gは、これらの国家や都市を構成する唯一のものである脱領土化が、これらのそれぞれにおいて異なるかたちをとると考えている。すでに見たように、D&Gは、都市国家とふつう呼ばれるポリスを、その機能に基づいて、(帝国的)〈国家〉と(デモクラシー的)〈都市〉と、すなわち都市と、国家の中心としての都市とみなす。彼らはこう書く。〈国家〉の脱領土化は「大地の天上的合成要素にしたがって、高みから、垂直的になされようとする」。それは「超越的脱領土化である」。それは「テリトリーは無人の地になってしまうが、天上の〈異邦人〉が到来して、テリトリーを再-地盤固めし、あるいは大地を再領土化する。反対に、都市では、脱領土化は内在的脱領土化である。その脱領土化は、〈土着的なもの〉［「〈土着の市民〉」］を、すなわち、テリトリー（エレクティオン、すなわちアテナとポセイドンの神殿）を再‐基礎づけするためにみずから海底を移動する、海洋性の合成要素に付き従う大地の力を、解放する［libère］［13］」（86／83／一五〇）。この、直観的にわからないわけではないにしても、少し謎めいた文を解明する最初の試みをするまえに――コナン・ドイルの物語の登場人物におそらく似てなくもない、探偵のやり方で取りかかり、ついには、その曖昧さの理由を挙げ、ここで言われていることを立証することができるだろう――指摘しておきたいのは、都市の脱領土化されたテリトリーが「内在の環境」（87／84／一五一）のテリトリーであり、その環境では、〈土着的なもの〉が自由にされること、より精確には、土着の市民がある種の土着性から解放され、別の、自由な土着性を与えられることである。大文字のAで「〈土着的なもの〉〔Autochthon〕」と綴るのは、それがこのことばが普通示すものよりも高度な意味で取られなければならないことの明白なしるしであり、このことはさらに、こうした〈土着的なもの〉が、ポリスを特徴づける内在の環境によって解放されると言われているという事実によって補強される。すでに見たように、土着性、フィリア、ドクサはギリシアに固有の三つの特性である。D&Gがこうした特徴をここで「内在、友愛、オピニオン」（88／85／一五二）と翻訳しているのだとしたら、彼らが語る土着性とは、内在性として、あるいは内在性から、考えられているのは間違いない。内在性は超越性と対立する。土着性のある種の考え方が内在性と結びつきうることは、すでにカントによって示唆されている。カントは、たとえば、『純粋理性批判』の理性の理念についての議論の文脈で、内在性を、テリトリーを超越するというよりはむしろ、「土地に固有の（einheimisch）」もの、土着のもの、地域のものと、定義している[14]。しかし、言うまでもなく、土着性の概念のイデオロギー的な含みを考えると、D&Gがこの観念をまったくポジティヴに使っているのは、ぎょっとさせるものがある。

さて、先ほど引用した文で言及されている、大地の海洋性の合成要素によって、土着性はまちがいなく陸地と反対のもの、すなわち海に結びつけられているのだが、この合成要素は、ポセイドン神を指しているように思われる。アポロドーロスや聖アウグスティヌスが詳述しているアテナイの創設神話によれば、ポセイドン神はアッティカに最初にやって来て、水（エレクテイス〔Erechtheis〕）をアクロポリスの穴から噴出させた。アテナ神の命令でオリーブの木だけが続いてそこに現れたが[15]、市民たちは、その場での支援を求めて争う二人の神のあいだで、アテナ神を支持するかたちで決着をつけ、アテナ神の名前は都市の名前となった。それに対して、ポセイドン神は、あの文が暗示するように、地下へ、あるいはむしろ、海中へと向かった[16]。エレクテイオンにおけるポセイドンの地位については、しかるべきときに戻ってこよう。いずれにせよ、D&Gが即座に指摘するのは、国家と都市それぞれの形成に関わる脱領土化の二つの形態のあいだの違いが、実際には少しばかり複雑なものであるということである。というのも、アポロン・アーチギーテスにほかならないであろう「帝国の〈異邦人〉」が、「彼自身も生き残りの土着の者たちを必要とし［…］そして市民である〈土着の者〉は「彼らのほうでも」逃亡中の異邦人たち」を、すなわちアジアの帝国から逃亡している異邦人たち「を頼みにする」からである（86／83／一五〇）。しかし、帝国の〈異邦人〉が必要とする生き残りの

「土着の者たち」(フランス語原文では、都市から自由になった〈土着のもの〉のようには、大文字になっていない)は、内在性によって〈都市〉から解放された〈土着の者〉と同じ社会心理的な類型ではない。しかしながら、しばらくのあいだ、帝国国家や植民地国家を構成する市民よりはむしろ、都市から解放された土着の市民に注目しよう。

ここで、土着性の観念を明瞭にすることがおそらく必要だろう。『アテナイの発明――古典古代的都市国家における弔辞』でニコル・ロローが示したように、土着性はギリシア人、とりわけアテナイ人の強迫観念としてずっとあり続けた。彼らアテナイ人は、ナルシシズムの喜びに傾倒し、土着性について、すなわち、大地から生まれ、その本質を失わないまま、つねにことばの行為と実際の行為の両方の点で優れていた、アテナイ市民について、長大な言説を作り出したと考えられてきた[17]。代名形容詞 auto(自己。接頭辞として「それ自体で」、「ひとりで」、「独立して」も意味する)と khthon(大地、陸地、土地)から構成されることで、"autochthonous" は、(入植者と対照的に)「大地から湧き出た」、「土着の」、「原住民の」を意味する[18]。土着の者とはそれゆえ、先住の、もともとの、土着の住民、土地自体の原住民である。この意味でなら、ギリシア語を話す最初の人々、いわゆる原始ギリシア人を半島にもたらした、紀元前三千年の終わり頃のインド - ゲルマン系の民族の移住より以前にいた、ギリシアのもともとの住民が、土着の者と呼ばれることもありえただろう。しかし、彼らのあとにようやくやって来たギリシア人こそが、自分たち自身のためだけでなく彼らの都市のためにこの異名を作り出したのであり、実際彼らの都市は、ローマの都市とは異なって、固く保持されたのである。ところで、「地理哲学」〔の章〕の「例8」で、内在平面が、ギリシア人が「〈土着的に〉所有していた」（104／100／一八〇）土地と呼ばれているとしても、D＆Gの主張は、ポリスでは内在性を通してテリトリーの脱領土化が起き、これが「〈土着的なもの〉を解放する、すなわち、テリトリー〔エレクテイオン、すなわちアテナとポセイドンの神殿〕を再-基礎づけするためにみずから海底を移動する、海洋性の合成要素に付き従う大地の力を、解放する」というものである。これは、土着性の神話によって示唆される単なる原住性とは異なる土着性の捉え方を示しているように思われる。それゆえ、もしD＆Gが大地ということばで何を言おうとしているのか、言い換えるならば、大地の哲学としてのギリシア哲学ということで何を言おうとしているのか、理解したいならば、彼らが土着性をどのように捉えているのか、これまで示されてきたものよりも長い解明が必要である。しかしながら、こうした解明は曖昧さのない単純なかたちでは与えることができない。いくつかのヒネリと迂回が必要となる。

D＆Gがまちがいなくめざしている、土着性のこの別の捉え方を定義し、同時に、それが含む異なる意味の大地を定義することを試みるまえに、注釈を中断し、プラトンが『国家』で「適切な嘘」と特徴付けたもの、すなわち土着性のギリシア的な捉え方と、それが含む自己-準拠性の魅力とについて短く詳述しておこう。この都市の公式の言説によれば、アテナイ人ははじめからこの土地に属しており、大地それ自体から生まれた。けれども、もし、ソクラテスの言うように、この対話〔『国家』〕で素描された完全な国家において支配者や守護者たちに語られるべき「物語」（mythos）の本質が、彼らがその使命のために教育され訓練されたというのは単なる夢で、実際には彼らは「大地のなかでこねられて養育されたのだ」と彼らに語ることにあるのならば、明らかなのは、土着性はそれ自体、神話の部類に属するということである。さらに、「彼らがすっかり仕上げられると、母なる大地は彼らを日の光のもとへ送り出したのであり、だから今も、彼らの土地が彼らの母であり乳母であるかのように心を配り、母をあらゆる攻撃から守らなければならないし、また他の市民を、みな同じ大地から生まれた兄弟であり子供であると考えなければならない」とソクラテスが付け加えるとき、まったく明らかなのは、プラトンが不可避の政治的イデオロギーとして土着性の神話を必要だと考えており、それは一方では国家内のヒエラルキーを正当化するためであり、他方では、「都市のなかの［…］全員が兄弟である」ことを保証するためであるということである［19］。『国家』における土着性は、国家の結束を確保するのに必要な政治的な神話であり嘘であると認識されているのであり、したがって、最初の脱神話化の対象であり、最初の中立的で「啓蒙的な」取り扱いの対象である。さて、土着性の神話についてさらに詳しく論じるために、この観念についてのニコル・ロローの研究、特に『アテナ神の子どもたち――市民権や性別間の区別についてのアテナイ人の観念』に向かおう。アテナイの土着性の神話についてのこの研究、つまりは、アテナイの都市言説を構成し、アテナイが都市－国家というみずからの特異な身分《ステータス》を映し出す手段でもあった、主要なトポスのひとつについてのこの研究で、ロローは、アテナイが、自分たちが移住しなかった唯一の人々であると主張することで、他のポリスに対するヘゲモニーをどのように正当化したか、そして市民であることの意味をどのように定義したかを示している［20］。市民権を土地によって定義したローマとはまったく異なり、アテナイ人は、市民権を生まれと等しいものと、すなわちアテナイ人として生まれたことと等しいものと見なした。しかし、ロローが示しているように、このポリスが市民をその土着性によって、すなわち故郷の土自体から生まれたこととして定義したとしても、市民権のこの定義は、この都市に共存していた二つの異なる土着性の捉え方、すなわち、矛盾すらする、しかし同時的で補完的でもある二つの捉え方の形態を取っていた。すなわち、一方は、神話的な土着性であり、もう一方は、世俗化したあるいは政治的な土着性の捉え方である〔21〕。ギリシアにおける土着性の捉え方のこの二重の性質を指摘していたからこそ、わたしはロローの研究を選んだのである。なぜなら、これによってギリシアの土着性の捉え方のうち、D&Gが魅了されたものと彼らに捨てられたものとを拾い集めることができるかもしれないからである。

土着性とは、大地から生まれた男性の祖先を通してアテナイ人に残されるか、あるいは、神話的な過去において集団的にすべてのアテナイ人に与えられるかのどちらかだったのであり、後者はのちに、ペリクレスの市民権法によって成文化されたが、ただしそれは母と父の両方ともギリシアの土地で生まれている場合にかぎられた〔22〕。第一のモデルによれば、アテナイ人に生まれることは、アネル〔aner〕（男）であることを意味し、これは、最初のアテナイ人は大地そのものから（そしてロローが指摘するように、なんら女性の介在なしで）生まれたという太古の出来事における土着性の起源を強調する。対照的に、第二のモデルによれば、アテナイ人に生まれることは、母と父の二人から生まれたことを意味し、これはアテナイ人の集団的な土着性と彼らの政治的平等の基礎を強調する。

実際には、エレクテウスより前にアッティカの土の子が存在している。すなわち、アテナイの伝説上の王ケクロプスであり、彼はまだ半身人間半身蛇の存在で、文明の基礎を打ちたて、一夫一婦制と死人の埋葬とを制度化し、そして文字の発明は彼の功績と考えられている。けれども、ここではエレクテウスの神話で始めよう。ロローによれば、エレクテウスは土着性の都市神話の最初のヴァージョンでの中心人物である[23]。この物語によれば、ヘーパイストス[二]が処女の女神アテナ・パルテノス――アテナ――に欲情して彼女を追いかけているときに、逃げるこの処女神の足に自分の精子をかけた。この女神によって払いのけられて、精子は大地に落ち、大地を受精させた。こうして、エレクテウスはゲー・メーテル、〈大地〉の息子として生まれた。ゼウスの娘であるアテナは、大地から彼を拾い上げて育て、アクロポリスの宮殿で彼をアテナイの〈王〉として任命した。エレクテウスはこの宮殿をこの女神(すなわちアテナ・ポリアデス)と共有していたのである。自分自身から生まれたわけではないにせよ、いわば大地から生まれたことによって――ゲーもアテナも実際には彼の母ではなく、ヘーパイストスも真の父ではない――、エレクテウスは最初の土着の子供、そして神の子供であり、「よき生まれ(eugeneia)」を授かった最初の者であり、こうして彼はすべてのアテナイ人の祖先であった。この伝説的な王の神話は、アテナイ出身であるすべてのアテナイ人男性の血統のモデルを与えた。

土着性の二つ目のヴァージョンは、純粋に政治的なもので、ここでは〈都市〉それ自体が中心人物である。このシナリオは、エピタフィオイ〔epitaphioi〕、すなわち弔辞に広く見られるが、このシナリオによれば、アテナイ人は、ロローのことばでいえば、「政治的な大地から生まれた〔24〕」。最初のヴァージョンは、アテナイ人の土着性が〈大地〉の息子であるひとりの〈土着の者〉の結果であることを述べていたが、他方で第二のヴァージョンは、すべてのアテナイ人に集団的な土着性を与えており、このアテナイ人たちは、アンドレス・アテナイオイ〔andres athenaioi〕、すなわち勇敢な市民‐兵士として、このデモクラシー都市のために喜んでみずからの命をささげるのである。ロローはこう書いている。「この都市についての創設の言説のトポスとして、土着性はアテナイの市民たちに、この都市がそれ自身の起源でありそれ自身の原理であることを語る。この都市は記録にないほど昔からのものであり〔そして時を超えたものである。ロドルフ・ガシェ〕この都市はつねに同じ場所にあり続け、初めから政治的存在であった。このモデル（血筋のモデルではなく家系を創始しない）にしたがえば、デモクラシーは土着性のうえに接ぎ木されたのである。土着性は、「アテナイ人によって取り入れられ、アッティカの土の永久の占有物になった。それゆえ、アテナイ人は唯一の合法的な住民であり、いわゆる移民や外国人であるすべての者たち――すなわち、他のポリス出身のすべての市民――とは、たとえこれらの者が実際には自分の土地の上に生活していても、対立する〔26〕」。最初のアテナイ人が〈大地〉（と二人の神）の子供であるという、アテナイ人の土着性の神話的説明とは異なり、第二のヴァージョンは、都市の市民の人間的な起源を強調する。なぜなら、記録にないほど昔からアテナイ人が占領してきた土地のうえで、二人のアテナイ人の親から生まれたものだけが土着の者であり、彼らが初めから政治的なものとして都市を形成してきたからである。この市民たちは性的交配の結果であり、それゆえ母国の子どもたちから生まれたのである［27］。すでに述べたように、土着性に関する二つの異なる言説は、〈大地〉からの誕生かあるいは人間の親からの誕生かのどちらかを措定する点でどれほど互いに排他的であろうとも、アテナイ人の市民権の起源についての都市の言説のなかに同時に存在するのである［28］。

いまや明確にしたいのは、D&Gは、エレクテウスの物語をその範例とし血統のモデルを与えている、〈大地〉からの誕生の神話とは異なる仕方で土着性を考えようとしており、彼らの考えは、土着性の神話の第二の政治的ヴァージョンに近いように思われるということである。しかし、神話のこの民主的なヴァージョンの神話でさえ、問題となる点がたくさん残されている［29］。それゆえ、ここで仕切り直して、D&Gが、土着性の問いに哲学的なパースペクティヴから取り組んでいるだけでなく、また、「哲学とは何か」という問いとともにこの土着性の問いを組み立てていることも心に留めておきたい。言い換えれば、D&Gは、土着性がギリシア的なものとしての哲学に内的に結びついていると示そうとしているのである。この取り組み方のために、彼らは、このポリスがみずからに対してもっていた公式の考察を伝える都市神話の二重の性質からまったく逸脱することが必要となる［30］。この点を明らかにするために、ここで、『哲学とは何か』のなかのやや異なる導きの糸を辿ることで、土着性の問題とそれが関わる種類の大地を追求しよう。よく知られているように、土着的であることは、ギリシアの移民にとって大きな誇りの問題でありつづけた。これは特にアテナイ人の場合がそうで、彼らは、他のギリシア人とは違って、自分たちが同じ土地をつねに占拠してきたと主張したけれども、外国出身の場合もあったのである〔31〕。アテナイ人は、（特に、ドーリア人の移住のあいだにギリシアにやってきた人々とは対照的に）自分たちがこの土地に属していると主張しており、自分たちのインド＝ゲルマン起源には無頓着になっていただけでなく、また、エウリピデスの失われた戯曲「エレクテウス」の一節でプラキテアが示すように、アテナイ人、特に女性たちは、この都市が必要とするときにはいつでも激しくみずからの肉の血を流し、それを飢えた〈大地〉に提供することで、自分たちがアッティカの大地に属していることを裏付けた。『ギリシアの神々の日常生活』のなかの、D＆Gが明示的に参照している章で、マルセル・ドゥティエンヌとジュリア・シッサが記したように、

ケラメイコスからアゴラを通ってアクロポリスへと曲がりくねって進むとき、〈土着性〉は男性の政治的主張へと貶められる。男性だけが、防衛のために立ち上がり、〈母なる国〉のために死ぬのである。だが、幸運なことに、エウリピデスが、アテナイの土着性の女性版を悲劇の舞台にのせることでみなを驚かせた。それは、女性の強さに基づく、女性のための土着性である。この土着性は、アテナイの起源に関わる神話全体を改めて探査したのである。こうしたことすべてが、ボシュエ〔ジャック＝ベニーニュ・ボシュエ（一六二七―一七〇四）。カトリックの司教〕の棺前説教や、葬儀屋の仕事を代弁する者たちによってはねつけられるのは避けられないことだった〔32〕。

シッサとドゥティエンヌが光を当てる物語は、エレクテウスの妻、したがってアテナイの女王であ

り、その名前が示唆するように、アテナ・ポリアデスの右腕である、プラキテアの物語である。彼女は、ポリアデス崇拝の祭司に要求されることを執り行う者である。夫である王の代弁者としてでは決してなく、たったひとりで、みずからの娘のひとり、クトニアを神に捧げ、こうして「エレクテウスと、すべての人、集められた市民すべてに対して、土着の女性はどのように振る舞うか、土着の母はみずからの肉の血をどのように流し、血に飢えた〈大地〉にそれを提供するか[33]」を示すのである。それゆえ、土着性の神話は、古代ギリシアの男性と女性の両方に共有されているのであり、もしそれが哲学的な次元をもつ必要があるならば、再考される必要があるだろう。

さて、マルセル・ドゥティエンヌがわれわれに思い出させるように、「〈大地〉だけが真に土着的である。たとえ［大地がまた］〈土地それ自体から生まれた者〉の精子の押し付けを受け入れたとしても[34]」。自分たちが土着的であると考えることで、アテナイ人は〈大地〉自体の土着性をまねようとしたが、しかし、人類に関するかぎり、土着性は、アテナイ人が自分たちで公言していたのとは反対に、たんに彼らに与えられるものではない。人間にとって、土着性は生み出すのに時間がかかるものである。シッサとドゥティエンヌは『ギリシアの神々の日常生活』のなかでこの点を力強く論じており、「土着性は確立するのにいくらか時間がかかるもの、何世代にもわたるものだった」と主張している[35]。このように、土着性はひとつのプロセスであり、これに合わせて、ギリシア人は〈大地〉、ゲー・メーテルを、土着性の唯一の力として脱領土化する手法を発展させたのであり、そして〈大地〉は原住性を、それがつねにすでに〈大地〉に属している者たちの血を定期的に捧げるかぎりで受け入れたのである。血を捧げたのは、プラキテアの娘クトニアや、もうひとりの女性の土着の者、アグロウロスであり、この者は都市のためにみずからを捧げ、都市の城壁から飛び降りた。疑いなく、D&Gは土着性を、アテナイ人が生まれつき所有しているものというよりも、むしろ、何か作られたものであるという意味で考えている。彼らが〈土着的なもの〉について語っているあのややや難解な文章を少し明らかにするために、読者にドゥティエンヌの研究をもう一度参照させる、ある脚注を追いかけてみよう。この脚注で特に参照されているのは、「場とは何か」というエッセイで、ドゥティエンヌが編集した一冊『基礎の輪郭』のための彼自身による序論であり、これは、興味深いことに、「基礎づけの行為のあとのテリトリー化、さらにはそのまえにあるテリトリー化に関わる」儀式やプロセスについて一考察を提示するものである[36]。ドゥティエンヌは、この文脈で「脱領土化」という語を（引用符付きで）使いさえしており、疑いなくD&Gへの肯定的な合図である。しかし、D&Gが明示的には参照していないものの、土着性についての彼らの議論の背景に明らかになっている作品は、まさにこの一冊のなかのドゥティエンヌのもうひとつのエッセイ、「アポロン・アーチギーテス――テリトリー化の政治的モデル」という題名のエッセイである[37]。これを参照しながら、焦点を〈都市〉としてのポリスから、〈国家〉としてのポリスと諸ポリスへと移そう。ドゥティエンヌは次のようなことばで当該のエッセイを始めている。「みずからを基礎づける技法が存在し、そしてある種のギリシア人たちはそれを高いレヴェルの完成へと高める方法を知っていた。もし実際に、古代のひとびとのほとんどが自分たちのことを生まれついての土着人だと考えていたことが本当ならば、彼らのほとんどはたんなる原住民のままだったし、これは疑いなく、基礎づけの観念が土着性の観念とは無縁なものでありつづけるべきだと彼らが考えていたからである。非常に早い時期から、アテナイの市民は」「みずからを産み出し、これを永久に行う」という「選択をした」[38]。ドゥティエンヌはこう続ける。「少なくともヘシオドスの神統記以来、〈大地〉は〈他なるもの〉を生み出す〈自己〉の力を所有している」。けれども、これは、土着的な〈大地〉、ガイアが、たんに「あらゆる異質性にもかかわらず〔みずからを〕基礎づける」ように駆り立てられているということではない。むしろ、これは、ギリシア人が自分たちでしようと決めたこと、すなわち自然の土着性をまったく別の土着性で取って代えること、自然の土着性とは異なる土着性、すなわち政治的自由だけを基礎とした自己‐基礎づけを通して創造された土着性で、取って代えることである。ドゥティエンヌはこう書いている。「ギリシア人の独自性は――比較的単純ではあるけれども――、基礎づけの政治的モデルを提案することだった[39]」。わたしが提言したいのは、D&Gが〈土着的なもの〉がなんら超越を介在させずに内在性による脱領土化を通して都市から解放されたのだというとき、彼らはドゥティエンヌの主張と共鳴しているということである。

　紀元前八世紀に、特にシチリア島や南イタリアで、まったく新しい都市を作ることとの関連で発展した、植民地の創立《ファウンデイション》＝基礎づけのための言葉遣いによれば、創立者とは、都市のために外国の土地に場を空け、区切られた囲いのなかに定住するという活動の観点から定義される。「場とは何か」のなかで、ドゥティエンヌは、「〈創立者たち〉が、植民地となるべき場を荒野のようにするために向けた注意」に触れている[40]。このように、創立＝基礎づけの行為とは結局、その場が再領土化される前に、大地とのあらゆるつながりからその場を引き離す脱領土化と同じになる。（植民地化の場とは、コーラがトポスのために座を空ける場のことのように思われる）。さて、ドゥティエンヌによれば、この二つの活動のほかに、第三のことばがこの創立者を定義するのだが、このことばとともに、ルナンが「ギリシアの奇跡」と呼んだものを最初に参照したことに戻ろう。この第三のことばとは、アーチギーテス〔Archegetes〕である。リデルとスコットの『希英辞典』によれば、アーチギーテスとは、「都市や家族の第一の指導者や創始者、特にその創立者[41]」である。アポロンの称号としてこのことばが指しているのは、この神が、植民都市の創立に個人的に参加したか、あるいは人間による植民都市の創造に賛意を示したかどちらかをしたこと、そして植民都市を守るために立ち上がったことである。今や、「アーチギーテスの神として」、すなわち、全ギリシアにとっての聖地デルフォイから、つまり世界のへそ〔omphalos〕から、創立活動全体を指揮する、「〈至高の指導者〉であり〈先祖〉であり〈創立者〉として」、アポロンは、植民地の創立者の人間的類型や社会－心理的類型のモデルである。アポロンは、「アーチギーテスの神」であり、また、〈国家〉としての〈都市〉が高みから垂直に発展するとD&Gが語るときに彼らが言及している、「天上の」あるいは「帝国の〈異邦人〉」にほかならないので、このすぐれてギリシア的な神について述べるのは、たぶん正当化されるだろう。

身ごもったレートー（ティターン神族の女神で、このときゼウスの子供を身ごもっていた）は、世界中のどこにも、アポロンとその双子の姉アルテミスを生む場所を見つけられなかった。というのも、ヘラが嫉妬と怒りに狂って、大地に対してこのティタンに出産する場所を与えることを禁じたからである。ついに、哀れなレートーは、キクラデス諸島の中心にある小さな島、オルテュギアー（クオリスの島）で隠れ家を見つけ、そこで最初にアルテミスを産み、このアルテミスが今度は母が弟を生むのを助けたのである。こうしてオリュンポスの外で生まれたアポロンは、ある意味では、非オリュンポスの神である。さて、レートーがこの島で子供を出産するのをヘラ（ときに〈母なる大地〉として描かれる）が邪魔できなかったのは、ヘラにはこの島の管轄権がなかったからであり、これはその島が大地に固定するものを持たない、いわば底なしの、浮遊する岩、つまりは流浪の岩だったからである。ポセイドンがこの島をこの地域の四つの点のちょうど中心につなぎとめてはじめて、それまではオルテュギアー、あるいはアデロス（目に見えないもの）という名で通っていたこの島は、これ以降、デロス（目に見えるもの）となった。ヴィンセント・ファン・ゴッホのことば、「わたしは〈大地〉に繋がれている」へのブランショの参照にもう一度戻れば、このようにアポロンは、はじめからその成り立ちからしても大地から引き離された神なのである。いずれにせよ、自分に生まれる場所を与えてくれたことに感謝して、この神はこの島を「ギリシア世界の中心と」決め、「輝かしきデロスと名付けた［42］」。ヒュペルボレイオス人の土地、すなわち「北の〈風〉の国の彼方の、海の岸辺に」、つまりは極北に、戦車（ゼウスからの贈り物）を引く白鳥たちに生まれたあと連れられてきて、一年間滞在したのち、アポロンはギリシアに戻り、デルフォイに向かったが、そこに人々がこの神を記念して立てた聖域は、「世界のへそ」と呼ばれた［43］。さて、いささか非オリュンポス的で、同時にすぐれてギリシア的な神であるこの神はまた、自らの生涯の大部分を大地で、しかも人間たちのなかで過ごした（逆説的なことに、まさに大地に繋がれていない浮遊する島で生まれたことによってこそ、この神は小文字の大地〔earth〕に住み着くことができたのだろう）ことを指摘しておくことは重要である。物語が進むと、アポロンは二つの試練にさらされる。一度は、「この世の主人に仕えるために奴隷の地位に自分を置か」なければならなくなり、また別の機会には、ある王に仕えるために（またときには自分自身のために）羊飼いや牛飼いとして働かなければならなかった[44]。さらに、アポロンの行いは、その全てではけっしてないにしても、ほとんどはこの大地で行われている。

これを心に留めておきながら、新しい都市の創造に関わるテリトリー化や脱領土化に戻ろう。ドゥティエンヌが主張するように、ギリシア世界の中の更地にされた土地に都市を作り、そこに定住者たちがやってきて住み着く（oikizein）プロセスは、二つの水準で特徴づけられる。

第一に、人間の世界やその都市にいぜんとして近いパンテオンでは、［テリトリー化のプロセスは］、神の力の活動を通して、すなわち〈アポロン神〉を通して［起こる］。〈アポロン神〉は空間を形づくり、そして〈アポロン神〉から、場を設計し、区画し、切り取る身振りや儀式が始まる。というのも、亡命中に大地で生まれたこのアーチギーテスの神は、彼自身天から追放され、この世の者たちのなかで働くという刑を宣告されたからである。アポロンの仕事、アーチギーテスの神の仕事は、もっぱら人間の大地で、そして人間たちの都市の真ん中で、行われる。オリュンポスの神々は、都市を決して天には創立しない。彼らはシュメールの神々のような建築家ではない。シュメールの神々ならば、都市の設計図を引き、それを王たちが王国を建てる者として細心の注意を払って複製するのである。ギリシアの都市は、オリュンポス山から動けない神の創造物では決してない。第二に、亡命中のアーチギーテスの神に、完全にこの世の住人である分身が仲間として加わる。すなわち、〈創立者〉、しばしば自身が亡命中の人間であり、アポロンが創始した身振りを模倣しているような人間が仲間に加わるのである[45]。

「ギリシア世界の人間的類型」としての創立者は、自身もまたしばしば異邦人であり、そして、天から追放された「創立＝基礎づけの神、「〈天の異邦人〉」であるアポロン・アーチギーテスと同類のこの世の住人」であるのだが、この創立者は、外国の土地に母国や母国の都市とは独立した都市を、みずからを絶対的に定立する都市を、創造する[46]。こうした都市が土着的であるのは、それらが土地や大地に属しているからではなく、それらがみな独力でそれら自身だけでみずからを基礎づけたからであり、つまり、土地を脱領土化し、政治的に基礎づけられた共同体の上にそれを再領土化したからである。また、「場とは何か」のなかで、ドゥティエンヌは、政治的創立者の特異性《シンギュラリティ》＝単独性がさらに強調されるのは、「彼のなかでは死したる者たち、先祖たちには重きが置かれていない」という重大な事実によると指摘している[47]。

結論づけると、これが、D&Gがギリシアのポリスに結びつける土着性の概念であり、ギリシアが

「哲学者のテリトリーや哲学の大地」である意味に対する問いに答えを与える概念である。それは土着性の概念ではあるが、〔アテナイの〕公式〔言説〕の同一性への執着や自己‐準拠的なものの魅力によってコード化される土着性概念とは区別され、つまりは、とりわけアテナイにおいて公式の言説を支配していた、大地からの誕生の神話とは区別される。すぐれて脱領土化されたものとしての哲学者の大地は、大地から引き離されて、自由で土着的なポリス市民から成る大地としてのギリシアの上に再領土化されたのであるが、この大地はまた、公式の言説が認めるよりも実際にははるかに外国人に開かれていたのであり、これによってこうして、ギリシアで一つの奇跡が起こることが可能にもなったのである。すなわち、哲学の誕生という奇跡が。

原註

［1］Renan, "Prière sur l'Acropole," in *Souvenirs d'enfance et de jeunesse*, 69–70.〔ルナン『思い出』上巻七三〜七五頁〕

［2］François Lefèvre, *Histoire du monde grec antique* (Paris: Librairie Général Française, 2007), 163; Christian Meier, *The Greek Discovery of Politics*, trans. D. McLintock (Cambridge, Mass.: Harvard University Press, 1990), 73.

［3］Nicole Loraux, "Clisthène, diviseur-lieur d'Athènes," in "Territoires, frontières, passages," special issue, *L'inactuel : Psychanalyse & Culture* 8 (1997) : 24.

［4］Lefèvre, *Histoire du monde grec antique*, 164. 対照的に、マイアーのような他の学者たちが指摘してきたのは、

クレイステネスの改革は、その合理性にもかかわらず、理論の実現を本質とするのではなく、むしろすぐれて現実的な政策の結果だったことである。(Meier, *The Greek Discovery of Politics*, 78.)

[5] この改革の複雑さについてのより詳細な解説としては、Meier, *The Greek Discovery of Politics*, 53–81を見よ。この改革はイソノミアの現実的な実現ではあるけれども、都市への実効的な参画というこの要求には、政府に対するデモスの参画の要求はまだ含まれていなかった。実際、この当時、国家の主な機能は依然として貴族たちに握られていた(66–68)。

[6] Ibid., 79.

[7] Ibid., 60.

[8] Loraux, "Clisthène, diviseur-lieur d'Athènes," 10.

[9] Ibid., 14.

[10] Aristotle, "Constitution of Athens," in Aristotle, *Complete Works*, ed. J. Barnes (Princeton: Princeton University Press), 1985, vol. 2, 2354.〔アリストテレス『アテナイ人の国制』橋場弦訳、『アリストテレス全集』第19巻所収、岩波書店、二〇一四年、六二～六三頁(第二十一章)〕

[11] Loraux, "Clisthène, diviseur-lieur d'Athènes," 14. 対照的に、トポスとコーラに捧げられた『形而上学入門』のなかの短い考察で、ハイデガーはまず以下のことを指摘している。ギリシア人たちは延長によって空間的なものを理解していたのではなく、むしろ「コーラとしての場(トポス)によって」空間的なものを経験していたのであり、このコーラとは、「場や空間を意味するのではなく、そこに在るものによって占められ占拠されているものである」。そのあとでハイデガーは、トポスとコーラが、対立するのではなく、むしろ密接に結びつき合っていることを示す。コーラとしてのトポス、すなわちコーラの地位にあるトポスは、(少なくとも『ティマイオス』では)物が置かれその物によって規定される、「場のような「空間」」である。コーラは、ある意味では、トポスを修正するのである。実際、物が場をもつようになるためには、ト

ポスは、現象のあらゆる様態を剝ぎ取られる必要があり、これによっててトポスは、何かがそこで生成する場となり、そしてトポスはそのものから輝き出すのである。これが、トポスに関してコーラが成し遂げることである。(Martin Heidegger, *Introduction to Metaphysics*, trans. G. Fried and R. Polt [New Haven, Conn.: Yale University Press, 2000], 69–70.〔マルティン・ハイデガー『形而上学入門——ハイデッガー全集第四〇巻』岩田靖夫訳、創文社、二〇〇〇年、七二〜七三頁〕)

〔12〕 Hesiod, *Theogony, in The Homeric Hymns and Homerica*, trans. H. G. Evelyn-White (Cambridge, Mass.: Harvard University Press, 1959), 87 (line 117).〔ヘシオドス『神統記』中務哲郎訳、『ヘシオドス全作品』所収、京都大学学術出版会、二〇一三年、九九頁〕

〔13〕 この文章の最後の部分はとりわけわれわれの注意を繰り返し喚起する必要があるので、原文を引用しておく。“elle libère un Autochthone, c’est-à-dire une puissance de la terre qui suit une composante maritime, qui passe elle-même sous les eaux pour refonder le territoire (L’Erechtheion, temple d’Athéna et de Poséidon)” (83).

〔14〕 Immanuel Kant, *Critique of Pure Reason*, trans. P. Guyer and A. W. Wood (Cambridge: Cambridge University Press, 1998), 590.〔アカデミー版A643, B672. イマニュエル・カント、『純粋理性批判』上下巻、石川文康訳、筑摩書房、二〇一四年、下巻三二二頁〕

〔15〕 ヴァルター・ブルケルトはこう書いている。「「海」とオリーブ樹は、この二柱の偉大な神々がアテナイを自分のポリスにしようとして持ち来たった権力の証しをする担保である」(Walter Burkert, *Homo Necans: The Anthropology of Ancient Greek Sacrificial Ritual and Myth*, trans. P. Bing [Berkeley: University of California Press, 1983], 157.〔ヴァルター・ブルケルト、『ホモ・ネカーンス——古代ギリシアの犠牲儀礼と神話』前野佳彦訳、法政大学出版局、二〇〇八年、一五八頁〕)。

〔16〕 Nicole Loraux, *Born of the Earth: Myth and Politics in Athens*, trans. S. Stewart (Ithaca, N.Y.: Cornell University Press, 2000), 29–30 を見よ。また 31 も見よ。

[17] 土着性に関するロローの研究は、D&Gも参照する重要な章の中で、マルセル・ドゥティエンヌとジュリア・シッサから一面的だとして異議を唱えられている。ドゥティエンヌとシッサは、土着性の観念が男性的なイデオロギーや習慣にかぎらないと説得力をもって証明している。(Marcel Detienne and Giulia Sissa, in *The Daily Life of the Greek Gods*, trans. J. Lloyd [Stanford, Calif.: Stanford University Press, 2000].)

[18] Henry George Liddell and Robert Scott, *A Greek-English Lexicon* (Oxford: Oxford University Press, 1968).

[19] Plato, *Republic*, in *Collected Dialogues*, 658–59 (414c–415a).〔プラトン『国家』藤沢令夫訳、『プラトン全集11 クレイトポン/国家』所収、岩波書店、一九七六年、二五〇〜二五二頁〕

[20] Nicole Loraux, *The Children of Athena: Athenian Ideas About Citizenship and the Division Between the Sexes*, trans. C. Levine (Princeton, N.J.: Princeton University Press, 1993). もちろん、土着性に訴えかけるのは、アテナイが唯一の都市ではなかった。ロローはこう書いている。「それぞれの都市には、祖先や創立者や文明化した英雄あるいは政治的英雄として「最初の男」が存在し、その男は、アテナイのエレクトニオスのように大地から生まれたり、アルゴスのポローネウスのように川から生まれたり、ボエオティアのアラルコメネウスのように湿地帯から生まれたり」等々「である」(Loraux, *Born of the Earth*, 8)。しかし、彼女も示しているように、土着性の神話は、他のどの都市よりもアテナイではるかに主導的な役割を果たしている。

[21] 指摘しておきたいのは、『政治家』においてプラトンが、世界の初期の時代クロノスの特徴としての土着性(ek ges、271a)を、現在の時代ゼウスの特徴としての政治生活(272a)と正面から対置していることである。クロノスの統治下において人間は大地から生まれ、この神によって守護され率いられた。それは今日の人間が下等な生命種を管理しているのと同様である(271e)。したがって、クロノスのもとでの生活は、まったく自由を知らず、大地から生まれた人間には語るべき政治生活はなかった。ロローが注意しているように、『政治家』でのプラトンの神話は、「まったく何の空間にも支えられておらず、とりわけ都市の空間には支えられていない」(Loraux, *Les enfants d'Athéna*, 72)。プラトンは二つの時代のうちどちらが幸福だったのかと

いう問いを開いたままにしているけれども（272b）、ここで生じる問いは、D&Gが、土着性を再考しようとするとき、大地から生まれることとしての土着性を人間の生命の初期の非政治的時代に割り当てる、プラトンの圧力を引き継いでいるのかどうかという問いである〔プラトン『ポリティコス（政治家）』水野有庸訳、『プラトン全集3　ソピステス／ポリティコス（政治家）』所収、一九七六年、二四〇～二四二頁〕。[22]実際、ロローが詳細に明らかにしているように、エレクテウスの神話ですら、生殖の余地を与えている。ロローはこう書いている。「子供は、大地と生殖の両方から生まれた」（Loraux, *The Children of Athena*, 58）。このように、明示的に言及することはないものの、「［エレクテウスの］誕生の神話は、暗黙に、集団的な土着性の宣言にひとつのモデルを与えている」（69）。しかし、両方のモデルには、ポリスの市民がこれらを同時に使うことができるようにする、別の共通点がある。実際、これまで見てきたことからわかるように、両方のヴァージョンとも、アテナイの土着性には代償がついてまわることを証明している。勝ち誇ったアテナイの土着性を他のギリシア人のさまざまな変質と対置することによって、「都市の中心での逸脱［alterité］のあらゆるしるし――女性がもちこむ逸脱をはじめとして――」は、隠されるようになる（220）。都市からの女性の排除は、本質的にはすべての他者たちの排除を含むので、エレクテウスの物語に表されているような土着性の独断的な概念が示しているのは、この物語が、「本当に重要なことは男性のあいだで起こるということを男性の経験が示してくるのだから［…］生殖の現実を否定してしまいたいという男性社会の欲望」によって備給されていることである(17)。この物語は、他の性を除去しようという欲望によって備給されており、「男性と女性との対立を越えたところにあるものとして」、つまりは、まったく男性的な視点から、「アネル〔aner：男性〕の身分」を描いているのである（ibid.）。ロローは、両方のヴァージョンにおいて「土着性の神話は、排除を行うものと、つまり「他者」の根源的排除と、みなされる」と結論づける。それ自体としては「土着性の観念は、外国人に「開かれた」都市という、アテナイに対してアテナイ人がもつ別の表象と矛盾しそれを制限することになる」（246）。実際、スパルタを特徴づける外国人嫌いとは対照的に、アテナイ人たちは、土着性の名のもとに聖戦を行うことはなかった(Loraux, *Born of the Earth*, 20)。

[23] 以下、わたしはエレクテウスとエリクトニウス(エレクテウス二世)とを区別しない。後者が前者の息子であると考える者たちもいる。D&Gの『哲学とは何か』での土着性の問題系にとって、エレクテウスという形象がもつ重要性を明らかにしようとわたしがあたった典拠はすべて、プルタルコスに従っており、この二つの者のあいだに区別をつけていない。ヴァルター・ブルケルトは、次のように述べている。「エレクテウスとエリクトニウスは明らかに同一の名の二つの異形《ヴァリアント》にすぎない。祭祀で用いられるのはエレクテウスという形だけだが、こちらのほうがより原初的で、またおそらく非ギリシア語出自の名である。それに対して、「特別な形で大地に属する」エリクトニウスのほうは、ギリシア語化された、多分語源解釈に合わせてアッティカの叙事詩へと採用された新しい創作である。神話はさらに分化を進め、エリクトニウスの誕生とエレクテウスの死を語るようになる」(Walter Burkert, *Homo Necans*, 156〔ヴァルター・ブルケルト『ホモ・ネカーンス』一五七〜一五八頁〕)。ロローが記しているように、「エリクトニオスあるいはエレクテウスとともに(両者を区別しようとしまいと)、アテナイの王の長い系譜が始まる」(Loraux, *Born of the Earth*, 31)。

[24] Loraux, *The Children of Athena*, 51(強調引用者).

[25] Ibid., 49–50.

[26] Ibid., 50.

[27] けれども、ロローが指摘するように、市民を「「二人の市民から生まれた」者」と定めるペリクレスの市民権法が前四五一年から前四五〇年に成立したにもかかわらず、「[…]実際には、女性市民のようなものは存在しないし、同様に「女性のアテナイ人」も存在しない」。その結果として、「アテナイ市民は、市民の父だけをもつ男性、すなわち、自分の父と母方の祖父の両方とも市民である男性と簡単に定義できる」(Loraux, *The Children of Athena*, 119)。政治的言説のなかですら、この都市には、土着の女性、すなわちアテナイの女性は存在せず、ただ女性という種族だけが存在するのである。

[28] 外国人だけがこうした非一貫性を疑問視することになるだろうとロローは述べる。ギリシア人たち自身はこの矛盾に向き合うことができた（Loraux, *The Children of Athena*, 57–58）。

[29] 土着性のこのヴァージョンでは、「女性が完全に排除されたアテナイという夢」も同様に現れている（Loraux, *The Children of Athena*, 121）。

[30] プラトンの『メネクセノス』では、ソクラテスがある追悼演説を、死者について公共の場で語るときの模範として朗読するが、ソクラテスによればこの演説はある女性によって、すなわち彼の昔の弁論術の師、アスパシアによって作られたものなのだが、実際、この『メネクセノス』が、D＆Gが土着性を再解釈するときの原点ではないかとわたしは思う。この演説は、公共の場での雄弁をパロディ化しているのだが、この演説が注目に値するのは、たんにepitaphioi logoi〔追悼演説〕のある種の決まり文句がアイロニカルに極度にまで推し進められているからだけではない。また、「〔アテナイ市民の〕生まれの良さ」（237a–b）の問題を扱うにあたって、ソクラテスが最初に、アテナイ市民みながその子孫として兄弟である（239a）、すなわち、平等な者であるような、ひとりの母親（237c）――母国としての〈大地〉を褒め称えているだけでなく、また、妊娠や出産に関するかぎりでは〈大地〉を模倣してきたすべての女性たち（238a）を褒め称えているからである〔プラトン『メネクセノス』津村寛二訳、『プラトン全集10　ヒッピアス（大）／ヒッピアス（小）／イオン／メネクセノス』所収、岩波書店、一九七五年、一七二～一七七頁〕。土着性の政治的モデルが、この演説の主要なテーマなのだが、このようにこのモデルは、アテナイ人であることはアテナイ人の母親と父親から生まれたことであるとしたペリクレスの市民権法に合うように、親のカップルが価値づけし直されるようにして構想し直されている。ロローが注記しているように、たしかに、『メネクセノス』に見られる、土着性の実際の神話のなかにある極端な父系イデオロギーに対する暗黙の批判は、ギリシアにおいては例外的で論争的な主張である（Loraux, *The Children of Athena*, 121）。しかし、それは哲学‐政治的批判であり、それゆえ問題は、土着性のテーマに対するD＆Gの解釈が、少なくともある程度はこれに負っているのでは

［31］ないか、「生まれの良さ」の歴史的で社会的で神話的な説明には負っていないのではないかということである。ヘロドトスは、アテナイの有力な家族たちが外国の誉れ高い血筋を引いていることを誇っていた時代をまだ記憶している（Loraux, *Born of the Earth*, 22 を見よ）。またここで指摘しておいたほうがよいかもしれないのは、ヴァルター・ブルケルトが主張したように、祭祀に関するかぎり、ギリシア以前の時代と本当の意味でのギリシアの時期とのあいだの連続性は、かなり驚くべきものであるということである（Walter Burkert, Homo Necans, 194〔ブルケルト『ホモ・ネカーンス』一九五頁〕）。

［32］Sissa and Detienne, *The Daily Life of the Greek Gods*, 215.

［33］Ibid., 218.

［34］Marcel Detienne, "Qu'est-ce qu'un site?," in *Tracés de Fondation*, ed. M. Detienne (Louvain-Paris: Peeters, 1990), 4.

［35］Sissa and Detienne, *The Daily Life of the Greek Gods*,141–42.

［36］Detienne, "Qu'est-ce qu'un site?," 2.

［37］Marcel Detienne, "Apollon Archégète. Un modèle politique de la territorialisation," *Tracés de Fondation*, 301–11.

［38］Ibid., 301.

［39］Ibid., 302.

［40］Detienne, "Qu'est-ce qu'un site?," 13.

［41］Henry George Liddell and Robert Scott, *A Greek-English Lexicon* (Oxford: Clarendon Press, 1978), 252.

［42］Pierre Grimal, *The Dictionary of Classical Mythology*, trans. A. R. Maxwell-Hyslop (Oxford: Basil Blackwell, 1986), 47. アポロンの形象の描写については、この研究に負っている。

［43］Grimal, *The Dictionary of Classical Mythology*, 47.

［44］Ibid., 49–50.

［45］Detienne, "Apollon Archégète," 303–4.

［46］Ibid., 309–10. オリュンポスからのアポロンの追放についてのドゥティエンヌの議論は、まちがいなく、ゼウスに対するアポロンとポセイドンの反乱を指している。この反乱の結果として、アポロンとポセイドンは、ゼウスによって天から追放され、トロイの城壁を作るよう命じられる。

［47］Detienne, "Qu'est-ce qu'un site?," 13.

訳注

［一］オリュンポス十二神の一柱。ゼウスとヘラのあいだの息子、あるいはヘラひとりの子と言われる。

第4章 たとえば、友

そうすると、D&Gによれば、哲学――この本質的にギリシア的なもの――は、ギリシアにおけるそのはじめから、地理哲学、すなわちその主な関心事が大地である哲学なのである。このあとすぐに明らかになるように、知恵の探究ではなくむしろ地理哲学である哲学は、大地「について」の哲学であるというよりも、はじめから、この大地に対する無条件の肯定を伴う仕方で大地に関わるものである。このまえの数章で、「大地」がここではどのように理解されるべきかについて練り上げてきたあとで、いまや、ギリシアの哲学的思考を性格づける基本的な特徴を、D&Gがどのように規定するか、検討し始めよう。『哲学とは何か』によれば、こうした特徴とは、内在平面上の概念創造、友という概念的人物、オピニオンの自由である。主に友についての議論に捧げられている「序論――そのとき問いは…」の注釈からはじめて、わたしの最終的な狙いは、(当時も今もギリシア的なものである)哲学のこうした三つの基本的特徴、条件が、哲学は本質的に地理哲学であるというD&Gの定義とどのようにつながっているのか、考察することである。いいかえれば、こうした特徴は、われわれがこれまで練り上げてきた大地の概念からどのように出てくるのか。これから見るように、哲学の大地は、概念を創造することと友や自由なオピニオンを求めることとを哲学に要求する土地である。結果として、大地自体は、D&Gの思想のなかの周辺的な問題ではなく、むしろ、彼らの哲学的な関心事の中心に存在するだけでない。大地はまた、哲学を特徴づけギリシア的なものにする三つの基礎的な特性を条件付けている。そして、こうした特性からD&Gが大地ということばで意味するものにまで遡ることによって、今度は、D&Gの区別する哲学的な意味と(より狭義の)社会-政治的な意味の両方で大地がどのように理解されるべきかについて、さらに光が当てられるだろう。

『哲学とは何か』の著者たちが提言するように、彼らはつねに哲学を、「概念を形づくり、考案し、製作する技術」(2/8/八)と考えてきた。しかし、哲学それ自体であるこの「老人」(11/16/二三)や自分たちが生涯をかけてしてきたことを、振り返って反省してみるこの晩年に、彼らは哲学的な仕方で、すなわち、哲学それ自体の条件にしたがって、「哲学とは何か」という問いを立てることを望む。さらに、彼らは、この問いに対する返答のなかに、哲学が生じてきた時や状況や風景を書き込もうとし、同時にまた、哲学の本性を哲学的に問うことに携わる概念的人物を考慮に入れようとする。概念的人物とは、哲学それ自体のなかでの哲学者の「形象化」(プラトンの場合のソクラテスのように)であるが、しかし、哲学的対話のなかの登場人物のように実際の「哲学者[自身]」の代弁者(64/62/一一三)ではない。D&Gによれば、概念的人物とは、それが「カオスと内在平面のダイアグラム的特性とのあいだに、また、平面とそこに生息しにくる概念の強度的=内包的特徴とのあいだに介入する」(75/73/一三二)という点で、哲学に内的な側面である。D&Gが望んでいるのは、実際には、「「友どうしで」[…]あるいは、敵を前にしては挑戦として」(2/8/九)哲学とは何かという問いを立てそれに答えることなので、友としての哲学者は、「序論」で彼らの注意のほとんどが捧げられている人物である。「概念を形づくり、考案し、製作すること」がどのように理解されるべきか、また、特に、D&Gが概念ということばで何を意味しているかは、「概念的人物」という観念自体とともに、少しあとになってはじめて明らかにされるだろう。この概念的人物という観念は、概念に必要とされ、「その〔概念の〕定義に寄与する」(2／8／九)のである。さしあたって、以下のようなD&Gの主張を記憶に留めておくだけにしておこう。すなわち、特に「〈友〉はこのような人物のひとりであり、〔そしてそれは〕友愛‐知恵〔philo-sophy：哲学〕のギリシア起源を明かす証人である。他の文明には〈賢者〉がいたが、しかしギリシア人は、たんにより謙虚な賢者というわけではない「友たち」を提示している」(2–3／8／九)。

哲学とは何かと問うときに必ずそこにいる人物として友に触れることで、D&Gは、たんにギリシア的な仕方で哲学する素振りをするだけではない。彼らはまた、哲学自体を何か本質的にギリシア的なものとして、つまりは、他の制度化された文化、すなわち他の文明に存在するものとは大きく異なるものとして、規定するのである。いくつかのことばを彼らがどのように理解しようとしているのかいまだ明らかにされてないけれども、彼らが主張しようとしている点は、取り違えようがない。すなわち、友としてのギリシアの哲学者と、友のあいだで営まれるものとしての哲学は、賢者や、弟子に対するその賢者の教えとは根本的に異なるということである。D&Gはこう書いている。「まさにギリシア人たちが〈賢者〉の死を認め、賢者のかわりに哲学者を——知恵の友を、知恵を求めはしても明白なかたちで知恵を所有してはいないこの者たちを、提示したのだろう」(3／ibid.／同頁)。しかしながら、哲学者たちが求める知恵とは、もはやオリエントの賢者のそれではない。D&Gが見るように、「知恵は大きく変わってしまった」(ibid.／ibid.／一〇)。実際、知恵はあまりに変わってしまい、フィロソフィア〔philosophia〕ということばのなかのソフィア〔sophia〕ということばすら、それを指し示すには十分適切だとはもはやいえないほどかもしれない。『クラテュロス』でのプラトンによれば、「ソフィア（知恵）」ということばさえ「もっと不明瞭でもっと他国風［xenikoteron］［1］」であることを思い出そう。いずれにせよ、ニーチェを参照しながらD&Gが断言するように、哲学は、その起源であるソクラテス以前の哲学者たちにおいて、「賢者の仮面を借りて」、賢者と超越的秩序との関係を掘り崩し、知恵を「純粋な内在性に奉仕」させることによって、「大規模な方向転換を行なった」（43–44／46／八〇）。ところで、哲学者と賢者とを区別するとき、D&Gは明らかにアレクサンドル・コジェーヴに依拠している。もちろん、最初の哲学者たちに触れるときにマルセル・ドゥティエンヌの『古代ギリシアにおける真理のマスターたち』やジャン＝ピエール・ヴェルナンの『ギリシャ思想の起原』を参照することで、彼らはコジェーヴがこのテーマの唯一の典拠ではないことを明らかにしてはいるが。ヴェルナンを引用しながら、彼らはこう書いている。「カオスの上に広がる篩《ふるい》のように内在平面を創建した」最初の哲学者たちは、「宗教的人物、つまり祭司である〈賢者〉とは対立する者である。なぜなら、賢者たちは、偉大な専制君主や、他の神々よりも高い地位にある神によって外から課せられた、つねに超越的な秩序の設立を構想し、エリス〔争いと不和の女神〕から霊感を受けて、どんなアゴーンをも超える戦争を追求し、対抗関係の試練を前もって拒絶する憎悪を追求したからである」（43／45／七九）［2］。『古代ギリシアにおける真理のマスターたち』では同様のことが明らかにされている。そこでドゥティエンヌは、真理のマスターたちの形象《フィギュア》の発展史を大まかに描いている。それは、神話の時代と宗教の思想における霊感を受けた詩人や見者から、哲学者（第一になによりもまずパルメニデス）まで、さらには同時代の哲学的‐宗教的セクトの賢人たちまでの歴史である。女神がアレーテイア〔Aletheia：真理〕の直接的なヴィジョンを授けてくれるという点で、哲学者はある意味では魔術師に似ている。しかし、魔術師が「ポリスから離れて社会の周縁で暮らしていた」のに対し、「哲学者は対照的に、都市の体制に従い、それゆえ公共性の要求に従っていた。哲学者は啓示の聖域を離れなければならなかった［3］」。それゆえ、哲学者の真理は、「立証とは言わないまでも試練に晒されて」いただけでなく、最初の哲学者たちはまた、特に、哲学的‐宗教的セクトの賢者とは異なり、ドクサを考慮する必要があった。賢者たちにとってドクサの複数性の世界との交流は避けるべきだったのである［4］。一個人であり個人的な知恵を獲得すべく努力する魔術師や賢者とは対照的に、最初の哲学者たちは公の人物《フィギュア》であり、ポリスの内在の環境にどっぷりと浸かっていた。だがここで、賢者と哲学者のあいだの差異についてD＆Gが議論しているときの典拠だとはっきりと認められるもの、すなわち、コジェーヴに戻らせてほしい。「僭主政治と知恵」でコジェーヴは、確かに、哲学者と賢者のあいだの区別を切り出しているが、しかし、パラドキシカルなことに、――「賢者がいないので」と認めながら――哲学者の人物像《フィギュア》をたんに特徴づけるにとどめている［5］。コジェーヴにとって、哲学者とは定義上知恵を所有せず、したがって、これまた定義上、知恵の探索に生涯を捧げることになっている。これはすでに知恵を完全に所有している賢者とは対照的である［6］。実際、コジェーヴが書いているように、「哲学は定義上、〈知恵〉とはなにか別のものである。それは必然的に、〈真理〉そのものではない「主観的な確信」、いいかえれば「偏見」を含んでいるのである［7］」。しかし、D&Gは賢者と哲学者のあいだにまだ残る別の差異を指摘する。彼らはこのように主張する。「オリエントからやって来た老賢者はおそらく〈形象《フィギュア》〉で思考するのに対して、哲学者は〈概念〉を考案しこれを思考する」(3／8／一〇)。この区別は、「おそらく」で様相化されてはいるものの、まず、非常に伝統的な響きを持っている。というのも、それは直観対分析的あるいは概念的思考、イメージ対概念等々といった親しみのある対立を響かせているように思えるからである。しかしながら、D&Gにとって、概念は言説的＝論証的な存在ではなく、また形象はたんなるイメージではないので、この区別はまた、それが一般に理解されている仕方とは異なる含みを持っているのかもしれない[8]。

さしあたって、D&Gはこの差異の問題を追究せず、友の観念を中心に据える。というのも、「ギリシア人においてさえ、また、とりわけギリシア人においては、「友」が何を意味するのかを知ること」は特に「難しい」(3／8-9／一〇)からである。「この問題は重要である」と彼らは注記する、「なぜなら、哲学のなかに現れるような友は、もはや、外的な人物も経験的な例や状況も指し示さず、むしろ思考にとって内的な存在、思考そのものの可能性の条件、生けるカテゴリー、生きられた超越論的経験を指し示すからである」(ibid.／9／同頁)。ギリシア人たちにとっての友、すなわち哲学の主要な特性のひとつであるかぎりの友とは、思考そのものにとって内的な概念的人物である。D&Gは友のことを「超越論的規定」(4／10／一二)と、いいかえれば、哲学が存在するためのア・プリオリな条件と、呼ぶ。ちなみに注記しておけば、カントやフッサールにおいて超越論的なものとは、意識に、〔to〕、すなわち主観性に内在し、それゆえ、D&Gも「例3」で主張するように、超越的なものを再導入する近代的な方法である（45／47／八三）ことを考えると、彼らが超越論的経験や超越論的規定について語るときの気安さはいささか驚きである。彼らはあまり明示的には言わないけれども、ギリシア的なものとしての哲学の残り二つの特徴――内在平面上での概念創造と、オピニオンの自由――は似たような身分《ステータス》を持っている。つまり、これらもまた、それなしでは哲学的思考のようなものが存在しない、ア・プリオリな超越論的条件である。さらには、友が思考そのものに内的な概念的人物であるならば、これはつまりまた、「思考がそれ自身において分割され、遂行されうるために、思考こそ、思考者が友であることを要求するのである」（69／68／一二三）。もし思考が、外部とのどんな交換からも守られて滞りなくそれ自身に関係するのではなく、むしろ、それ自身のなかで分割されるのならば、そしてそれゆえにつねに実行され（「遂行され」）あるいは演じられなければならないものであるならば、相争うひとりの〈他者〉としての友は、哲学それ自体に内的でなければならない。この糸を辿るまえに、ひとつ指摘しておきたいのは、友とは、知恵や真理や概念に対していわば「知識を兼ね備えた親密さ」や「物質の好み《テイスト》」（3／9／一〇）をもつ人物《フィギュア》であり、それは大工や家具職人が木に対して持っている親密さや好みと似ていなくはないということである。哲学のなかの友は、概念に関して非常に有能で、概念のノウハウをもっている（le philosophe s'y connait〔哲学者は精通している〕）人物である――ヒュー・トムリンソンとグラハム・バーチェルが翻訳するように、彼は「概念の専門家である」（ibid.）――が、しかし、概念への好みに基づく専門性、すなわち、知的な技術というよりはむしろ感覚的な気質に基づく専門性という意味でである。先取りをするのを許してもらえれば、ギリシア的なものとしての哲学のなかの友というこの解釈とともに、のちほど確認されるように、哲学に対する非常に特殊な見方が視界に入ってくるのは、概念が非言説的＝論証的なものとして定義され、哲学が科学から根本的に切り分けられるときである。実際、哲学、すなわち、なによりもまず概念創造を本質とするこのギリシア的なものは、にもかかわらず、まず合理主義的でもなければ理性的なものでもないのである。

もし哲学それ自体のなかでの哲学者の概念的人物としての友が、「知恵の友であり知恵を愛する者であり［…］知恵を現働態において所有するというよりも、むしろ、知恵を潜在態において得ようと努める」（4／9／一二）のであれば、この友とは、哲学におけるアテナイ市民の類似物であり、つまり自由人、平等な者たちのなかのひとりの平等な者である。実際、D＆Gはギリシアのなかに平等な者たちの社会として現れた友の社会について語っている（ibid.／ibid.／一一～一二）。ギリシアにおける市民の幅広い連帯の形成につながったクレイステネスの改革を思い出しておこう。マイアーが注記するように、「この連帯は、都市の問題への参加を保証しようとするさまざまな試みにとっての基礎を準備し、またそれ自体こうした参加によって補強された。しかしながら、この連帯が友愛として理解されていたかどうかは明らかではない」。マイアーはこう言う。歴史的に言えば、「異なる階級のメンバーが友愛によって統合されるべきであるという考えは」、「この都市が政治秩序の支配をめぐる闘争から生じた内戦の脅威に直面してはじめて、問題としての重要性を獲得した[9]」。アイスキュロスの『エウメニデス』の分析のなかでマイアーが示したように、ポリスの市民のあいだの友愛という考えは、このとき生じ、友愛をたんに「人間同士の関係の問題」ではなく、むしろ市民であるための必要条件としたが、これは市民が敵意をもはや「内側に」向けずに、むしろ「連帯の精神のもと、外に」向けることを要求するようになったのと同時であった[10]。こうして、「友と敵のあいだにある、ポリス中心的な新たな区別」に基づいて、市民の友愛は、ギリシアにおいて市民の新たな連帯の本質的な側面となった――koinophiles dianoiaという文言、すなわち、「全体（koinon）へ向けられた愛と、共同体内での相互の友愛」という文言に表現されているように――が、こうした市民の新たな連帯は、内戦が迫ってくる時代に生まれたものである[11]。ところで、平等な者としての市民のあいだでの友愛という この理想は、深刻な争いを排除しなかったのもまた事実である[12]。それゆえ、知恵の愛好者としての哲学における友という概念的人物がまた、権利要求者（prétendant）に、すなわち、他の者たちもみな権利を主張するのと同じものに対して権利を主張する者に、哲学における友を仕立てていたというD&Gの論点に戻ろう。だが、権利要求者として、「もし彼〔哲学における友〕がその友であると主張するものが、彼が権利を要求する〈モノ〉であるならば」、すなわち、「第三者［le tiers］ではなくむしろ哲学者の場合においては知恵であるならば、不可避的に、どんな他者もアゴーン的な争いにおいて「ライバルになる」。D&Gはこのように続ける。「友愛には、欲望の対象へ向かう艶めかしい緊張感と同じだけの、ライバルに対する競争心に満ちた不信が含まれているだろう。友愛が本質をめざす場合には、権利要求者とライバルという二人の友が存在することになるだろう（しかし、誰が両者を区別できるのか）」（4／9／一一）[13]。疑いなく、ニーチェのエッセイ「ホメロスの技くらべ」

がここではD&Gの念頭にある。このエッセイのなかで、ニーチェは、アゴーン〔agon〕――競争、あるいは競争的争い――がギリシア世界の基本的な特性であり、この世界は市民たちの平等を促そうとし、そのために陶片追放（ちなみに、これはクレイステネスによって創設されたと信じられている）という代償さえ、いいかえれば、行いやことばの上で誰もかなう者がもはやいないような卓越した者は、どんな者であっても追放するという代償さえ、払ったのである[14]。要するに、友であるということが平等であるということならば、友が同じもの――真理、知恵等々――を求めて争うことによって、友は不可避的にライバルへと、さらには強い意味での敵へと、ポレミオス〔polemios〕へと、変わる[15]。

このように理解すると、友とは、たんにすぐれて哲学的な概念的人物であるだけではなく――実際、友愛についてのブランショの考察がこの文脈で参照されていることから、哲学のなかの他の概念的人物はすべて、友の形象のたんなる変種やその修正やその反対物であると示唆されているように思われる――、また、友が平等な者として知恵の争いにおけるライバルでもあるかぎり、友とは、哲学をギリシア特有のものにするように思われる第一の際立った特性である。実際、友愛は、哲学が公共のものであるための条件であり、すなわち、知恵のような個人的あるいは私的なものではなく、むしろ、アゴーン的な争いのなかで哲学を一緒にする――symphilosophein――ときに実践的な仕方で実現されるものに哲学がなるための条件である。D&Gはこう書く。「こうした第一の特性のもとではじめて、哲学は、ギリシア的なものに思われ、都市のもたらすものと一致する。都市は、友からなる社会つまり平等な者たちからなる社会を形成し、それればかりでなく、都市同士で、またそれぞれの都市のなかで、対抗関係を促進し、〔…〕思考にいたるまでの、あらゆる領域において権利要求者たちを対立させた。このとき思考は、友にだけでなく、権利要求者やライバルにもおのれの条件（プラトンがamphisbetesis〔異論、総論〕と定義する問答法）を見いだすだろう」（4／9／一一〜一二）[16]。「思考そのものの諸条件にとっての内的な問い」（4／10／一二）——すなわち、「哲学とは何か」という問い——への答えを探すなかで光を当てられた、友や恋人や権利要求者やライバルという「超越論的規定」は、この第一の特徴が本質的にギリシア的なものであることを示している。なぜなら、（友としての哲学者という概念的人物をもつ）哲学は、思考する者たちの社会を前提しているからであり、この思考する者たちは、賢者とは区別される、知恵の友として、真理や知恵へ向かうアゴーン的な争いを行うのであり、この争いが彼らを同時にライバルにもするのである[17]。

ゲオルク・ジンメルの概念である、「「いかなる特定の内容よりも前にあり、それを越えている」純粋な社交性」に関する、「地理哲学」の章の脚注は、この点で注意が必要である（223n4／84n4／三七四頁原注4）。この典拠は、「社交性（純粋社会学あるいは形式社会学の例）〔Die Geselligkeit（Beispiel der Reinen oder Formalen Sozioligie）〕」と題されたエッセイで、そこでジンメルは、社会化（Vergesellschaftung）と社交性（Geselligkeit）とを区別している。社会化とは、社会のなかでの人間同士の互いの行為の内容に関わるものである。社会のなかで人間は、生活の必要性と慣習の要請の圧力の下で、「他者たちとの共存関係に入る。すなわち、他者たちと互助や共存や対立の行為に同時に入る」。これに対して、社交性とは、「きわめて遠大な意義をもつ精神的な機能」を通して生じる社会の現象のひとつであり、この「知的機能」とは、生命に奉仕する力や利害から人間の互いの行為の純粋な形式を抽象し、こうした要請や現実的な問題すべてから独立させるのである[18]。「たんなる生活の流れや真剣な生活が執着するその質料」から離れて、生活の現実が作り出す生活の形式は、それ自体の命を得てそれ自体でひとつの価値になり、この価値は、人間が互いに支えあい、共にあり、反目するという「本来の「社会」」としての社交性においてかたちをなす[19]。生活の深刻さから完全に解除されて、「他者との共存、互助、対立」はそれ自体の形式的な生命を獲得し、「「特定の」内容へのすべての定着から解放され」る[20]。社会化という通常の形式とは反対に、社交性は「社会学的に理想の世界」を、ひとつの「人工の世界」を、いわば「社会の芸術作品」を創造するのであり、ここでは人間のあいだの関係は、生存という共通の目的から解放されて、こうした制約の追求に向けられたエネルギーは、いまや遊戯的に表される。こうして社交性は「理想的な社会学的世界」を表象する[21]。ジンメルは次のように考える。社交性は「本質的に民主的」である。つまり、どんなに人工的であっても、「社交性の世界は平等な権利をもつ人々のデモクラシーが摩擦なく可能である唯一の世界である[22]」。

　ジンメルが社交性と呼ぶものは、まさにD&Gのいう友や平等な者たちの社会を特徴づけるものではないか。これまで見てきたように、D&Gの友や平等な者たちの社会とは、ギリシアにおける哲学の出現のための社会‐政治的な条件のひとつであり、またこの社会の結果として、友は哲学それ自体にとって内的な概念的人物になるのである。こうした現実の社会における生存の拘束からの自由というジンメルの主張を心に留めながら、次のように問おう。こうした社会はまた、D&Gの理解する意味での土着的な者としてその参加者が解放される空間ではないか。さらには、ここでまたわかるのは、哲学が理解する意味での「大地」、自由で平等なメンバー間の相互の行為によって創造される社会－政治的空間としての「大地」こそ、友が、本質的にギリシア的なものとしての哲学的思考の本質的特徴であることを要求するということではないか。

原註

〔1〕Plato, *Collected Dialogues*, 448 (412b).〔プラトン『クラテュロス』水池宗明訳、『プラトン全集2　クラテュロス／テアイトス』所収、岩波書店、一九七四年、九一頁〕

〔2〕Jean-Pierre Vernant, *The Origins of Greek Thought*, 107–25.〔ヴェルナン『ギリシャ思想の起原』、一二一～一三七頁〕

〔3〕Marcel Detienne, *The Masters of Truth in Archaic Greece*, trans. J. Lloyd (New York: Zone Books, 1996), 133.

〔4〕Ibid., 133.

〔5〕Alexandre Kojève, "Tyranny and Wisdom," in Leo Strauss, *On Tyranny* (Ithaca, N.Y.: Cornell University Press, 1968), 172.〔レオ・シュトラウス「僭主政治と知恵」石崎嘉彦／飯島昇藏／面一也訳、『僭主政治について』下巻所収、現代思潮新社、二〇〇七年、八二頁〕

〔6〕Ibid., 156.〔同書三一頁〕

〔7〕Ibid., 164.〔同書四四頁〕しかし、「哲学者の義務は、このような偏見からできるだけ早く、完全に、手を切ることである」とコジェーヴが論じるとき、D&Gはコジェーヴと袂を分かつだろう。なぜなら、偏見は、哲学者が概念を創造する内在平面と結びついているからである。

[8] 実際、D&Gによれば、形象は科学――「[科学を特徴づける]ファンクティヴは概念ではなく形象である」――と宗教に共通であり、こうして形象は賢者の特色となるのである(125/119/二一二)。

[9] Meier, *The Greek Discovery of Politics*, 117.

[10] Ibid., 116.

[11] Ibid., 116–17.

[12] ヴェルナンが述べるように、ポリス内の「関係の相互性に基づく平等的秩序」は、その要素すべてに共通の法を課すことになるが、この秩序は、権力間の均衡が静的であることを意味しない。つまり、「それは対立を包含し、闘争から形づくられる。それぞれの力は代わる代わる権力を握るが、次には他の力に権力を譲り、最初に前進した分だけ退く」(Vernant, *The Origins of Greek Thought*, 123〔ヴェルナン『ギリシャ思想の起原』一三七頁〕)。

[13] 友とともに、「ひとが純粋な思考から排除するつもりでいた〈他者〉との死活的な関係」(4/9/一一)が思考に導入されるならば、そのとき〈他者〉とは、知恵の友が他の権利要求者と争う闘いの中での、主要なライバルではないか。

[14] Friedrich Nietzsche, "Homer's Contest," in *On the Genealogy of Morals*, trans. C. Diethe (Cambridge: Cambridge University Press, 2007), 178.〔フリードリヒ・ニーチェ「ホメロスの競争」塩屋竹男訳、『ニーチェ全集2　悲劇の誕生』所収、ちくま学芸文庫、一九九三年、三二六～三二七頁〕

[15] D&Gは平等な者たちのあいだでの対抗関係が敵対関係に変わることを認めているけれども、(競争の根拠としての)友愛は、D&Gにとってギリシアの市民の主要な特徴である。しかしまた、哲学者たち(ソクラテスやとりわけアリストテレス)こそが、ポリスの市民の「政治的だが経済的ではない平等化」としてのフィリアを、あらゆる者があらゆる者に立ち向かう獰猛なアゴーンの精神に対置させたとも考えられてきた。アゴーンの精神はポリスにひろがり、たえずこのコモンウェルスを脅かしたのである。それゆえフィリア

は、全面的な競争の時代に、一から共同体を形成しようとするための、哲学的な必要物なのである（Hannah Arendt, "Socrates," in *The Promise of Politics* [New York: Schocken Books, 2005], 16–17〔ハンナ・アレント『政治の約束』高橋勇夫訳、ちくま学芸文庫、二〇一八年、六八〜七一頁〕を見よ）。

〔16〕 *Philebus* 15a and *Republic* 533d, in Plato, *Collected Dialogues*, 1091 and 765〔プラトン『ピレボス』山田道夫訳、京都大学学術出版会、二〇〇五年、一三頁／プラトン『国家』五四〇頁〕を見よ。

〔17〕 しかし、哲学というこの本質的にギリシア的なものはまた、「発展や変異〔mutations〕」を経るのであり、「概念的人物のリストは決して閉じられることがない」(5／10／一三)。ちなみに、ハイデガーが「新しい始まり」と呼んだものにおいては、哲学的思考は、歴史上のギリシア人たちの思考よりもよりギリシア的であることになっていることを注記しておこう。だが、『哲学とは何か』に戻れば、ブランショは、今日、哲学における友の問題を再び取り上げ、「現代世界における、思考することの可能性と友愛との関係について」(219n5／10 n5／三六九頁原注5）理論を練り上げたが、このブランショの事例が示しているのは、「かれがもっとも純粋な思考の内部に導き入れる」「新たないくつかの概念的人物」は、「ほとんどギリシア的ではなく、別のところからやって来た概念的人物であって、あたかもカタストロフを経てしまい、このカタストロフがこれらの人物を、ア・プリオリな特徴の状態にまで高められた新たな生ける関係に向かって引きずってゆくかのようである」(4–5／10／一二）けれども、しかしどれほど前代未聞のものであろうとも、依然としてそれは、哲学的思考にとって内的な、友という概念的人物の変異であるということである。実際、D＆Gによれば、ブランショの「友」は、「友どうしの、ある背けあい、ある種の疲労、ある種の苦しさ」を明確にする人物を表しており、こうした背けあいや疲労や苦しさが「友愛そのものを、無限の不信や忍耐としての概念の思考へと転向させる」(5／10／一二〜一三)。しかし同時にまた、ギリシアのあとの哲学における概念的人物の多様さを理解しようとするとき、こうした人物たちを「ギリシアの哲学者が有している、複雑さのなかにすでにある統一性」(ibid.／10／一三）に還元してはならないと、D＆Gは注意を促している。

[18] Georg Simmel, "Die Geselligkeit (Beispiel der Reinen oder Formalen Soziologie)," in Georg Simmel, *Gesamtausgabe* (Frankfurt am Main: Suhrkamp, 1999), vol. 16, 103–4.〔ゲオルグ・ジンメル『社会学の根本問題（個人と社会）』居安正訳、世界思想社、二〇〇四年、五八～六〇頁〕

[19] Ibid., p. 106.〔同書六二～六三頁〕

[20] Ibid., 106–7.〔同書六三頁〕

[21] Ibid., 110–11.〔同書六八～六九頁〕

[22] Ibid.〔同書六九頁〕　ジンメルにとって、室内ゲームや媚態や会話（Gespräch）等々は、純粋な社交性の諸側面であり、この社交性のもつ総合的な意義は、ドイツ中世の騎士団やアンシャン・レジームの宮廷社会のような現象のなかで理解されるとジンメルは見ている。

第5章　飛翔すること

さて、哲学の第二の特性、概念の創造に進もう。D&Gによれば、概念の創造も哲学を本質的にギリシア的なものにする。最初に強調しておきたいのは、科学や芸術といった他の思考形態から哲学を区別するのは、創造ではなく、概念の創造のみが区別するということである。「認識することを教える」科学や「感覚すること」を教える芸術とは対照的に、哲学による概念の創造が、「構想する〔concevoir〕ことを教える」（218／205／三六六）という哲学の使命に対応すると、『哲学とは何か』の掉尾でD&Gが指摘するとき、明らかなのは、概念がこのひとつの思考形態に内的に結びついているということである。哲学は、他の思考形態と同程度に創造的であるが、その際立った特性が概念創造であるような思考形態である。哲学者の第一の使命が「［概念を］製作し、創造する」〔強調は英訳のもので、仏語原文にはない〕こと、「これを提示し、これに頼るようひとびとを説得する［hinstellen und zu ihnen überreden］」ことであると述べる、ニーチェの『力への意志』からの長い引用［1］からも明白なように、D&Gは哲学という思考形態のこの際立った特徴を、まず、ニーチェから取っている（5／11／一四）。

さて、アウト－ポイエーシス〔auto-poiesis：自己－製作〕をテクネー〔techne：技術〕よりも上に置く古典的な価値付けに従順に、この製作することや創造することが、たんに概念を形づくること、考案すること、製作することだと判断されはしない。なぜなら、概念は必ずしも形や考案物や生産物ではないからである。実際、レイモン・リュイエ（D&Gがはっきりと認めているように、彼の研究『新－目的論』は、D&Gが概念とは何かを理解するときの決定的な典拠だった）に従えば、創造、あるいはリュイエのことばでは「発明」や「行動」は、「機能［fonctionnement］」には属さない。機能とは「すなわち、ある機械のできあいの連関装置にそった運動全体、あるいは、力の場のポテンシャルの差異にそった運動全体〔2〕である。創造は、操作や手順やメカニズムの作動や稼働というかたちで起こることは決してない。より精確には、発明とは、「番号を振られた因果の純粋な連なりが、よく規定された時空秩序内で互いに連鎖して、反転可能性をまったく残さず、定義上、みずからを俯瞰する〔se survoler〕ことができない」事態を生じさせるのではなく、むしろ、「自由で、価値を創造する、意味深い活動」であり、すなわち、「機能の創造ではなく形式の創造である〔3〕」。確かに、概念は、抽象化や一般化の操作の産物ではない（11／16／二三）。「序論」でD&Gは、哲学が、厳密な意味では、「概念を創造することを本領とする学問」であることや「哲学の対象はいつでも新しい概念を創造することである」（5／10／一三）と述べているけれども、哲学のこの際立った二番目の特性は、まず、暫定的にしか探求されないだろうし、さらには、友の問いの文脈の限界内でしか探索されないだろう。そこで、第一章「概念とは何か」に基づいて概念創造についてのより専門的な議論を行うまえに、最初に、この問題がこの作品の導入のページで提示される仕方でこれを探究する。そのページでは、強調点は、友に関係するときの概念創造にある。「潜勢態」というアリストテレスの表現を使って、D&Gはこう書く。「哲学者は概念の友である。哲学者は概念の潜勢態である〔il est en puissance de concept〕」（5／10／一三）。最初のアプローチにおいて注記すべきは、哲学の本質が概念創造にあるというD&Gの主張には、すこしお馴染みの響きがあるということである。実際、数多くの思想家たちが、ギリシアの哲学的思考や西洋の哲学的思考一般の特殊性を、概念の形成やその働きと等しいものとしている。

それゆえ、この観念についてのより詳細な議論のまえに、できるかぎり凝縮しかつ幅広い仕方で概念とは何かということに触れる必要がある。そこで、『哲学とは何か』第一章のなかで著者たちが与えている概念の定義を少なくとも短く見なければならない。これから見るように、著者たちが理解するかぎりでの概念とは、われわれが知っているようなそれではない。そしてもしこれが本当にそうならば、彼らが（概念の）創造ということで理解するものや、概念創造の学問としての哲学ということで理解するものは、これらの用語がふつう持っている意味とは異なる意味をまた持っているだろう。しかし、まず、哲学のふつうの意味での概念とは何だろうか。概念（rhema）という観念がすでにプラトンによってイデア論の文脈で導入されているとしても、イデアが超越的なままであるかぎり、概念は、イデアそれ自体ではない。反対に、概念は、ふつう、人間の知性の一部と捉えられている。それは存在するものを知るための手段であり（それゆえ準拠的である）、そして、そういうものとして、同一の内容をもつ知的な対象であり、じかの現実から個々の物の集合を引き離すかぎりで思考によって作り出され、それゆえ、これらの物をそれらがそれ自体である様子で、すなわち、それらの物の多様性を規定する統一性で、把握することを可能にする。概念は、ひとつの物や複数の物に関する普遍的なものに名を与え、その単一の本質において、すなわち観念性において、いわば、それを不動化する。これを例証するために、カントから例をとろう。カントにとって概念とは、明らかに対象の認識とつながっている。概念がどれほど不完全で曖昧だとしても、概念なしでは、認識のようなものは存在しない。概念は、認識において決定的な、媒介の機能を果たす。なぜなら、カントはこう書く、概念とは「継起的に直観された多様なものを、また再生された多様なものを、ひとつの表象に統一するこのひとつの意識である[4]」からである。概念はその形態の基礎においてこの重要な役割をもっている。それは「つねに一般的なものであり、それを通して思考される多様なものの統一によって外界の「そして内界の」現象をわれわれが認識するために[…]規則として役立つものである[5]」。

D＆Gの意味での「概念」を定義することをはじめて試みるまえに、『哲学とは何か』の「序論」で示される、〈理念〉と概念との驚くべきつながりについて短い注記が必要かもしれない。彼らはこう述べる。「哲学が概念のこうした創造の連続である以上、当然、哲学的〈理念〉としての概念とは何かという問いが生じるだろう。だがさらに、概念ではない他の創造的な〈理念〉、すなわち、科学や芸術に帰属し、みずから自身の歴史とみずから自身の生成をそなえた〈理念〉、しかもそれら相互のあいだや哲学とのあいだに可変的な関係をそなえた〈理念〉、こういった〈理念〉の本質はどういったものか、という問いもまた生じるだろう」(8／13／一九)。このように、概念は「哲学的〈理念〉」として特徴づけられる。けれども、概念自体は、〈理念〉と同じものではなく、たんにそれの一形態――すなわち、ひとつの哲学的〈理念〉――である。というのも、実際、この文章からはまた、科学が創造するもの、すなわちファンクティヴは、科学的〈理念〉であり、芸術の被知覚態と情動は芸術的〈理念〉であるということが帰結するからである。このように、「〈理念〉」は、たんに三つの創造すべてをさす包括的な用語として使われているのである[6]。しかし、「〈理念〉」のこうした包括的な役割はいったいどうか。大文字の「I」で書かれている〈Idea〉からには、D＆Gがここで「〈理念〉」という語をたんに雑に使っているということはありそうにない。この問題はしばらく棚上げにしておく。

『哲学とは何か』でD&G自身が認めているように、「概念に関する長い一連の誤解」があったために、彼らの考えるような概念とは何かを規定するのは難しくなる。「なるほど、概念はファジーで曖昧なものではあるが、それは、概念に輪郭が欠けているからではなく、むしろ、概念が放浪性で、非言説的＝論証的なものであり、内在平面のうえを動き回るものだからである」（143／136／二四二）。出発点をこの本の第一章「概念とは何か」に取ると、D&Gの概念の最初の定義は非常に抽象的なものである。それが抽象的なのは、主に、概念を性格づける特徴が、〔カントが言うような〕対象の多様なものと関係していないからである。本来、概念は、この対象の多様なものを認識可能にするのに役立つはずである。実際、今問題となっている章でD&Gが提示する定義においてその強調点は、概念それ自体にある。けれども、それはさらに別の理由からも抽象的な定義である。概念の本性についてD&Gが述べることが抽象的なものにとどまらざるをえないのは、概念の別の側面、すなわち、概念とは区別されるが同時に概念から分離できないもの、すなわち、多様体を横断する表面あるいは平面、概念がそこで創造される表面あるいは平面に触れられてこなかったからである。概念のこの別の側面がいったん働きだせば、概念のこの最初の定義については再考する必要があるだろう。しかし、今のところは、D&Gの概念の定義に従おう。この定義によれば概念は、多様ではあるが限定された数の異質な合成要素から構成されたひとつの全体であり、概念はこうした合成要素を全体化するとともに、みずからは断片的なままにとどまる。なぜなら、こうした合成要素は、全体化されるはずのものにおいて行われる選択的な切断の結果だからである。概念は、「その合成要素の合計によって定義され」（15–16／21／三〇）、不規則な境界をもつ全体である。概念の合成要素は概念のなかで分節される、すなわち、概念の輪郭に結びつけられ、輪郭と合流するのである。したがって、概念を第一に特徴づけるものは、その異質な合成要素が互いに結びつけられ分離不可能にされるという共立性〔consistency：一貫性、無矛盾性〕である。概念内における別々の合成要素のこの共立性と分離不可能性は、論理的なものではない。合成要素同士の関係は、内包や外延の関係ではなく、むしろ、空間的な相互関係にしたがって、すなわち位相幾何学的に、秩序付けられている。それぞれの合成要素は、「他の合成要素との部分的な重なり合いや、近傍ゾーン〔zone de voisinage〕、不可識別閾を示している」（19／25／三七）。閾やゾーンや橋は、たんに概念間のジョイントであるだけでなく、また概念の内的な共立性を規定しもする。要するに、概念の内的な共立性は、認識可能だとしても、それは理性的なものではない。つまり、それは部分的に重なり合う合成要素のあいだで切り開かれた通路のネットワークに基づいている。概念という語が哲学でふつう意味するものと区別して、この語を彼らがどう理解しているかを見るには、次のわかりやすい例がきっと役に立つだろう。「一羽の鳥の概念は、その属や種のなかにではなく、むしろその姿勢や色、歌の合成のなかに、すなわち、共感覚というよりもむしろ共直観的な、不可識別な何かである」（20／25–26／三九）。さて、このように理解された概念が「ひとつの異種発生である」（ibid.／26／同頁）ならば、すなわち、似ていない合成要素からなる多様体の秩序付けであるとともに、これら合成要素のあいだにもたらされる共立性によって特徴づけられるのならば、概念とはハプニングでもある。より精確には、概念は出来事の性格をもつのである。概念創造とは、思考の出来事の創造なのである。D&Gが概念と名づけているものは、出来事として、アリストテレスによる概念やカントが悟性形式と呼ぶものと同じ論理的現実性を有していない。またこの概念は、すでに述べられたように、一般的理念や抽象的理念にも属していない。D&Gが注記するように、イデア論を発展させるためには、プラトンはまずイデアの概念を持たなければならなかった。哲学自体の現実性としての概念の現実性は、伝統的に考えられてきたものとは違った性質をもっている。出来事として、概念は、それ自身の存在論的な身分《ステータス》、なによりもまず、特異性の身分をもっている。

さて、「概念は、それが物体のなかで受肉されあるいは実現されたとしても、非物体的である」とD&Gが書き、概念は、「本質あるいは物ではなく、出来事を——純粋な〈出来事〉を、此性を、存在態を語る」「思考の行為」であると付け加えるとき（21／26／三九〜四〇）、明らかになるのは、概念についての彼らの考えが、少なくともある程度は、古代のある偉大な哲学学派に負っているということである。この学派は、ソクラテスの教えのあとに現れたすべての学派が共有していた共通の伝統から（少なくとも自然学に関するかぎり）分かれたために、許しがたいスキャンダルとみなされたのであり、同業者全体から満場一致の非難を浴びせられたのである。わたしが今言っているのは、唯物論の敵対者から非難された、古代のストア派のことである。エリック・ヴァイルが注記しているように、唯物論について語ることができるようなものは、彼らのテクストのどこにも存在しないのではあるが。ヴァイルが主張するように、実際、彼らの理論は、真理や〈善〉、プネウマや神など、行為するものや行為に従属しているものは何でも、物体の性質を持っていると主張することをその本質としている［7］。しかしまた、ストア派は、非物体的なものの存在も認めており、その非物体的なもののうちでもっとも重要な四つは、空間、時間、空虚と、ひとがそれについて語るもの、すなわち表現可能なもの（lekton）である。D&Gの概念理解は、この古い教説のこの後半の部分に何よりも負っており、この部分は、この問題についてのD&Gの典拠であるエミール・ブレイエによれば、ストア派の後期の形態においてアリストテレスやプラトンの要素によってのちに薄められてしまうまえには、純粋なかたちで存在していた［8］。『ディアローグ』のなかでなぜストア派について書くのかとクレール・パルネに尋ねられて、ドゥルーズはこう答えている。

感性界と叡智界との間でもなければ、魂と身体の間でもなく、誰もそれを見ることのなかったところに、つまり自然学的な深みと形而上学的な表面との間に一本の分離線を通したのは、ストア派の力である。物と出来事との間。一方にある、物の状態や混合体、原因、魂と身体、能動と受動、質や実体と、他方にある、非物体的で無感動で質化不可能で不定法的な出来事や〈効果〉との間。後者の系列は、前者の系列の混合体の結果として生じ、前者の物の状態の属性とされ、命題において表現される。［9］

『意味の論理学』においてすでに、ドゥルーズはこのストア派の教説についてのブレイエの研究を引用しているが、この教説によれば、二つの根本的に異なる存在の平面が存在する。「一方は、深く実在的な存在、力であるが、他方は、存在の表面に関係し、結合も終局もない非物体的な存在の多様性を構成する諸事実の平面である〔10〕」。なるほど、こうした非物体的あるいは非実在的な存在は、実在的な存在やその特質からは完全に分離されるのであり、それは、こうした非物体的で非実在的な存在が、実在的な存在にたまたま生じるものとして、これらにたんに属性付けられるだけである（それらはカテゴレマタ〔katagoremata：属詞〕である）という点でである――たとえば（この例はセクストス・エンペイリコスからとったものである）、「メスが肉を切り裂くとき、第一の物体〔メス〕は第二の物体〔肉〕に、新たな特質ではなく、新たな属性、〈切られる〉という属性〔だけ〕を産出するのである〔11〕」。けれども、こうした非物体的あるいは非実在的な存在は、出来事であり、事件であり、ハプニングである。『ディアローグ』でドゥルーズはこれを、実在の存在やそれらの物体上の相剋から立ち昇る「一種の非物体的な蒸気」だと語り、それは「もはや質や能動と受動、互いに作用する原因のなかには存在せず、こうした能動と受動の結果から、こうした原因すべてが一緒になることとの結果として生じる効果のなかに存在する〔12〕」と言う。「物の表面にある、純粋たる無感動で非物体的な出来事」のこの非物体的な蒸気は、実在の物体的な物の状態から生じ、「この状態の上空を飛翔し〔le survole〕」、その上を飛ぶのだが、これはまた概念の要素でもある。これから見るように、概念は、表面や平面の上の出来事であるだけでなく、またそれ自身、上空飛行、俯瞰、すなわちsurvolの「操作」から本質的に成る領域でもある［13］。

このように、哲学が創造する概念は、非物体的なものとして、ストア派によれば、物体的な物の表面から生じる出来事の蒸気のなかを漂う。それは実在的なものという下部構造のうえにある上部構造の層のようなものである。この層は、非物体的なものという論点が示唆するように、純粋な意味の層である。実際、D＆Gはこう断言する。概念は、そのなかに共立する仕方で集められた「合成要素を直接走り抜ける、純粋な意味としての出来事」である（144／137／二四二）。ところで、D＆Gが考えるところでは、哲学において概念が創造されるのは、「それがなければ概念が意味を持たなくなるような」問題の観点からだけである（16／22／三一）――「概念は実際ひとつの解である」（80／78／一四二）。つまり、概念の創造は、認識の水準における特異な出来事の創造である。もし概念が、問題の観点なしでは意味を持たないのならば、その含意とは、ドゥルーズが『記号と事件』で考えているように、概念創造が、恣意的なものではなく、むしろ必然的なものでなければならないということであり、さらには、「真の問題」に答えることによって、概念はまた、問題についてある種の異常性を持たなければならないということである［14］。こうした問題が何であるのか、また特に、それがどこから生ずるのかということは、これから明らかにする必要があるだろう。しかしながら、まず、D＆Gの哲学の定義に注意しよう。彼らは、哲学が概念を創造する学問だと説明したのちに、「序論」のなかの数ページあとで、彼らが「決定的」だと呼ぶ定義を与える。彼らはこう述べる、哲学は「純粋な概念による認識［connaissance］」だ、と（7／12／一七）。これはつまり、D＆Gの概念理解が、結局のところ、問題となっている古典的な概念とは異ならないということだろうか。そしてもし異ならないのだとしたら、そして「認識」が対象の認識であるはずがないのならば、この「認識」をどのような意味で理解しなければならないのだろうか。実際、D&Gが概念について与えた定義ですでに見たように、概念は、その内的な共立性によって定義される。「概念は本質あるいは物ではなく、出来事を語る」(21／26／四〇)。それは「純粋な〈出来事〉、此性、存在態」である(ibid.／ibid.／同頁)。こうした仕方で概念を「思考の行為」(ibid.／ibid.／同頁)として理解することの第一の帰結は、概念が「準拠〔レフェランス〕を一切もたない」(22／27／四一)ということである。むしろ「概念は自己－準拠的である。概念は、創造されると同時に、それ自身を定立し、かつその対象を定立する」(ibid.／ibid.／四一～四二)。概念のこの側面については、もう少しあとで、概念を俯瞰や自己－俯瞰として構成する性質や、概念の自律に対するD&Gの強調を扱うときに戻ってこよう。第二の帰結は、次のとおりである。「概念は言説的＝論証的ではないし、哲学は言説＝論証形成ではない。なぜなら哲学は命題を連鎖させるものではないからである」(ibid.／ibid.／四二)。概念は命題ではない。なぜなら「命題はその指示《レフェランス》によって規定され、その指示は〈出来事〉にはかかわらず、むしろ物の状態や物体の状態との関係やこの関係の条件にかかわる」からである(ibid.／ibid.／同頁)。D&Gは、命題や準拠《レフェランス》が科学の縄張りだと主張する。だから、D&Gの理解する概念は、明確に準拠的ではない。それはわれわれが対象を認識できるようにはしない。にもかかわらず、D&Gが「純粋な概念による認識」について語るならば、認識は、対象の認識とは異なる何かから成るにちがいない。それゆえ、認識は、概念と認識自身との関係にのみ関わるのだろう。
思い出しておきたいのは、これまで与えられてきた概念の定義が抽象的なままだったのは、概念が創造され作動する平面が、まだ主題化されていなかったからであった。実際、哲学を「純粋な概念による認識」と捉えたあとで、D&Gはこのように書いている。

概念による認識と、可能な経験もしくは直観における概念の構築による認識とを対立させる必要はない。なぜなら、ニーチェの判決によれば、ひとは、まずはじめに概念を創造しなければ、すなわち概念をそれに固有の直観のなかで構築しなければ、概念によっては何ものも認識することはないからである。この直観とは、領野、平面、土地であり、これらは概念と混じり合ってはいないが、しかし概念の芽を守り、概念を耕す人物を守るのである。(7/12/一七)

要するに、純粋な哲学概念が与える認識とは、対象や物の状態の認識ではない(これは科学の持ち場である)。純粋な哲学概念が概念を自己‐準拠的なものとして、いわば「おのれを認識するもの」として構想していることを考えれば、これらの概念が与える認識は、こうした概念自体とこれらが創造される平面とに内在的な認識である。この文章からは次のような結論も引き出すことができる。すなわち、問題となっている認識とは、言説的=論証的でも命題的でもなく、むしろ、少なくともニーチェ的な意味において、ある種の直観に属するのである。

「序論」や概念の創造の問題に戻って「創造」や「概念」がここでどのように捉えられるべきかについてもっと詳細に練り上げ直すまえに、D&Gの概念の捉え方が、哲学にとって何を意味するかについて短く検討しておくことにしたい。哲学概念のこの再構想の巨大な賭け金を、どれほど短かろうとも、取り扱いたい。伝統的に概念は、外的な対象や経験が心のなかに形成する表象や観念と理解されている。このように外的対象や経験に概念は関係し、こうして対象の理解に役立ち、対象を認識上熟知することに役立つのである。しかしながら、D&Gによれば、対象を理解することは、哲学の創造する概念の目標ではない。D&Gにとって、対象を認識上理解可能にすることに役立つ概念は、概念のなかでも伝統的な哲学概念である。実際、彼らが示唆しているのは、物の認識に役立つ存在という概念理解が、概念のうちでも科学や形而上学の概念であり、哲学の概念ではまったくないということである。概念が論理的ではないこと、そしてそれゆえそれが対象に対する指示《レフェランス》を持たないこと——そしてそれゆえ、命題的でも言説的=論証的でないこと——を主張することによって、D&Gは、アリストテレス以来原因や定義の認識と理解されてきた形而上学から哲学を分離する。このように哲学から放逐された形而上学は、科学に固有の領域となり、(「概念」とは対立する)科学の「ファンクティヴ」や「見通し」は、実際、準拠的《レファレンシャル》であり、そして科学の作動上の様態は言説的=論証的である。『哲学とは何か』の最後の数ページで明らかにされているように、実際、科学だけが、「認識の活動をなしているのであり、認識能力を指し示す」ような仕方で作動するのである。この認識能力は「他の二つ［すなわち、哲学と芸術］の薄層におとらず創造的な第三の薄層である。認識は形でも力でもなく、ファンクションである」（214–215／202／三六一）［15］。科学だけが「認識（準拠）の平面」上で作動する（215／203／三六二）。ところで、少なくとも伝統的には、科学や、認識の言説は、少なくともたいていは、哲学と混同されてきた。それゆえ明らかなのは、哲学の概念を新しく理解するにあたって、D&Gは、学問分野《ディシプリン》やそのさまざまな力を大規模に組織し直すこと、あるいはシャッフルし直すことにも劣らず着手していることである。形而上学は、科学あるいは科学の土地であり、哲学からは切り離されているのである。また、美の問題系全体は、同様に、哲学から抽出され、芸術という特別な場にされている。けれども、もしこの通りであるならば、D&Gが答えはじめようとしている問い、すなわち「哲学とは何か」という問いは、いっそう切迫したものになる。実際、もしD&Gの課題が三つの思考形態を規定することにあり、これらの思考の「三つの平面が、それらの要素ともども、他のものに還元不可能であり」（216／204／三六四）――すなわち、その内的な純粋性における哲学、科学、芸術――、この課題を哲学は早くからなおざりにしてきたのであり、その結果、哲学が成し遂げるとされる特有の課題が見失われてきたのだとしたら、哲学とは何かという問いは、それ自体でひとつの課題になる。ギリシア人たちが世界にもたらしたのは特にいったい何か。ギリシア人たちは、また早くから哲学を形而上学や科学と混ぜあわせてきたにもかかわらず、D&Gによれば、「科学についてかなり明確な観念」をもっていた「ように思われ、この観念は哲学と混同されなかった。科学の観念は、原因の認識、定義の認識であり、すでに一種のファンクションであった」（147／140／二四八）のであるからには［16］。もし概念の創造として、哲学が、絶対的に、形而上学、言い換えれば科学から根本的に区別され、また美の教説、すなわち芸術から根本的に区別されるのならば、哲学とはいったい何か。「概念は哲学に属し、そしてただ哲学にだけ属する」とD＆Gは書く（34／37／六四）。ここで、哲学が概念を創造する学問であるとは何を意味するのかという問いに再び戻ろう。

概念が非物体的なものであると語ったときにほんの少し言及した、概念のもうひとつの側面は、概念が、合成要素を「絶対的な俯瞰の状態にある点によって、無限の速度で」横断することで、みずからが全体化する限られた数の合成要素に共立性と不可分性をもたらすということである。「「俯瞰」〔survol〕とは概念の状態、あるいは概念に固有の無限性である。たとえこの無限なものが、合成要素や閾、橋の数によっては、大きくもなり小さくもなるとはいっても。この意味では概念はまさに、思考の行為であり、（大きかろうが小さかろうが）無限の速度で働く思考である」（21／26／四〇）。実際、「ひとつひとつの概念は、それ自身の合成要素の合致点や凝縮点、集積点とみなされる〔ことになる〕」（20／25／三八）。「概念点」は、休むことを知らない運動のなかで合成要素を「たえず」「終わりなく走り抜ける〔parcourir〕」ことでこれを成し遂げるのであり、こうして合成要素や変化《ヴァリエイション》＝変奏すべての直接的な共－存〔co-presence〕を「距離なき順序」のなかでえようとするのである（20–21／25–26／三八〜三九）。

すれすれを飛ぶこと、見渡すこと、上空飛行は、概念の本質的な特徴であり、「survol」というフランス語の翻訳、D＆Gが創始したわけではない観念の翻訳である。むしろ、彼らは、新－目的論に関するリュイエの研究から、概念のこの特徴を借用したことをはっきりと認めている。それゆえ、概念についての彼らの考え方をさらに議論するまえに、まず、リュイエが「survol」をどのように理解しているか、さらには、D&Gがときに用いるもうひとつの用語、「enveloppement〔包み込み〕」をどのように理解しているか、できるかぎり簡潔に要約しておきたい。『新-目的論』では、俯瞰の観念は、「第一意識」を説明しようとリュイエが試みることと関連して導入される。この「第一意識」、あるいは「有機的意識」は、デカルト哲学的な意味における意識とは区別される。すなわち、自己自身を対象とする場合も含めて、対象に向けられる意識とは区別され、そして存在論的にはこれに先立つのであり、むしろ、デカルト的意識は、「第二意識」として「第一意識」から派生するのである[17]。多様体に関しては、第一意識を構成する俯瞰の主要な役割は、意識の諸要素を統一性へと組織することであり、この統一性とはすなわち、リュイエが目的論的と特徴づける活動を通して意義を持ち意味をなす全体である。リュイエが主張するには、あらゆる目的論的活動は、従属する多様体の上を飛ぶ統一性を含意し、この統一性によって目的論的活動ははじめて実現されるようになる。いずれにせよ、第一意識は、「絶対的な形態、あるいは絶対的な領域」を表し、この形態や領域は、「みずからの上を飛び」、またみずからを俯瞰することによってみずからを構築する[18]。リュイエにとって、俯瞰は、意識の特徴であるだけでなく、生それ自体にとってもより根本的な特徴であり、リュイエはこの生を、サミュエル・アレクサンダーのことばを借用して、「純粋な自己-享受」と彼が呼ぶものによって構築されているとする[19]。

しかし、概念の本性や、その概念が共立性を獲得する内在平面の性質について、D&Gが何を提示しているのか理解するのに、リュイエの俯瞰の観念がどの程度助けになるかを理解するためだけではなく、リュイエの生気論的で目的論的な思考が、「哲学とは何か」という問いに対するD&Gの答えにどのように影響を与え続けているのか一瞥するためにも、「俯瞰」が成し遂げることについてもっと詳細に解明することが確かに適切である。多様体に関する目的論的活動として、俯瞰は、多様体の統一性を絶対的な統一性として創造し、しかもこれを直接的な仕方で行う。「あらゆる結びつけの第一のタイプとしての絶対的俯瞰」は、漸進的な認知的接近の過程を通してみずからに結びつけられるのではなく、むしろ、多様体のあらゆる要素が「直接的な形態」のかたちで共存するようにし、リュイエはまた、この「直接的な形態」に、「真の形態」や「絶対的な領域」の資格を与え、これらは、内側から、つまりは、包括する光をあてる外的な位置を必要とすることなしに、多様体の総合を成し遂げるのである[20]。リュイエが述べるように、俯瞰は「次元を持たない[21]」のである。それゆえ、リュイエがさらに示すのは、真の形態を創造する総合は、「絶対的な表面、みずからを読むタブロー」であり、「構造であるとともに観念であり、ことばの二重の意味でエイドス[22]」である。このように俯瞰が全体化する全体は「直接的にみずからを意識して」いる。つまり、それは「みずからを所有する[auto-possession][23]」のだ。この意味でこそ、こうした全体は絶対的形態あるいは真の形態と言われうるのである。したがって、多様体の要素すべてをひとつの有機的な全体に直接結びつけることによってこうした形態に到達する俯瞰は、直接的な意識の別名であり、反省的ではない意識や認識、全体化を成し遂げる外部の点を必要としない意識や認識の別名である。これから明らかになるように、リュイエが確立したような、「俯瞰」を性格づける特性すべては、哲学的概念に関するD&Gの理論のなかに影響している。D&Gが概念と呼ぶものは、リュイエが絶対的形態あるいは真の形態と称するものとまったく同じように見える[24]。

D&Gによれば、科学の命題は、時空の座標軸のなかでの継起を通して命題を準拠対象《レフェラント》と実際に連携させる作業を行うが、これとは異なって概念は、多かれ少なかれ無限の速度でその合成要素の上空を飛ぶことによってこれらを全体化する。「[哲学的]思考の問題は無限速度である」とD&Gは語る(36/38/六六)。概念は、その合成要素をいわば一撃で全体化するのである! もし哲学が純粋な概念による認識であるならば、この認識は、合成要素を媒介なしに、一度で、すなわち、無限速度で、全体化する概念の行為そのものを通して生じる。また、概念的人物が概念の合成要素を「一瞬のうちに」(132/126/二二三)通り抜けるその無限速度にD&Gが触れるからには、無限速度の観念は、無媒介性に特有の瞬間性を強調しており、したがってこれに対応する古典的な用語に取って代わる。対照的に、「ファンクティヴと概念」の章では、科学が、概念の無限速度を手放して「驚異的なスローダウン」を、休止を、「ストップ・モーション」を行い、これによって科学が準拠性を確保することが示される。科学において概念に取って代わるファンクティヴは、「〈スローモーション〉[une Ralentie]」(118/112/二〇二)であり、この〈スローモーション〉によって科学は物質を命題でくまなく満たすことができるのである。科学と比べて哲学は、『千のプラトー』によれば、最良の場合でも実際、「マイナー科学」なのである[25]。しかし、こうしたことすべては、哲学やその概念について何を語っているのだろうか。大雑把に言って、概念創造としての哲学は、問題という観点からカオスを秩序化する、純粋な〈出来事〉としてもっぱら構想されている思考であり、こうした秩序化によってこの問題が解かれることになる。より精確には、哲学は、ひとつの平面を打ちたてることによって、幾度でも、カオスを構造化するつねに特異な出来事であり、この平面はカオスを横断し、哲学はこの平面にその諸概念を住まわせるのである。だから、すでに述べられたように、概念創造は内在平面上で行われる。少しあとでこの問いには戻るが、ここで先に指摘しておきたいのは、内在平面によって何が意味されているのかを探査するときにはじめて、哲学の大地というD&Gの構想によって、どのようにして概念創造が、ギリシア的なものとしての哲学の第二の決定的特性でなければならなくなるのか、見えてくるということである。

ここでもう一度「序論」に迂回して戻るのだが、しかしまず、これは結局、哲学が本質的に概念創造であるならば哲学とは何かという問いをさらに追究することになるのである。もし概念創造が哲学の本質であるのならば、「わたしたちは少なくとも哲学が何でないかはわかる。つまり、哲学は観照でも反省でもコミュニケーションでもないということだ。ときに哲学がみずからがこれらのうちのあれやこれやであると信じていたとしてもそうなのである。これはどんな学問もみずから自身の錯覚を産み出すことができ、またみずからがことさらに放つ霧の後ろに隠れることができることからくる結果である」(6／11／一四〜一五)。こうした「活動や情熱」(ibid.／12／一六)の三つすべて——観照、反省、コミュニケーション——は、いわば、カントが「超越論的錯覚」と呼ぶものであり、哲学自体が不可避的に生み出してしまうものである。実際、これら三つの「活動や情熱」は、哲学を学問として構成するのではなく、むしろ、D&Gによれば、「あらゆる学問における〈普遍〉を構成する機械」にすぎない。「観照の〈普遍〉、さらに反省の〈普遍〉は、かつて哲学が、他のすべての学問を支配するという夢のなかで〔すなわち、regina scientiarum〔諸学問の女王〕の地位において〕通り過ぎてきた二つの錯覚のようなものである」(6–7／12／一六)。この夢は、「客観的観念論と主観的観念論」(7／12／一六)という超越論的錯覚である。このテクストの少しあとで、D&Gが「哲学の三つの形象《フィギュア》」である「観照の客観性、反省の主体、コミュニケーションの間主観性」の問いに戻るときに(92／89／一六〇)、「形象」という語がまちがいなく示唆しているのは、こうした哲学理解が、科学や宗教に属すべきであるまちがった捉え方であるということである。しばらくのあいだ、哲学がコミュニケーションであるという仮定にとどまらせてほしい。この仮定は、実際、オピニオン(ドクサ)の観念に関わっており、オピニオンについては、哲学をギリシア的なものにする第三の特徴に関係するので、あとで戻ってこよう。間違いなく、ユルゲン・ハーバーマスが、コミュニケーションに関してD&Gの述べることの主要な標的である。彼らが考えるには、哲学は「コミュニケーションを何ら最後の逃げ場と」はしないのであって、「コミュニケーションは、概念ではなく「コンセンサス」を創造するために、潜勢態においてオピニオンにしか働きかけない」(6／11–12／一五)〔**26**〕。コミュニケーションとして理解される哲学、すなわち「友どうしの西洋風の民主的対話という観念」は、「おそらくギリシア人たちに由来する」考えだが、「ところがギリシア人たちは、この考えをとても怪しみ、これをはなはだ粗雑に扱った。だから、概念はむしろ、対抗しあって疲労困憊したオピニオンたち（饗宴における酔っ払った客たち）の戦場を俯瞰する［survolait］、ぶつぶつと皮肉を言う鳥に似ていた」（ibid.／12／一五〜一六）。これまで見てきたように、ライバルとしての友はまた敵でもあり、争いは、コンセンサスに到達するためのものではなく、むしろ、つねに新しい概念を創造するためのものである。『記号と事件』でドゥルーズは、「コンセンサスとはオピニオンの理念的な規則であって、哲学とはいっさい関係がない［27］」と述べている。それゆえ、「哲学がみずからを新しいアテナイとして売り出し、コミュニケーションの〈普遍〉に訴えて市場とメディアのイメージ支配にきまりを与えよう（間主観的観念論）［のもうひとつの幻想］としても、哲学にはなんの名誉にもならない」（7／ibid.／一六）とD＆Gは考える。このように哲学を新しいアテナイとして考えるのは、古代のアテナイがいったい何だったのかということについて間違った考えをしていることによる。つまり、ギリシア的なものとしての哲学が、オピニオンのなかの中庸を発見する試みであるという考えである。こうしたことに加えて、このように現代の哲学のなかに古代哲学を復活させようとすることは結局、ひとつのオピニオンを普遍の水準に昇格させることにまでつながる［28］。たしかに、哲学は本質的にギリシア的なものだが、しかし、これによって哲学が普遍となって新たなアテナイというかたちで再活性化されることは、できもしなければすべきでもない。哲学のギリシア起源に忠実である唯一の方法は、ギリシア人たちが当時していたこと、すなわち新しい概念の創造を今日まさにすることによって、この起源を乗り越えることである。普遍の構成とは異なり、「あらゆる創造は特異的であり、哲学に固有の創造としての概念は、つねに特異性である。哲学の第一の原理は、〈普遍〉は何ものも解明せず、むしろそれ自身解明されなければならないということである」（7／12／一六）。

だから、もし哲学者の「よく定義された仕事や明確な活動」（ibid.／ibid.／一七）が概念の創造であるならば――観照や反省やコミュニケーションに携わることでないならば、そしてこれらが「思考に関して人々がある時期のある文明において抱くオピニオンでしか」（37／40／六九）ないのであれば、また、もし哲学者の「仕事」や「活動」が、実際、D＆Gが「哲学の三つの形象」（92／89／一六〇）と呼ぶものでないならば、そしてこれらの形象は哲学についての科学や宗教の間違った考え、すなわち、科学をするものとして、それゆえ物の認識に携わるものとして、哲学を構想することであるのならば、また最後に、もし哲学者の「仕事」や「活動」が、長い伝統において考えられてきたように、「おのれを認識すること――思考することを学ぶこと――まるで何も自明ではないかのように行動すること――驚くこと、「存在者が存在するということに驚くこと」」（7／12／一六）の探究ではないならば、それではここでの「創造」をどのように理解すればよいのだろうか。これまで見てきたように、創造は、形づくることや考案すること、製作することではない。創造がこれらのどれでもないのならば、それはなによりもまず、D＆Gによれば、創造することが「思考の最高度の力」（62／61／一一〇）だからである。ところで、D＆Gが創造について語るこの文脈からえられる印象は、おそらく、創造が哲学的思考としての思考の決定的な力であること、また哲学的思考がこの力の唯一の持ち主ではないにしても至高の持ち主であることである。けれども、この印象は正しくない。思考の最高度の力が哲学においては概念の創造の起源であるとしても、この同じ力は、思考の他の二つの形態――科学と芸術――において、「概念ではない、他の創造的な〈理念〉」の源であり、「こうした理念はそれ自身の歴史や生成を有し、［…］互いのあいだや哲学とのあいだに可変的な関係をもつ」（8／13／一九）。それゆえ、哲学は、創造性に対してなんら独占的な所有権をもってはおらず、また、創造するという活動は、概念の創造だけによっては解明されえないのである。D＆Gはこう書く。「概念創造の独占権は、哲学にひとつの機能を保証するものではあっても、哲学にいかなる卓越性も特権も与えはしない。なぜなら、思考することや創造することの他の方法が存在し、たとえば科学的思考のように、概念を経由する必要のない観念化の他の方式が存在するからである。そしてひとは、概念を創造するというこの活動が、科学や芸術の活動と異なるならば、それはなんの役に立つのかという問いにつねに立ち戻るだろう」（ibid.／13–14／同頁）。

いずれにせよ、もし哲学が「純粋な概念による認識」（7／12／一七）であるならば、純粋な概念によるこうした認識は、ある「環境」のなかでの概念の創造あるいは「構築」を含意し、こうした「環境」は、概念がその合成要素の直接的な、つまりは迅速な、全体化を成し遂げるためには必要で、それゆえまたこうした環境は、それ自身「流動性」（36／39／六六）によって特徴づけられなければならない。この「分割不可能な環境」とは、概念がそこで創造され「その完全さや連続性を破らずに配分される」（ibid.／ibid.／六七）平面にほかならない。「環境」という語がラテン語の medius つまり「中間」に由来するとしても、ここではそれは、なによりもまず、概念がその内部で創造される、媒体、背景、舞台として理解されるべきである。実際にはそれが開けではないにしても[29]（D＆Gはこの平面をまた「絶対的地平」（ibid.／ibid.／同頁）とも言う）。ところで、この環境が分割不可能でありそこに住み着きに来る概念がこの環境を分割しないとD＆Gが考えているのならば、ここでほのめかされているのは、今問題となっている環境や平面が、全体となにか関係しているということである。これまで見てきたように、概念とはその合成要素の動的な全体性である。これからしばらく見ていくように、すべてを考えあわせてみると、概念創造が起こる平面を構想するにあたってD＆Gは、全体（holon）という必要条件、すなわち、全体に合わせて——kath-holou〔「カトリック」の語源〕——考えるというソクラテス的な形式的かつ論理的な必要条件に従っている[30]。

概念は、「それに固有の直観のなかで、領野、平面、大地のなかで」創造される。これらは「概念と混同されてはならないが、概念の芽やそれを培う〔概念的〕人物を守る〔abrite：宿す〕」。構築主義によれば、あらゆる創造は、それに自律的な存在を与えてくれる平面の上での構築でなければならない」（7／12／一七）。概念構築あるいは概念創造としての哲学は、「平面を描くこと」、すなわち、D＆Gが「内在平面」と呼ぶものを創建することという「本性上異なる、相補的な側面」を含んでおり、この内在平面の上で概念が創造され、続いてこの概念がここに住み着きに来るのである（36／38／六六）[31]。さて、内在平面の創建は、「篩《ふるい》のように作用する、カオスの断面〔coupe〕」（42／44／七七）として描かれる。こうした合成要素を選り抜いて選ぶとき、この平面の目的は、カオスを「払いのける〔conjurer〕こと」（51／52／九三）である。これは『哲学とは何か』の「結論」でさらに力強く表現される。そこでは、芸術を参照しながらD＆Gは次のように言う。「カオスを横断する交截平面によってカオスを打ち負かすことがつねに問題である」（203／191／三四〇）。『哲学とは何か』の末尾のここでもうひとつ、かなり明確にされているのは、三つの思考形態――哲学、科学、芸術――が「カオスに対する闘い」（ibid.／ibid.／三四一）に携わるということである。実際彼らはこう問う、「思考するということは、たえずカオスと競い合うのでなければ、いったい何であろうか」（208／196／三四九）。彼らが主張するには、カオスは「それと交截する平面に応じて、三人の娘たちをもつ。この娘たちは、〈カオイドたち〉、すなわち芸術、科学、哲学であり、思考や創造の形態である。われわれは、カオスと交截する平面の上で生産された現実をカオイドと呼ぶ」（208／196／三五〇）。それゆえ、三つの思考形態によって実効化される創造は、カオスと、すなわち、無区別、未分化、無秩序、たんなる多様なものといった状態と、荒々しく対峙する闘争として本質的に理解される。実際、あとでオピニオンの問題を取り上げるときにより具体的になるだろうが、この対峙の賭金は、生き残りそのものである。これが明確になるのは、この本の最後で思考の三つの形態によってカオスのなかを通される平面が、「筏《いかだ》」と特徴づけられているときである。すなわち、哲学と科学と芸術は、「三つの平面、脳が乗り込んでカオスへと潜りカオスに立ち向かう三つの筏である」（210／198／三五三）。しかし、思考の三つの形態を「カオイド」という名――ヘシオドスの多くの神話的形象と共鳴する名――で呼ぶこの文章はまた、哲学だけでなく芸術や科学もはっきりとしたギリシア起源をもっていることを示唆している。この点が改めて強調されるのは、哲学、科学、芸術とともに「三度、征服者としてわたしはアケロンを渡り」「黄泉の国」から帰ってきたと言われるときである（202／190／三五九）。しかし、さしあたっては、「未分化の深淵あるいは非類似の海洋としてのカオス」（207／195／三四八）に対する哲学の闘争におもに限定しよう。こうして、カオスをどのように理解するかについての最初のヒントはすでに与えられた。

カオスとは、分節されていない多様体である。それは「ありとあらゆる粒子」（118／111／二〇〇）全体を含んでいるが、しかし、こうした要素にはつながりのいかなる形態も欠けている。カオスとは、その要素の秩序や組織を完全に欠いている状態なのである。けれども、それは「不活性なあるいは静止した状態ではないし、偶然できた混合でもない」（42／45／七七）。カオスは「無限運動と無限速度」によって特徴づけられる（ibid.／ibid.／七八）。もしカオスが要素の不確定性の状態ではないならば、それはまさにカオスが「カオス化し（chaotise）、無限の中であらゆる共立性を解消する」（ibid.／ibid.／七七）からである。実際、「カオスを特徴づけるものは、規定の不在というよりも、むしろ、規定が形づくられては消失する無限速度である。これは、ある規定から別の規定への運動ではなく、反対に、規定同士の関係の不可能性である。なぜなら、一方の規定は別の規定がすでに消失していないうちには現れることはないからであり、ある規定が消失しつつあるように見えるときには別の規定が兆しとして消えるからである」（ibid.／44–45／同頁）。つまり、カオスとは、非常にダイナミックな状態であり、カオスの要素は、規定された要素として、あるいは個々の要素として、現れながら、同時に、なんら共立性を獲得することなく無限のスピードでまた消えていくというプロセスのなかにある。

この状態ではなにものもおのれに似ることはない、すなわち、ここでは同一性をもつものとして現れるものは何もなく〔no-thing〕、要素のあいだのいかなるつながりも生じない。ところで、「ファンクティヴと概念」の章、すなわち「科学と哲学の差異」（117／111／二〇〇）についての章のはじめで、イリヤ・プリゴジンとイザベル・スタンジェールの研究を参照することで、D&Gの考えがカオス理論に負っていることが示されている。ヘシオドスとニーチェがD&Gのカオス理解の主な典拠ではないかとわたしは思うが、先の二人の著者への参照は、カオスが何であるかについて別の側面を導入する。少し冗長になるかもしれないが、長い文章を丸々引用する必要があるだろう。「カオスは、無秩序さによって定義されるよりも、むしろ、あらゆる形態が形をなしては消えていく無限速度によって定義される。それは空虚ではあるが無ではなく、ある潜在的なものである空虚であり、ありとあらゆる粒子を含み、ありとあらゆる形を描き、こうした形は発生してはすぐに消え、準拠もなければ共立性もなく、帰結もない。カオスは誕生と消失の無限速度である」（118／111-112／二〇〇）。この文章で重要なのは、カオスが、ありとあらゆる粒子や形態を含むという点で潜在的なものであるという考えである。カオスはいわば媒体であり、この媒体において潜在的なものは、三つの互いに還元不能な思考形態においてそれぞれの要素とともに現働化するのを待ち受けているのである。「哲学の内在平面、芸術の合成《コンポジション》＝創作平面、科学の準拠平面あるいは連係平面。概念の形、感覚の力、認識のファンクション。概念と概念的人物、感覚と美的＝感性的形象、ファンクションと部分観測者」（216／204／三六四）。標準模型〔素粒子現象を記述する理論〕によれば、力場においてヒッグス粒子は、宇宙に充満する一種の糖蜜にたとえられ、物質の原初の形態が光の速度で駆けまわるのを妨げる。こうしたことは、原子が、それゆえ物質が、存在するのに必要となる質量を、この粒子がこの原初形態に与えることによるのだが、この力場と似ていなくもない仕方で、カオスを横断する平面は、概念やファンクティヴや被知覚態と情動といったさまざまなかたちでカオスを現働化し、こうしたかたちを通してカオスの粒子や形態は現実を満たすようになるのである。さらには、カオスは潜在的な形態においてのみありとあらゆる粒子や形態を含むので、これらの現働化は、可能性の現働化、すなわちまえもって形成されたあるいは予測可能な要素や形態の現働化ではなく、むしろ、それ自体がカオスへの平面の介入と相関関係にある出来事の現働化である。

ごちゃごちゃのカオスを平面によって横断するために、哲学はそのなかに浸る（plonger：飛び込む）ことを必要とする。いいかえれば、内在平面はカオスに参入するのであるが、それは、この平面の目的がたんに共立性をもたらすことだけではなく、「［哲学的思考としての］思考が浸っている無限を失うことなく」（42／45／七七）この共立性を獲得することでもあるという点においてである。たしかに、「浸っている」という語は、ベルクソンの直観を構成する共感と響き合っている。しかし、ベルクソンが何かの直観を内側から「分割不可能な仕方で把捉する」のとは違って、カオスは完全には把捉されない。なぜなら、内在平面がカオスにおいて実効する全体化は、選択的で（そしてそれゆえまた、つねに異なる仕方で無限に反復可能で）あるからである。さらには、この平面の達成する共立性は無限を放棄しないとD＆Gが主張しているのであるから、ベルクソンとの差異は、ベルクソンにとって無限とは科学の特性であり、科学とは、終わりなき使命のなかで、ある対象を外側から限定する営みであるということである［32］。D&Gが述べるように、カオスに関して哲学が達成することは、「科学の問題とはたいへん異なり、というのも、科学は、無限運動や無限速度を放棄するという条件で、またまず速度に制限を与えるという条件で、カオスに準拠を与えようとするからである」（42／45／七八）。科学の準拠が行う「驚異的なスローダウン」（118／112／二〇一）についてはすでに言及した。このときの科学の方法は、ベルクソンの用語では象徴であり、D&Gの用語ではファンクティヴである。用語法から言えば、今問題となっている、三つの思考様態のあいだの差異は、共立性によって特徴づけられる内在平面、準拠性を第一の特徴とする平面、合成＝創作《コンポジション》からなるもう一つの平面（芸術）のあいだの差異である。芸術がカオスやその無限速度の運動と格闘する仕方に関しては、芸術は「有限なものを通過することで、無限なものを再発見し回復しようとし」（197／186／三三二）、そして「それを感覚できるものにする」（205／192／三四四）と言われる。ここで、カオスから断面を切り取る平面が篩《ふるい》にたとえられていたことを思い出しておこう。これはつまりたんに、平面は、それがどんな性質であれ、カオスの要素やスピードのすべてを受け入れるわけではないということであり、さもなければ平面はカオス自体と識別不可能になるからである（42／44／七七）。篩として平面は、必然的に選択的である。

『哲学とは何か』においてD&Gは、「内在平面とそこを占める概念とを混同しないことが必要不可欠で」あり、両者のあいだには「本性上の差異」（39／42／七二～七三）――程度の差異ではなく質の差異――が存在することを力強く主張する。ここで思い出しておくべきなのは、「内在平面」が「力強い〈全体〉」という分割不可能な環境の直観として構想されていることであり、この〈全体〉は、「開かれたままでありながら、［概念のように］断片化されておらず、限界なき〈一者－全体〉（Un-Tout）、〈総体〉〔Omnitudo〕であり、ただひとつの同じ平面の上に哲学的概念すべてを包含している」（35／38／六五）ということである。「直観」と「〈一者－全体〉」という二つのことばには解説が必要だろう。

そこで、まず、直観という観念について一言付け加えておこう。ここでの直観とは、第六感とか何らかの神秘的な把捉を指すのではなく、むしろ、ラテン語の動詞 intuire からまずは理解されるべきであり、この動詞の意味は、見る、眺める、目を向ける、また心について言われるときには、とらえる、観察する、観照する、熟慮する、注意を向ける等々である。したがって、ドイツ哲学では直観は、「Anschauung〔anschauen：「じっと見る」の名詞化〕」と一般に訳される。ただ、たとえばニーチェの場合のように、ラテン語が使われることもあるが。疑いなく、D＆Gがこの語を使うのは、ベルクソンの『形而上学入門』でのこの語の理解に負っている。ベルクソンにとって、直観とは何よりもまず方法論的概念であり、観念論と実在論という近代哲学において対立する二つの潮流を克服することが意図されている。つまり、「連続した流れのなかで、自分自身に対してわたしたちがもつ意識」がモデルとなって、もはや固定されたものや一定した物の状態から構成されるものとして現実を表象するのではなく、むしろ、可動性や生成として現実を表象しようとするのである［33］。直観は、自分自身についての経験から実在的なものへと高められるとき、われわれの普通の経験の手触りに反するという点でかなりの努力を要求するからといって、すでに述べたように、なにか崇高で神秘的な経験なわけではない。実際、ベルクソンが十分に明確にしているように、直観においては「精神はそれ自身に暴力を加えなければならない[34]」。直観は、常識やさらには科学にすら反して、「実在的なものについての内的で形而上学的な認識」を与えるのであり、分析とは対立する（そしてそれゆえ、それはある種の総合ではない。総合はそれ自身、ある物や経験を分析的に分解したあとにくる再構築に属する）[35]。むしろ直観は、直接的（不意の、すなわち、連続した知覚を経由しない）かつ具体的な意識であり、感覚的なものと知性的なもののあいだの古典的な分割に先立って、何かをその全体性において意識することであり、たとえば、自分の体を内側から把捉するようなものである[36]。けれども、『哲学とは何か』におけるニーチェの思想の優位を考慮して、現在の文脈における直観の観念に対するニーチェの反響も究明しておきたい。それは、すでに述べたように、いわば概念創造に先立つ直観であり、つまりは、〈一者‐全体〉の直接的で具体的な把捉であって、この〈一者‐全体〉を概念は肉付けしようとするのである。

直観概念のD&Gの理解に関してニーチェ的要素を強調する理由のひとつは、D&Gが、ニーチェと同様に、哲学の本質を主にソクラテス以前の思想家の例から考えていることである。ニーチェとD&Gの両者にとって、こうしたギリシアの初期の思想家たちが成し遂げたこととはまさに、現実を、絶え間ない連続した流れの状態において理解することであり、〈イデア〉や古典的な意味での概念によって理解されるような、安定したバラバラの物や物の状態から成るものとして現実を理解することではなかった。D&Gが、ニーチェと同じように、哲学をソクラテス以前の哲学者たちから考えるのは、この哲学者たち自身が、はじめからずっと反プラトン主義者であるからであり、また、プラトニズムが確立し、その後西洋の哲学的思考を支配することになった価値のヒエラルキーを、ソクラテス以前の思想がすでにまえもってひっくり返していたからである。したがってまた、D&Gにとって、ソクラテス以前の哲学者たちは、実在的なもののある種の直観にすでに携わっていたのである。もっとも、ベルクソンにとってはこうした直観は、現代の哲学的思考だけの特徴であり、こうした思想は、イデアを魂の上に、不易のものを動きやすいものの上に、安定したものを不安定なものの上に置くプラトンの価値付けを反転し、「そうすることで、近代科学のように、いや近代科学以上に、古代思想とは逆方向に［en sens inverse］進もうとしている［37］」のだが。この文脈でこそまた、D&Gにとって哲学とは何かが、ギリシア的な意味でも、彼らが自身哲学をしてくるなかで信条としようとしてきたものという意味でも、理解できる。哲学が真の哲学であるのは、ただ、それが〈存在〉の存在論の反転であるとき、すなわち、カトリン・ティーレのことばで言えば、「生成の存在論」であるときだけであり、また、例外なく、生成を思考するカテゴリー装置が、実在的なもののダイナミックな性質に完全に忠実なままであるときだけである［38］。

内在平面の問いに戻れば、心に留めておくべきなのは、平らなあるいは水平な面という意味での「平面」（フランス語で「plan」）がラテン語のplanumに由来し、これが平原やまた水平な地面、すなわち陸地の平らな領域も意味することである。D&Gの用語をもっと伝統的な哲学用語に再翻訳するわたしの試みと合うように考えるならば、「平面」という彼らの観念は、プラトンが『パイドロス』のなかで語っている（248b–c）、「〈真理〉の平原」（aletheias idein pedion）や天上の「牧草地」と共鳴しており、プラトンによればここで「真の存在」、すなわちイデアが眺められるのである。プラトンの真理の平原と内在平面とを区別するのは主に、まず、前者が天上だけでなく大地にも位置づけられるのに対し、内在平面がこの両者を横断することであり、第二に、内在平面に住まうのがイデアそれ自体ではなく「哲学的〈イデア〉」、つまり概念であることである。ところで、すでに示されたように、内在平面はまた、〈全体〉の直観、あるいは〈一者‐全体〉の直観から成る。これがどのように理解されるべきなのかをつかむために、「ギリシア人の悲劇時代における哲学」への短い脱線が許されるだろう。これは『哲学とは何か』が参照項のひとつとして取り上げているテクストであり、そこでニーチェは、ギリシアにおける哲学の起源が「形而上学的なドグマ」〔Glaubenssatz〕と結びつけられており、そしてこのドグマが「神秘的な直観に起源をもっている［39］」と主張する。直観のなかには神秘的な経験は含まれないと先に述べたが、この語に対するニーチェの特徴付けは、これとは違ったことを示唆しているように思われる。実際、最初のギリシアの哲学者、タレスは、依然として「宗教的で迷信的な人々の仲間［40］」に加わっているように思われ、このことによってニーチェがなぜ神秘主義についで語るのかが説明されるように思われる。しかし、続いてこの直観に関してニーチェが提示するものは、この語にある否定的な含みを裏切っているように思われる。というのも、ニーチェによれば、この直観そのものがすでに「彼〔タレス〕をこの仲間たちから連れだしている［41］」からである。さらに、タレスを最初の哲学者にした直観とは、同時に、「彼が科学的なものを越えることになった［42］」

直観でもある。したがって、ドゥルーズとガタリの用語でいえば、タレスは最初の真の哲学者であって、もはや賢者でも科学者でもなく、純粋な概念創造による認識を求める者である。それでは、ニーチェによれば、はじめから科学や宗教から哲学を区別し構成する直観、「それをいっそうよく表現しようという不断に繰り返される新たな努力とともに、わたしたちがあらゆる哲学のなかに見いだす[43]」（強調引用者）この直観とは、何か。「壮麗なライプニッツ的あるいはベルクソン的展望、すなわち、あらゆる哲学がひとつの直観に依存し、哲学の概念はこの直観を、強度の差異に即してたえず包み開くのであり、［…］［そして］この直観はたえず内在平面を走り抜ける思考の無限運動の包み込みとして考えられるのだという展望」（40／42／七四）をD＆Gが援用するとき、D＆Gはニーチェのこの主張に共鳴しているのである。「水」は、タレスが着目する〈存在〉の統一性《ユニティ》＝単一性を早くも分節しようとしてタレスが用いた概念である。ニーチェはこう書く。「タレスは〈存在者〉の〈統一性＝単一性〉［die Einheit des Seienden］を見た、そしてまさにそれを告げようとしたとき、彼は水だと口走ったのである[44]」。ニーチェによれば、タレスの直観が「比喩や作り話なしで」進むとしても、それは「水［あるいは、詳しく言えば、空気や無限定のものや火等々］が万物の起源であり母胎である」という命題ではなく、むしろ「万物はひとつであるという命題」である。万物が〈ひとつ〉であるという考えが、水が万物の源であるという仮説には「さなぎの状態で［im Zustande der Verpuppung］しか」見つからないとしても、この考えあるいはこの直観こそが、タレスを最初の哲学者にしたのである[45]。

さて、わたしが主張したいのは、すべてを考慮にいれると、D＆Gが「内在平面」と呼ぶものは、この直観の別名であり、ニーチェのことばで言えば、この直観によって「哲学者は、世界の全音階［Gesamtklang］をみずからのなかで反響させて、今度はそれを概念というかたちでみずからより取り出す［und ihn aus sich herauszustellen in Begriffen］ことを試みる［46］」のである。また、哲学がカオスを横断することで作り出す内在平面、あるいは〈一者‐全体〉は、D&Gによって「狂騒の大〈平面〉」（224n14／98n14／三七六頁原注14）とも呼ばれ――これはフリードリヒ・ヘルダーリンへの参照であり、この参照は、さらに、問題となっている平面を形成する〈一者‐全体〉の直観が、hen kai pan〔一にして全〕というギリシアの観念に対応していることを証言しており、このギリシアの観念は、ドイツ観念論者たちがスピノザの思想を解釈するときによく知られた仕方で使った表現だった［47］――、そしてD&Gにとっては、すでに見られたように、これは解かれるべき問題を考慮して概念創造が行われる平面である。

D&Gが「内在平面たる〈一者‐全体〉」（38／41／七一）について語り、「あらゆる内在平面は〈一者‐全体〉である」（50／51／九〇）と述べるがゆえに、内在平面は、不可避的に、万物はひとつであるという命題から理解されなければならない。けれどももまた、注意すべき差異もいくつかある。D&Gが『哲学とは何か』のはじめで、概念創造に加えて内在平面の描出もまた、哲学に特有の達成であると示唆しているにもかかわらず、この描出は、哲学の独占的な所有物ではない。D&Gにとって、なによりもまず、すべてのタイプの思考――科学、哲学、芸術――は、平面の上で作動すると言われる。第二に、カオスを横断する内在平面は、篩《ふるい》のように働き、それゆえ選択的であるから、それが表す〈一者‐全体〉の直観は、その力がどんなものであれ、つねにただ、すべてを包含する特異的な《シンギュラー》＝単独的な〈一者〉でしかないのであり、結果として、創造的に取り替えられることを受け入れる。第三に、問題となっている平面は、三つの思考形態あるいは学問分野すべてのなかで、ある否定的なものに属している。平面を通してそれぞれの学問分野は、「それに関係する〈否〉と」、すなわち、哲学の場合は非哲学と、科学の場合は非科学と、芸術の場合は非芸術と、「本質的に関係して」いる（218／205／三六六〜三六七）。D&Gはこう書く。「哲学平面は、そこを占めにやって来る概念から独立に、それ自体で考察されるかぎり、前哲学的であるが、しかし、非哲学はこの平面がカオスと対峙するところで見出される。哲学はそれを包み込む非哲学を必要とする。芸術が非芸術を必要とし、科学が非科学を必要とするのとちょうど同じように、哲学は非哲学的包含を必要とする」（ibid.／205–206／三六七）[48]。あとになってはじめて、ここで述べられていることの含意のすべてを引き出すことになるだろう。そのときには三つの学問分野、あるいは三つの思考形態が、どのようにお互い関係するのかという問題に取り組み、三つの思考形態の差異化における哲学の役割というはじめに立てられた問題をふたたび取り上げるだろう。さしあたってこれだけは主張しておきたいのは、三つの形態すべてが作動する平面は、そこを占めに来るものとは独立してそれ自体で考慮されるかぎり、すなわち、なによりもまず、平面がカオスに対峙するかぎり、それぞれの学問分野に関しては〈否〉であるということである。三つの学問分野すべては共通して、カオスを引き受ける平面を持ち、そしてそれらは、平面に概念やファンクティヴや被知覚態のそれぞれを住まわせるかぎりにおいてのみ、それ特有のあり方になるのである。引用しておこう。「三つの道はそれぞれ特有のものであり、それぞれが同程度に直接的なものであって、平面の本性やそこを占めるものの本性によって区別される。思考することとは、概念によって、ファンクションによって、感覚によって、思考することであり、そしてこうした思考のいずれも他の思考よりも優れていたり、いっそう十全で、いっそう完全で、いっそう総合的な「思考」であったりするわけではない」（198／187／三三二）。

哲学の場合に戻れば、それが前提している内在平面は「前‐哲学的であり、もとより概念によって作動するわけではないのであって、それは一種の手探りの実験を折り込んでいるのであり、その平面の描出は、ほとんど公言できないような、あまり合理的でも適当でもない手段に依拠しているのである」（41／44／七六）。これは明らかに次のようなD＆Gの主張を指している。すなわち、あらゆる哲学的概念創造にとっては、概念創造とは区別されるある行為を通して平面を創建する、ある前‐概念的な、あるいは前‐合理的な〈一者‐全体〉の直観が不可欠であるということ、概念が引き続いて住み着きに来るような土地《グラウンド》＝根拠を与える直観が必要不可欠であるということ、そしてこれが哲学を規定する操作であるということ、これである。さらには、もし内在平面が、最初から哲学的であるわけではなく、むしろ、前哲学的な直観に基礎《グラウンド》づけられるのだとしたら、それは、問題となっている平面が「思考における非‐思考」（59／59／一〇六）であるからでもないか。哲学が内在平面を前提するとしても、「それはその平面が前提として描かれるからでしかなく、描かれることなくあらかじめ存在していたからではない」（78／75／一三六）。もし哲学において内在平面が、非哲学的であっていまだ哲学的ではない、「出来事の地平」(36／39／六七)という直観であるとしたら、つまり、「出来事」というそれ自体特殊哲学的なものである創造された概念「の地平」という直観であるとしたら、概念が平面に影響し、平面が「概念の効果のもとでのみ哲学的になる」ということもまた正しい。「平面は哲学によって前提されているけれども、にもかかわらずそれは哲学によって創建され、非－哲学との哲学的関係のなかで展開される」(93／89／一六〇)。それゆえ、ギリシアにおける哲学の出現は、概念の創造と結びついているだけではなく、哲学固有の、あるいは、これから見るように、根本的に内在的な、平面の創建にも結びついているのである。

　ここで、内在平面が「哲学の絶対的な土地、哲学の〈大地〉や［その］脱領土化、哲学の基礎づけであり、これらのうえで、哲学はその概念を創造する」(41／44／七六)というD&Gの主張をもう一度取り上げよう。内在平面という観念そのものが、基礎としての〈大地〉を求めている。もし哲学が本質的にギリシア的なものであるとしたら、それはこの〈大地〉のゆえであり、そしてD&Gが述べているのをすでに見たように、この〈大地〉をギリシア人たちは、すぐれて脱領土化されたものとして、そして自分たちが母なる大地からもぎ取ったものとして、血や土のあらゆる含意から引き離されたものとして、構想した。この〈大地〉への関心そのものこそが、すなわち、哲学の本質的に地理哲学的な本性こそが、いまだ前－哲学的な内在平面をカオスから描出することを前提としているのであり、この描出が、神話的なガイアを脱領土化し、この平面を哲学の〈大地〉にしているのではないか。〈大地〉は、ガイアからもぎ取られ、おのれ自身との内在へと解放される。哲学の土地《グラウンド》＝根拠としての〈大地〉、哲学の基礎としての〈大地〉は、〈原住性〉から解放された〈大地〉、すなわち新たな意味での土着的な〈大地〉、そしてヒエラルキーもヘゲモニーも支配も知らない、あるいは哲学的に言うならば、超越も知らない〈大地〉である。この意味で、哲学のこの〈大地〉はギリシア的である。しかし、カオスを横断する前哲学的な直観、〈すべて〉が〈ひとつ〉であるような前哲学的直観が、またつねに特異的＝単独的であるがゆえに、すぐれて脱領土化されたものとしての哲学の〈大地〉も、つねに同様に特異的＝単独的であるだろうし、その内在そのものにおいては複数的であるだろう。そのとき内在平面は、思考の内部においては、ギリシアの生活が展開された政治的な大地や公共の場に等しいものである。そして、概念創造が、それが行われる平面とともに、ギリシア的なものとしての哲学の第二の特徴を表しているとしたら、それはまた、大地へのこの関心そのものから直接に出てくると考えられなければならないはずである。

原註

［1］ Friedrich Nietzsche, *The Will to Power*, trans. W. Kaufmann and R. J. Hollingdale (New York: Random House, 1967), 220–21.〔NF 34[195], April–Juni 1885. フリードリヒ・ニーチェ『遺された断想（一八八四年秋―八五年秋）――ニーチェ全集第II期第八巻』麻生建訳、白水社、一九八三年、二八〇～二八一頁〕

［2］ Raymond Ruyer, *Néo-Finalisme* (Paris: Presses Universitaires de France, 2012), 14.

［3］ Ibid., 14–15.

[4] Immanuel Kant, *Critique of Pure Reason*, 231.〔アカデミー版A103。イマニュエル・カント『純粋理性批判』石川文康訳、筑摩書房、二〇一四年、上巻一六三頁〕

[5] Ibid., 232.〔アカデミー版A106。同書上巻一六四〜一六五頁〕

[6] ここで思い出されるのは、「創造行為とは何か」のなかでドゥルーズが映画の理念と哲学の理念に言及していることである。(Gilles Deleuze, “What Is the Creative Act?” *Two Regimes of Madness: Texts and Interviews 1975–1995*, revised edition, ed. D. Lapoujade [New York: Semiotexte, 2007], 317–29.)〔“Qu’est-ce que l’acte de creation? ” *Deux Régimes de Fous : Textes de Entretiens 1975–1995*, ed., David Lapoujade, Paris: Minuit, 2003, 291–302. ジル・ドゥルーズ、「創造行為とは何か」廣瀬純訳、『ドゥルーズ・コレクションII 権力／芸術』所収、河出文庫、二〇〇四年、三〇六〜三二九頁〕

[7] ヴァイルはこう書いている。「すべては物質であり、すべては物質から引き出されあるいは物質に還元されうるとはどんなストア派も決して主張しなかった。彼らが説いたのは、物質を含まないものは存在しない、すなわち、能動的原理も受動的原理も含まないものは存在しないということである。もしこの説に名前を与えるならば、造語である「物体主義〔corporalism〕」を使うのが適切だろう」(Éric Weil, “Le ‘matérialisme’ des stoïciens,” in *Essais et conférences*, vol. 1 [Paris: Vrin, 1991], 110)。

[8] Emile Bréhier, “La théorie des incorporels,” *Etudes de philosophie antique* (Paris: PUF, 1955), 106.

[9] Deleuze and Parnet, *Dialogues II*, 63.〔*Dialogues*, 78. ドゥルーズ／パルネ『ディアローグ』一〇九〜一一〇頁〕

[10] Emile Bréhier, *La théorie des incorporels dans l’ancien stoïcisme* (Paris: Vrin, 1970), 13.〔エミール・ブレイエ『初期ストア哲学における非物体的なものの理論』江川隆男訳、月曜社、二〇〇六年、二七〜二八頁〕

[11] Ibid., 12.〔同書二五頁〕

[12] Deleuze and Parnet, *Dialogues II*, 63.〔*Dialogues*, 77. ドゥルーズ／パルネ『ディアローグ』一〇九頁〕『哲学とは何か』でD＆Gは、内在平面が「錯覚に囲まれ」、とりわけ超越の錯覚に囲まれており、この超越の錯

覚が「平面を取り巻く濃霧」を形成していると主張する（49–50／50–51／八八〜九〇）。哲学の概念によって作り出される、非物体的なものの蒸気は、平面から立ち昇るものであり、これに対して錯覚は、平面を取り囲むように思われる。

[13] Deleuze and Parnet, *Dialogues II*, 63–64.〔*Dialogues*, 77–79. ドゥルーズ／パルネ『ディアローグ』一〇九〜一一〇頁〕またこの説の文脈でこそ理解される必要があるのが、『哲学とは何か』でのD&Gの次のような主張である。「距離なき順序に即しておのれの合成要素を絶えず走り抜ける概念は、それら合成要素に対して俯瞰〔survol。上空飛行。またおそらくは映画用語の「パン」、すなわち動く対象を視界に入れつづけるためにカメラを回すことの意味でもある〕の状態にある」（20／26／三九）。

[14] Gilles Deleuze, *Negotiations*, 136.〔*Pourparlers*, 187. ジル・ドゥルーズ『記号と事件』二七四頁〕 ドゥルーズはこう付け加えている。「哲学者は新たな概念をもたらし、それを提示するわけですが、彼らは、そうした概念がどのような問題に対応するものなのか、その問題自体を語らない。というよりも、問題を語り尽くしていないのです」（Ibid.／186／二七三）。

[15] 「脳」の観念についての洗練した練り上げに関しては、アリエズの『世界の署名』〔*The Signature of the World*〕を参照した。この著者が示しているのは、アルフレッド・ノース・ホワイトヘッドの思弁的経験論、すなわち、カントのコペルニクス的転回の反実効によって、客観を基礎にして主観を理解しようというホワイトヘッドの試みのなかにこそ、D&Gは脳という観念を見つけたということである。脳とは、新しい主観の別名、その客観と同じように物理的である主観の別名であり、この主観は、ホワイトヘッドの「超感覚論」において、宇宙のすべての客観と変化を特徴づける内的意識を通して存在論的にみずからを構成するのである。「脳」とは、「物質的脳」であるよりまえに、すべての物の「汎霊魂主義」を意味する（54–59）。

[16] イリヤ・プリゴジンとイザベル・スタンジェールの『混沌からの秩序』〔伏見康治／伏見譲／松枝秀明訳、みすず書房、一九八七年〕を念頭に置きながら、D&Gは、「ファンクティヴと概念」の章のなかでこう主

張する。「ソクラテス以前の哲学者たちが、自然学を、混合とそのさまざまなタイプに関する理論とみなしていたとき、すでに彼らは、科学の規定の本質的な点を、しかも今日においてもなお有効な点を、把握していたのである」(126–27／120／二一四)。

[17] Ruyer, *Néo-Finalisme*, 116–17.

[18] Ibid., 88.

[19] Ibid., 93.

[20] Ibid., 126–27.

[21] Ibid., 112.

[22] Ibid., 120, 132.

[23] Ibid., 115, 102.

[24] またここで注意すべきなのは、アリエズが「概念的生気論」と特徴づけたもののなかでは、「俯瞰」を通して概念はみずからのうえに折り畳まれ、それゆえ概念はつねに概念の概念となり、みずからを直接的に意識することになるのだが、この「俯瞰」を強調することは、あらゆる形態の超越に対するD＆Gの拒絶と密接につながっていることである(Alliez, *The Signature of the World*, 84)。実際、超越は、はじめから、自己との直接的な関係を妨げ、あるいはこう言ってよければ、概念のあらゆる自己‐経験を妨げる。

[25] Gilles Deleuze and Félix Guattari, *A Thousand Plateaus: Capitalism and Schizophrenia*, trans. B. Massumi (Minneapolis: University of Minnesota Press, 1987), 361.〔*Mille Plateaux : Capitalisme et schizophrénie*, Paris: Minuit, 1980, 446. ジル・ドゥルーズ／フェリックス・ガタリ『千のプラトー——資本主義と分裂症』宇野邦一／小沢秋広／田中敏彦／豊崎光一／宮林寛／守中高明訳、河出文庫、二〇一〇年、下巻三二頁〕

[26] この文脈では、「議論」に対するD＆Gの徹底した嫌悪についても言及すべきだろう。

[27] Deleuze, *Negotiations*, 152.〔*Pourparlesr*, 208. ドゥルーズ『記号と事件』三〇八頁〕

［28］この文脈では、「創造行為とは何か」でのコミュニケーションについてのドゥルーズの議論が理解に非常に役立つ。実際このエッセイでは、コミュニケーションは、「情報の伝達や伝播」と定義され、情報は、フーコーへ目配せしつつ、「指令語の集合」と規定される。「みなさんに情報が与えられる場合、みなさんが告げられるのは、みなさんが信じなければならないとされていることです。別の言い方をすれば、情報を与えるというのは、指令語を流通させることです。警察発表は、正当にもコミュニケと呼ばれています。わたしたちはいくらかの情報をコミュニケートされるのであり、信じることができるとされること、信じなければならないとされること、あるいは信じる義務があるとされることを、わたしたちは告げられるというわけです」。指令語の伝達としてのコミュニケーションとは、ドゥルーズがウイリアム・バロウズにならって「コントロール社会」と名付けたものの特徴である。付け加えておけば、この社会は、もはや普遍の名のもとに市民に規律訓練を与える必要はない。というのも、抑圧やコントロールはひとびとに与えられる情報を通してなされるからである（Deleuze, "What Is the Creative Act?" 325–26〔"Qu'est-ce que l'acte de creation?," 298f. ドゥルーズ「創造行為とは何か」三二一～三二二頁〕）。

［29］『ディアローグ』のなかで、「興味深いもの、それは中間〔milieu〕である」（39／50／七二）、また「物事は中間でのみ生きはじめるのだ」（55／69／九六）とドゥルーズが主張するとき、この語が別の仕方で使われている。いずれにしても、ここでの中間とは「中心」を含意しない。むしろ、中間とは、ドゥルーズが示唆するように、中心を越えたものである。しかし中間はまた、媒体〔medium〕の意味での環境〔milieu〕を前提としないだろうか。

［30］この思考の必要条件については、François Jullien, *De l'universel, de l'uniforme, du commun et du dialogue entre les cultures* (Paris: Fayard, 2008), 68 を見よ。

［31］「創建すること」〔instituting〕とはフランス語の「instauration」の訳語だが、D&Gは、明らかにエティエンヌ・スーリオの『哲学的創建』を参照しながら、内在平面について語るときにもっぱらこの語を用いて

いる。この二つの語のあいだの差異については、Leonard Lawlor, “Note on the Relation Between Etienne Souriau’s *L’instauration philosophique* and Deleuze and Guattari’s *What Is Philosophy?*,” in *Deleuze Studies* 5 (2011): 400–406 を見よ。

〔**32**〕 Henri Bergson, *An Introduction to Metaphysics*, trans. T. E. Hulme (New York: Macmillan, 1987), 23–24.〔アンリ・ベルクソン「形而上学入門」竹内信夫訳、『新訳ベルクソン全集7　思想と動くもの』所収、白水社、二〇一七年、二二五頁〕

〔**33**〕 Ibid., 45, 49–50.〔同書二五八頁、二六三〜二六五頁〕

〔**34**〕 Ibid., 51.〔同書二六六頁〕

〔**35**〕 Ibid., 50.〔同書二六四頁〕

〔**36**〕 ベルクソンの直観についての洗練された議論としては、Leonard Lawlor, “Intuition and Duration: An Introduction to Bergson’s ‘Introduction to Metaphysics,’ ” in *Phenomenology and Bergsonism*, ed. M. Kelly (London: Palgrave-Macmillan, 2010), 25–41 を見よ。

〔**37**〕 Bergson, *An Introduction to Metaphysics*, 54, 56.〔ベルクソン「形而上学入門」二七〇頁、二七二頁〕

〔**38**〕 Kathrin Thiele, *The Thought of Becoming: Gilles Deleuze’s Poetics of Life* (Berlin: Diaphanes, 2008).

〔**39**〕 Friedrich Nietzsche, “Philosophy During the Tragic Age of the Greeks,” in *The Complete Works of Friedrich Nietzsche*, vol. 2 (Early Greek Philosophy), trans. M. A. Mügge (New York: Russell and Russell, 1964), 86.〔フリードリヒ・ニーチェ「ギリシア人の悲劇時代における哲学」塩屋竹男訳、『ニーチェ全集2　悲劇の誕生』所収、ちくま学芸文庫、一九九三年、三六五頁〕

〔**40**〕 Ibid.〔同頁〕

〔**41**〕 Ibid.〔同頁〕

〔**42**〕 Ibid.〔同頁〕

［43］Ibid., 86–87.〔同頁〕

［44］Ibid., 92.〔同書三七一頁〕

［45］Ibid., 86–87.〔同書三六四～三六五頁〕

［46］Ibid., 91.〔同書三七〇頁〕

［47］ドゥルーズはまた、〈一者‐全体〉をスピノザに結びつけている。*What is Philosophy?*, 220n5〔43n5／三七一頁原注5〕を見よ。

［48］ドゥルーズは非哲学について、ここことは異なる理解を『記号と事件』では提供しているように思われる。そこでドゥルーズは、「概念には概念以外の二つの次元、つまり被知覚態と情動の次元が含まれている」（137／187／二七五）と主張し、この二つの次元とは、「哲学の非哲学的理解にあたる。そして哲学は哲学的理解と同じくらい非哲学的理解を必要とするのです」（164／223／三三三）と主張する。ここで思い出されるのは、カントの次の有名な言明である。「内容なき思考は空虚であり、概念なき直観は盲目である。それゆえ、直観を理解できるようにすること（すなわち、直観を概念の下にもたらすこと）と同様に、概念を感覚できるようにすること（すなわち、概念に、直観上の対象をあてがうこと）が必要である」（Kant, *Critique of Pure Reason*, 193–94〔アカデミー版 A51／B75. カント『純粋理性批判』上巻一一〇頁〕）。いずれにしても『記号と事件』のなかで、概念について哲学的な理解だけでなく非哲学的な理解も必要であり、「哲学は非哲学と本質的で肯定的な関係をもつ」（139–140／191／二八二）と付け加えるとき、ドゥルーズはすでに、三つの異なる思考形態のあいだで生じる相互共鳴や相互交換の関係を示唆する身振りを見せている。

第6章　オピニオンを解放すること

哲学の第三の特徴、オピニオンに関わる特徴を取り上げて、これもまた、D＆Gが哲学を本質的に地理哲学的なものと理解することに密接に結びついているのを示すまえに、哲学の第二の特徴を心に留めながら、創造という観念に舞い戻ることにしたい。これまで見てきたことから、創造とは、「何かをつくること」〔c'est faire quelque chose、これはフランス語では第一には、何かをすることの意である〕（7／12／一七）である。『記号と事件』では、つねにまえもって与えられたものに関することと定義される、反省へと反動的に逃げこむのとは反対に、創造とは、「行動をおこす」こと、すなわち、起源と終焉のあいだに位置づけられると見られるような思考を取り除く運動を起こすことだと言われている〔1〕。より精確には、創造とは、無限速度ですべてがなにか別のものに変わり何の自律性も決して享受しないカオスから、自律的な存在を有するもの（その潜在的な種子が、カオスから切り取られた直観の平面において見つけられるべきであるとしても、あるいは、それがそこに事後的に見つけられるであろうとしても）を暴力的で創造的な動きでもぎ取る（そして解放する）運動や行為であり、さらには、還元不能なほど特異的である運動や行為である。D＆Gが主張するように、概念の特異性、すなわちその被創造性や被構築性の指標は、「概念が署名されたものであり、そうであり続ける」ことである。「アリストテレスの実体、デカルトのコギト、ライプニッツのモナド、カントの条件、シェリングの勢位、ベルクソンの持続」（7／13／一七〜一八）。しかし、概念のために選ばれた特異な名は、被創造性の証であるだけではない。それはまた、創造を導く、哲学に固有の趣味〔taste〕の形式を証し立てるものでもある。D＆Gはこう書く。

法外なことばで、ときには粗野でショッキングなことばで示さなければならない概念もあれば、きわめてありふれた普通のことばで間に合わせていて、とても幅広い倍音をはらんでいても、非哲学的な耳には知覚できない恐れすらある概念もある。懐古的な言葉遣いをこいねがう概念もあれば、新しい造語を切に求め、ほとんど狂っているかのような語源学的な操作に貫かれている概念もある。[…]それぞれの場合において、こうしたことばやその選択には、スタイルの要素として、奇妙な必然性がなければならない。概念の命名は、哲学固有の趣味を求めるのであり、こうした趣味は暴力やほのめかしによってことに当たり、言語のなかで哲学の言語を構成する――語彙だけではなく、崇高さや偉大な美しさに達している統辞法も構成する。(7-8／13／一八)

しばらくのあいだ、哲学に特有の趣味というこの問いにとどまろう。まず、ニーチェの一八七三年のエッセイへもう一度脱線することでそうしよう。ニーチェは、哲学上の天才と賢者とをまだ根本的には区別していないので、「賢者」という語の語源的なルーツに訴えかけて、哲学者に特有の特徴を、とりわけ科学者と哲学者を区別するものという観点から、強調することができた。ニーチェはこう書く。「〈賢者〉を意味するギリシア語は、語源的には、sapio、わたしは味わう、sapiens、味わう人、sisyphos、きわめて繊細な味覚をもつ人、と同じ部類に入る。それゆえ、鋭く見分けることや識別すること、有意義な区別をすることが、ギリシア人たちの意識によれば、哲学者に特有の技術なのである［2］。実際、哲学者についての、とりわけギリシアの最初の哲学者たちについての、すなわちまた、ギリシア的なものとしての哲学についての、ニーチェの考えは、わたしが信じるに、のちにD＆Gが哲学の趣味《テイスト》＝味覚について立証しようとすることに対して、再び保証人として立っているのである。

　これまで見てきたように、概念の共立性が成し遂げられるのは、多様だが限られた数の合成要素が部分的に重なり合い、こうしてゾーンや閾や橋を通してそれら合成要素がつなげられ、こうしたゾーンや閾や橋が与える通路を通って「概念点」（20／25／三八）や「凝縮点」（58／58／一〇四）が多かれ少なかれ無限の速度で飛び、一息で合成要素を全体化することによる。俯瞰という概念についてこれまでわかったことに従えば、合成要素の上空を飛ぶ概念によって、ひとつの概念の合成要素すべてをこのように全体化することは、その最初の自己‐意識に、あるいはむしろ自己‐準拠性に、到達する。概念の認識可能性は論理的ではなく、そしてまた、概念は準拠対象《レフェラント》をもたないのだから、その認識可能性は、〔カント的な〕超越論的論理学にも関わらない。対照的に、概念の認識可能性は、ある種の〔カント的な〕超越論的感性論からなるように思われる。概念の合成要素がどのようにまとめられて自己‐準拠性を産み出すのかを描くにあたって、D＆Gが訴える空間的あるいは領土的な比喩や時間の比喩（またそれらがむすびつく、多かれ少なかれ無限の速度。運動は、アリストテレス以来、時間と密接に結びつけられてきた）が示唆するように、概念は（概念同士の関係と同様に）、D＆Gがときおり主張するように、それに関する何か感性的なものをもっている［3］。さて、哲学に特有の趣味＝味覚への言及が示すように、哲学に特有の種類の美的《エステティック》＝感性的判断が、概念の創造に関係している。「概念的人物」に関する第三章で、哲学が三つの要素――内在平面の描出、概念的人物の考案、概念の創造――から構成されていることを想起したあとで、D&Gは、お互いからは導出されえないこれら三つの要素がともに適合させられるためには、「[ある]まったき「趣味」が必要になるのだ」(77／74／一三五)と記している。次の引用が示すように、カントの三批判書やそのそれぞれの心的能力へのほのめかしは明らかである。

この相互調整の哲学的能力は、趣味と呼ばれるが、これは概念創造を統御する能力である。平面の描出を〈理性〉と呼び、人物の考案を〈想像力〉と呼び、概念創造を〈悟性〉と呼ぶならば、趣味は、いまだ規定されていない概念、いまだ混沌とした状態にある人物、いまだ透けて見える平面に関わる、三重の能力として現れる。こうして、創造すること、考案すること、描くことが必要になるわけだが、趣味は本性上異なるそうした三つの審級の対応の規則のようなものである。
(ibid.／74–75／一三五〜一三六)

概念創造に関しては、「哲学的趣味は、創造の代わりになることもなければ、創造を抑制することもなく、反対に、概念創造こそが、それに変化をつける趣味に依拠するのである」(78／76／一三八)。より精確には、「それらすべての場合に、哲学的趣味として現れるものは、できのよい概念への愛であり」、「できのよい」とは「一種の変化づけ」を意味し、「そこでは概念的活動はそれ自体においては、［概念がまえもってできあがっている場合のような］限界をもたず、他の二つの限界なき活動」、すなわち内在平面の描出と概念的人物の考案「のなかでのみ限界をもつ」（77／75／一三六）。概念ができのよい概念であろうとする場合だけでなく、とりわけ、概念がそれ自身に特有の美や崇高さ——哲学や科学とは区別される別の思考形態としての芸術作品ではないにしても——を有する特異な創造であろうとする場合には、概念創造を趣味にむすびつけることは必要不可欠である。最後に、哲学的趣味が「概念のこの〈潜性態－に－あること〉［être-en-puissance］」であるならば、これは、「個々の概念が創造されたり、個々の合成要素が選び取られたりするのが、たしかに、「合理的なあるいは道理のある」理由からではない」（78／76／一三八）という事実のさらなる証拠となる。このように、趣味によって変化をつけられることで、概念創造は、概念的かつ哲学的な思考の非合理的で非科学的な認識可能性にさらなる証明を与えるのである。カントの三つの心的能力への参照すべてを、ニーチェがはじめから屈折させていたことは、D＆Gが結論として次のように書くときに明らかにされる。「ニーチェは、概念創造と、哲学に固有の趣味との関係を予感していたし、そして哲学者が概念を創造する者であるというのは、ほとんど動物的なまでの、本能的にsapere〔「味わう＝知ること」〕——Fiat やFatum〔「命令」「運命」〕としての趣味の能力のおかげであり、こうした能力が哲学者の一人ひとりに、自分の名前に刻み込まれた刻印のように、自分の作品が流れ出てくる親和力のように、ある種の問題を扱う権利を与えるのである」（78–79／76／一三八）。

ところで、概念が「日付をもち、署名され、洗礼を授けられ」ているとしても、「概念は、死に絶えないための方法をそなえており、とはいえ、概念は、革新、置き換え、変異といった制約に従うのであり、こうした制約が哲学に、不安定な歴史とさらには地理も与え、それぞれの時期やそれぞれの場所は、時間のなかでは保存され、時間の外では過ぎ去るものである」(8/13/一八)。概念の特異性そのもの、まさに概念をはかない構築物とするように思われるものは、哲学に歴史と地理の両方を与えるもの、すなわち、特定の地理的な状況のなかでの変質と変化を通じて、ある時間上での不死性を与えるものである[4]。しかし、哲学のこの歴史と地理はまた、次のような問いを課す。すなわち、哲学的思考の統一性を与えるものはいったい何かという問いを、またとりわけ、「なぜ概念を創造しなければならないのか、しかもなぜ新たな概念をつねに創造しなければならないのか、どんな必要性があってのことか、何に用いるためなのか。何のためにそうするのか」(8-9/14/一九)という問いをである。D&Gが、この問いへの伝統的な回答を受け容れてもいなければ、すでに見たように、哲学が終わりに面しているという主張を真面目にとってもいないことを考えると、この問いはますます切迫したものになる。同時に、今見たような問いに対してありうる答えの複雑さをドゥルーズが指摘するのは、『ディアローグ』で次のようなことを断言するときである。すなわち、哲学は究極の学問ではないので、「哲学の必要など微塵もない」し、それゆえ、たとえば、芸術活動が「脱領土化の線を押し出す」場合にだけは、哲学は芸術作品によって「必ず生み出される」し、最後に、哲学をするためには、「哲学を外から生み出すことができるように[…]哲学から抜け出す」必要がある[5]。

こうした問いに対するD&Gの答えは、哲学を本質的にギリシア的なものとする、哲学の第三の特徴と彼らが解釈しているものに部分的には依拠している。しかし、この特徴に取り組むまえに、最初の二つの特徴を要約しておくのがよいだろう。「内在平面」の章ではD&Gは次のように記している。「哲学はギリシア的なものとみなすことができるのか、あるいはそうみなすべきなのかという問いに対する最初の答えは、次のようなものであると思われた。すなわち、ギリシアの都市は事実、「友」ということばがどれほど曖昧であるにせよ、新しい「友」の社会として出現した、という答えである。ジャン゠ピエール・ヴェルナンは、第二の答えを追加している。すなわち、ギリシア人たちは、平面という仕方でカオスを切るコスモス的環境に〈秩序〉が厳密に内在していることを構想した最初の者たちであろう、という答えである」(43/45/七八)。ギリシアを哲学の起源とする第二の特徴は、コスモス的環境の厳密な内在、すなわちそのあらゆる種類の超越の欠如というギリシア人たちの考えである。D&Gが参照しているヴェルナンの著作のページがはっきりと示しているように、この秩序だったコスモス的環境は、「都市において勝利し、そのことによって人間世界をコスモスとした秩序と法[6]」にならって、あるいはD&Gの用語でいえば、〈大地〉にならって、構想されている。すでに明らかになったはずであるが、D&Gは、ギリシア哲学を主にイオニア派の自然哲学から理解している。ヴェルナンが述べるように、イオニア派の「「自然哲学者たち」は宗教の世界をことさらに無視した」。彼らにとっては、「自然、ピュシスでないものは存在しなかったし、[…]こうして超自然的なものという観念そのものが排除される[7]」。ソクラテス以前の思想によるこの「知の世俗化」、「宗教とは無関係な思想の誕生[8]」こそが、D&Gがギリシア哲学を厳密な内在の考えとして特徴づけるとき、彼らが思い描いているものである。

　カオスを切り取る平面という考えが示しているように、哲学のこの第二の特徴は、概念の創造がともなう内在平面である。D&Gはこう付け加えている。「そのような平面－篩《ふるい》を〈ロゴス〉と呼ぶならば、このロゴスは、（たとえば世界は合理的であると言われる場合の）たんなる「理《レゾン》」のようなものからは遠く離れている。理というものは、たんなる概念にすぎず、しかも平面やそこを通り抜ける無限運動を定義するにはきわめて貧しい概念にすぎない。要するに、初期の哲学者たちとは、内在平面を、カオスの上に広がった篩のように創建した者たちである」（43／45／七八～七九）。このとき、ロゴスとは、ギリシア思想における概念ではなく、むしろ、前－概念的な直観、実際、前－哲学的な直観であり、こうした直観は、カオスを切断することで、カオスをある全体へと、直観として眺められる〈一者－全体〉へと取り集め、その平面のなかで、あるいはその平面の上で、概念は創造されるのである。ロゴスがまさにカオスに厳密に内在する平面であるならば、哲学者たちは、

　宗教的人物、祭司たる〈賢者〉とは対照的である。なぜなら賢者たちは、つねに超越的な秩序の創建を構想しているからであり、こうした超越的な秩序は、エリスの霊感を受けて、あらゆるアゴーンを超え出てしまう戦争の結果として、また対抗関係の試練を前もって拒絶する憎悪の結果として、ひとりの大いなる専制君主によって、あるいは他の神々に優越するひとりの神によって、外から押し付けられたものだからである。天上や地上に、超越が、垂直の〈存在〉が、帝国

的〈国家〉が存在するときにはいつも、宗教が存在し、そして、内在が存在するときにはいつも、〈哲学〉が存在する。(ibid.／45–46／七九)

要するに、ギリシアの思想家たちがカオスを通して描く内在平面は、厳密に非‐神秘的かつ非‐宗教的で、絶対的に無‐神論的な平面である。哲学がギリシア的なものであるのは、ただ、哲学がいかなる形態でも超越を拒否し、とりわけ神々や偶像や一神教といったあらゆる形象を拒否するときだけである。こうした根本的な内在性の思想だけが、哲学の第一の条件である友の社会に、真に共‐適合〔co-adapt〕できるのである。D&Gはこう書く。「哲学をギリシア的なものとする、こうしたありうべき二つの規定は、おそらく深く結びついている。友たちだけが偶像を免れた土地として内在平面を広げることができる」(ibid.／46／七九~八〇)。なるほど、最初の哲学者たち(たとえば、フィリアの思想家であるエンペドクレス)は依然として祭司のように見えるだろうし、「賢者の仮面を借りている」(ibid.／ibid.／八〇)かもしれない——ニーチェへの別の参照箇所ですでに記したように。けれども、彼らは「知恵の大規模な方向転換を遂行し、知恵を純粋内在に奉仕させる。系譜学を地質学で置き換えているのだ」(44／ibid.／八〇~八一)。カオスのなかに内在平面を通すかぎり、概念創造としての哲学(その前‐哲学的で完全に内在的な平面は二つの側面から成る。「一方は、〈存在〉に質料を与えるかぎりにおいて、〈ピュシス〉として規定可能な側面であり、他方は、思考にイメージを与えるかぎりにおいて、〈ヌース〉として規定可能な側面である」(ibid.／ibid.／八〇))は、それゆえ、大地とロゴスの分節、すなわちジオ‐ロジー〔geo-logy〕

としての、全体の直観、〈一者‐全体〉の直観にもとづいている。地理哲学は、文字通り、地質学〔geology〕、すなわち大地についてのロゴスや言説や思考――ジオ‐ロジー――である。

さて、哲学のこの第二の特徴の完全な意味や、それゆえギリシアの貢献が結局何であるのか、つまり、ギリシア的なものとしての哲学が究極的には何を意味するのかということの完全な意味を測定するためには、D&Gの思想のなかのひとつのモチーフを思い起こす必要があり、そのモチーフとは、いわゆる「ギリシアの奇跡」を理解するのに絶対的に不可欠なものである。これは、概念的人物を練り上げる文脈で提起されるモチーフ、すなわち「この世界を信じる」(75／72／一三一)というモチーフである。今日の状況との関連で、D&Gは次のように提起する。「この世界を、この生を信じることは、わたしたちの最も困難な責務に、すなわち、今日のわたしたちの内在平面のうえで発見されるべき生存様式の責務になっているのだろう。それは経験論的な回心である（わたしたちは、人間の世界を信じない理由をかくも多く手にしている。婚約者や息子や神を失うことよりも悪いことに、世界を失ってしまったのだ……）」(ibid.／72–73／一三一〜一三二)。問題は、もはや神が存在するか否かではない。われわれがいる新しい平面では、問題はまったく別のものである。問題は、「いまや世界を信じる者の生存にかかわる」のであり、しかも「世界の存在」を信じるという「〔よりはむしろ〕世界の運動と強度の可能性を信じることであり、これは動物や岩山にいっそう近い新しい生存様式をふたたび誕生させるためである」(74–75／72／一三二)。哲学をギリシア的なものとして定義すること、概念が創造されうるような厳密に内在的な平面がカオスを横断するものとして哲学を定義することは、この世界への信仰、この大地への信仰という点からそれを定義することである——これにはツァラトゥストラの叫びがこだましている。「われわれはもちろん天国に入ろうとはしない。われわれは大人になったのだ。だから、われわれは大地の国を望む〔9〕」。「地理哲学」に関する第四章のあちこちからわかるように、D＆Gの考える哲学的概念創造は、世界を、あるいは大地を、その現在のあるがままの姿でこのように肯定するという枠組みのなかでもっぱら意味を持つ。哲学的概念創造は、この世界を、この大地を無条件に肯定すること、そして、この世界や大地の内在的で潜在的な可能性を無条件に肯定することに依拠する。地理哲学として、哲学はギリシア的であり、他でもないこの世界への信仰の証言者であり、そしてそれゆえ、こうした理由からこそ、『哲学とは何か』においてD＆Gは哲学のギリシア起源にこれほど関心を寄せるのである〔10〕。

D＆Gは、第三章で哲学の第三の特徴を本質的にギリシア的なものとはじめて明示的に呼ぶことになるが、わたしはこの第三の規定を、「序論」において哲学の効用に関して提起された問いによって枠付けしたい。この問いに答えるために彼らは、友や恋人の問いに戻る。友や恋人とは、権利要求者として必然的にライバルをもつ。D＆Gはこう書く。「好んで言われるように、哲学がギリシアに起源をもっているとすれば、それは、帝国や国家とは異なって、都市が「友」の社会、すなわちライバルであるかぎりの自由人（市民）の共同体、これらの規則としてアゴーンなるものを発明したからである」（9／14／二〇）。しかし、「プラトンが記述したつねに変わらぬ状況」が示しているように、競争環境のこうした発明によって、とりわけ政治の領域において、相争う主張の妥当性を判定できることが求められ、この政治の領域では「プラトンが目撃しているようなアテナイのデモクラシーにおいては、誰でもが何でも権利として要求できる」(ibid.／ibid.／二〇～二一)。このように、対抗関係は、ライバルや権利要求者や彼らの主張について判定する基準を必要とする。プラトンはこうした挑戦に対して「哲学の概念としての〈イデア〉」(ibid.／ibid.／二一)で答えようとし、こうして、哲学の必然性と効用を証明しようとした。しかし、哲学者とソフィストのあいだの闘いが示しているように、真の友と偽の友との区別、概念とそのシミュラークルとの区別は、「プラトンの演劇」(10／15／同頁)の一部であり、たえざる課題であり続けた。誰もがオピニオンを発言できる環境でなされる主張の真理性を判定するための基準の探究は、いかなる最終解決も見つけられない。D&Gが注意するように、基準の探究は、われわれの時代においても変わらず課題であり、この時代においては「哲学は多くの新しいライバルに出会うようになった」(ibid.／ibid.／同頁)。こうしたライバルのなかには、諸科学やコミュニケーションの学問すべて、言い換えれば、コンピュータ科学、マーケティング、デザイン、広告がある。これらはみな概念を支配しはじめており、概念は今では「製品の紹介の寄せ集めに成り下がってしまった」(ibid.／ibid.／二二)。「しかし」、とD&Gは続ける、「哲学は、厚顔無恥で愚かしいライバルに出くわせば出くわすほど、自分自身の内部でそうした者どもに出会えば出会うほど、哲学はみずからの責務を果たそうと、すなわち概念を創造しようと、ますます活気に満ちるのである。そうした概念は、商品というよりもむしろ隕石である。哲学は爆笑して、涙をぬぐうのみである。こうして結局、哲学の問いとは、概念と創造とが互いに関係しあう特異点なのである」(11／16／二三)。

実際、相争う主張を判定する基準の探究が、明確で満足のいく答えへと結果的に行き着かないならば、また、もし哲学が本質的に概念の創造であるならば、それは哲学の理念としての概念が、相争う主張を測るたんなる基準以外の何かを成し遂げるからではないか。もしこれが本当ならば、哲学の問い、すなわち、哲学の有用性についての問いは、修正される必要がある。概念創造の必要性は、科学のファンクティヴや芸術の被知覚態とは異なり、有用性にはない、少なくとも狭い意味でのそれにはないだろうし、むしろそれは、「哲学的現実としての概念の本性」(ibid.／ibid.／同頁)とD＆Gが呼ぶものにまで遡る必要があるだろう。

それでは、同様に哲学をギリシア的なものとする、哲学の第三の特徴に進もう。そして改めて問う必要があるのは、この場合は答えるのがさらに難しいかもしれないが、哲学がまた、大地を自律的で完全に内在的な現実として考えることを、どの程度前提としているのかということである。哲学の問題と科学のそれとのあいだの区別によって、この第三の特徴が導入される文脈が与えられる。エミール・ブレイエは「哲学における問題の観念」においてすでに次のように論じていた。問題とはつねに「メタ‐問題的なもの」を前提し、「哲学の危機とは、みずから自身の問題を、それには適さないメタ‐問題的なものに結びつけることによって、みずから自身の問題のもともとの性格を歪めてしまうことである[11]」。このエミール・ブレイエに従って、D＆Gが改めて想起するのは、「概念は、命題的ではないので、科学の問題と同一視できるような、命題の外延上の条件に関係する問題を指し示すことはけっしてできない」(79／76／一三九)ことである。概念は、哲学の問題に対する解決だけを、あるいは解決への貢献だけを、もたらす。D&Gは次のように付け加える。

それでもなお、哲学の概念を命題に翻訳することに執着するならば、それは、多かれ少なかれ本当らしい、科学的価値のないオピニオンというかたちでしか可能にならないのである。しかし、こうして、ギリシア人たちがすでに直面していた難題に突き当たるのである。それは、哲学がギリシア的なものとみなされるようになる第三の特徴でさえある。すなわち、ギリシアの都市は、友やライバルを社会的関係として奨励し、内在平面を描き、またそればかりでなく、自由なオピニオン〔ドクサ〕を広める〔fait régner la *libre opinion*〕。そのとき哲学は、オピニオンを変形させる「知」をオピニオンから引き出さなければならず、しかもこの「知」は、やはり科学からは区別されるものなのである。(ibid.／76–77／同頁)

ここでの鍵語は、「オピニオン」、自由なオピニオンであり、すなわち、オピニオンとしての制約や限界から解放されたオピニオン、つまりは、真理の尺度によって——たとえばプラトンの〈イデア〉によって——はもはや測られず、この解放を通して前代未聞の特殊な自律性を獲得し無限にまで高められたオピニオンである。さらに、自分自身の独立性をもつオピニオンから哲学が引き出すことになる知〔knowledge〕は、真理の知では決してなく、むしろ、こうした自由なオピニオンの内的な共立性や自己-関係性と同種のものである。平等な者が平等な者に関わる政治-社会的空間にD&Gが与える肯定的な価値付けや、人間世界《コスモス》のこうした秩序が成し遂げる内在性を考慮すると、問題となっている文脈で彼らは明確に、こうした自由なオピニオンへの権利をあいまいさなく求めている。ギリシア人たちが自分たちをオリエントの帝国から区別する手段である、オピニオンをもつこうした自由は、明らかににD&Gが「ギリシアの奇跡」の一部として歓迎するものである。このように、ポリスにおける自由なオピニオンの広がりは、無条件によいものであり、ギリシアのポリスのもうひとつの達成である。なぜなら、とりわけ、「オピニオン」が、抱かれた信念の特異性を強調しているように思われるだけでなく、哲学の領域における概念を先取りしているようにも思われるからである。D&Gが注意するように、ギリシアの社会‐政治的環境では、哲学的思考の三つの事実上の条件のなかのひとつが、「帝国では思いもよらぬ、オピニオンへの好み《テイスト》、意見交換や会話への好み」であり、すなわち、ジンメルが「純粋な社交性」と呼んだものの一形態への好みであり、この社交性をD&Gは、哲学者たちが嫌悪する議論と対置している（88／84／一五二）。実際、多かれ少なかれ友好的なライバルや権利要求者や王位要求者からなる社会は、すべての人が自分のオピニオンへの権利をもっている社会であり、それゆえ自由なオピニオンが支配する社会であり、オピニオンが真のオピニオンと、よリ一般的には真理と、対照されることがないまま、すなわち、どの人のオピニオンも破壊される危険を犯すことがないまま、交換され話される社会である。ジンメルが言ったように、「会話が実際的［sachlich］になるまさにそのとき、それはもはや社交的ではなくなる。会話の内容を形成している真理の究明が会話の目的になるやいなや、会話はその目的論的な頂点［Spitze］を回転させる［12］」。

それゆえ、哲学のこの三番目の特徴はまた、哲学の地理哲学的性質の必然的な帰結、社会‐政治的空間としての大地への関わりの必然的な帰結であるだろう。しかし、この結論を保持するためには、一連のありうる困難が考慮されなければならない。ギリシアの都市を支配する「自由なオピニオン」に触れたすぐあとで、オピニオンのギリシア語、ドクサをカッコで引用していることが示唆するように、ハイデガーがかつて述べたとおり、言説に生きるギリシア人たちはまた、多くの「おしゃべり［Geschwätz］」を生み出したので、「［プラトンとアリストテレスの両方が］全力を尽くして科学の可能性について真剣にならざるを得なくなった〔13〕」。たしかに、このドクサへの参照によって、オピニオンには軽率なものという性格を与えられている。しかしながら、さらに重要なことに、哲学をギリシア的なものとする第三の明確な特徴を性格づけるにあたってドクサを参照するのは、哲学的思考の歴史全体を通して一貫してオピニオンが批判されていたことを参照することでもあるのだ。哲学の歴史において、パルメニデスを嚆矢として、オピニオンはしばしば真理と対照され、プラトンやアリストテレス以来、エピステーメーや知と対照されてきたのである。D&Gはこうしたことをよく認識していただけでなく、また、「見通しと概念」についての章がとくに示唆しているように思われるように、彼らはドクサに対する哲学の非難に完全に署名しているのである。彼らは、現象学の思想がオピニオンの正当な場やオピニオンの根本的な機能さえ規定しようとしていることを、鋭く問題にすることまでしているのである。

けれども、哲学がギリシアの都市と関係することになる三つの特徴が、「友の社会、内在の卓、対立するオピニオン」であるならば、オピニオンについてのどんな肯定的な価値付けに対しても、D&G自身がしているように、次のように反論できるだろう。「ギリシアの哲学者たちはたえずドクサを告発し、ドクサに抗して、哲学にふさわしい唯一の知としてエピステーメーを立てた。しかし、これは錯綜した事態であり、哲学者たちは、たんに友でしかなく賢者ではないので、ドクサを捨て去るのはなかなか難しいのである」(145／138／二四四)。実際、哲学にふさわしい知という名のもとに、ドクサをまとめて放棄することに対して、哲学がその内側で抵抗しているのがここでは認められる。「例11」では、次のような補足で改めてこの点が明確にされている。「デモクラシー主義者であろうとなかろうと、ギリシア人たちは、知とオピニオンを対立させたというよりはむしろ、いくつものオピニオンのあいだで論陣を張り、純粋なオピニオンという境域《エレメント》において、互いに対立し、互いに対抗したのである」(147／140／二四八〜二四九)。言い換えれば、ギリシア的なものとしての哲学の本質を確立するということになると、ドクサ対エピステーメーという伝統的な対立は、実際には、おそらくそれほど簡単に割り切れるものではないのである。哲学者が賢者ではなく、その結果として、賢者の知(savoir)を所有していないと再び繰り返してから、D&Gはこう書く。「哲学者たちは、旧来の知恵とは混同されない知に訴えかけ、ソフィストたちのオピニオンとは混同されないオピニオンに訴えかけるのである」(228n9／140n9／三八一頁原注9)。この脚注が示すように、D&Gはここでドゥティエンヌの『古代ギリシアにおける真理のマスターたち』を参照しているが、わたしが思うに、これは彼らがドクサを肯定的に評価し、二つの種類のオピニオンを区別するときの決定的な典拠である。実際、アレーテイア〔Aletheia：真理〕が、のちの時代の宗教－哲学的セクトによってだけでなく、神話時代における賢者たちや霊感に触れた詩人たちにも求められた宗教的な象徴であることを示したあとで、〔ドゥティエンヌは〕、アレーテイアの最初の価値低下が、ケオスのシモニデスとともに起こった〔と述べる〕。ケオスのシモニデスは、詩作を職業に変え、料金を取って詩を作っていた。霊感を受けた詩人の伝統とは断絶することによって、「シモニデスは、詩人についての古い宗教的概念、すなわちミューズの預言者でありアレーテイアのマスターであるという概念を、断固として拒絶しているように思われる[14]」。ドゥティエンヌは、「その代わりに、シモニデスはト・ドケイン〔to dokein：……に見える〕、ドクサ〔doxa：見えること〕を推奨した[15]」と書く。ドゥティエンヌによれば、これはまた、「アレーテイアがドクサと直接対立させられた」最初であり、こうしてギリシアの哲学の歴史全体において決定的な仕方で重みを持つことになる対立と争いを開始したのである。実際、このことば〔ドクサ〕は、曖昧さや詐欺やいいかげんさの世界と結びつけられるようになり、こうして前五世紀には哲学的なエピステーメーの対立物となった[16]。さて、ドゥティエンヌが述べるように、シモニデスは「都市に「コミットした」最初の詩人たちのなかのひとり」だったのであり、のちにソフィストたちや雄弁家たちがこれに続き、彼らがアレーテイアの価値をさらに下げ、世俗化のプロセスを推し進めたのである[17]。シモニデスの領域、そしてソフィストや雄弁家の領域は、「政治的圏域、〔すなわち、〕ある曖昧な世界[18]」だった。「アレーテイアよりもドクサのほうが優れている」というシモニデスの「主張は、パルメニデスの規定するパースペクティヴからは出てこない」し、またドクサは、「哲学的な意味におけるオピニオンを意味するわけではない［19］」。ドケインという動詞は、「ポリスの語彙のなかでの専門用語で、とりわけ政治的「決定」に対して使われる動詞である」が、このドケインから ドクサを理解すると、ドクサとは、この種の知を、政治的圏域にふさわしい唯一の知を、指すことになる［20］。ドゥティエンヌは次のように書く。「アレーテイアが本質的な価値を表すという詩の伝統全体とははっきりと断絶し、詩を世俗化するというみずからの欲望を明白に宣言することで」、シモニデスは「例外的で特権的である了解様式の代わりに、最も「政治的」で最も宗教的でないタイプの知」を置いたのである［21］。自由なオピニオンに対してD&Gが与える価値評価と、自由なオピニオンが都市の政治生活の圏域を本来の場とする世俗化された知の一形態であるという彼らの理解は、まちがいなく、ドゥティエンヌの説に負っている。これはまた、わたしが思うに、内在性という社会-政治的環境として理解された大地からドクサが派生したものであることの最も強力な証拠である。

哲学者はソフィストのオピニオンとは異なるオピニオンを要求するという論点が示すように、いろいろなオピニオンが存在する。実際、オピニオンはギリシアで「真理値」を受け取ると言われ、それゆえ、「オピニオンは、全面的にはソフィストのものでは［ありえない］」（147／140／二四八）。それゆえ、よいオピニオンと悪いオピニオンとのあいだで区別しなければならないだろうし、したがって、「自由なオピニオン」についてのD&Gの話は、おそらく新しい意味合いを獲得するだろう。それは、悪いオピニオンから自由になったオピニオン、すなわち、超越的な知との関係や真理の基準をもたない、オピニオンから解放されたオピニオンである。

では悪いオピニオン、すなわち自由でないオピニオンからはじめよう。このために、「結論」の冒頭でされている議論に焦点を合わせたい。そこでD&Gは、何がオピニオンを発生させるのか、素描している。D&Gはこう考える。われわれは「揺るぎないオピニオン」にしがみつく、なぜなら、われわれは自分の観念のなかになんらかの秩序をもつ必要があり、そして観念のこうした秩序を確保するためにわれわれは、物や物の状態のなかに、「客観的な反カオス」として想定された、観念と等しい秩序があることを要請するからである、と（201–201／189／三三七〜三三八）。実際、物のなんらかの質を認識し、これを過去と合うように知覚することによって、われわれは揺るぎないオピニオンに到達する。この論点はすでに「見通しと概念」の章で大きく展開されていた。そこではD&Gは、ヘーゲルの小論「抽象的に思考するのはだれか」を根拠にしながら、オピニオンが「知覚から抽象的な質を抽出し、情動から一般的な力を抽出する」点で「抽象的な思考である」と論じている（145／138／二四五）[22]。抽象的な質を抽出するこのプロセスは、再認《リコグニション》のプロセスと内的に結びついている。D&Gはこう断言する。「オピニオンは、再認の形式にぴったりと合う思考である――知覚における質の再認（観照）、情動におけるグループの再認（反省）、他のグループと他の質との可能性におけるライバルの再認（コミュニケーション）。オピニオンは、真なるものの再認に外延と基準を与えるが、こうした外延や基準は本性上「正統説《オーソドキシー》」の外延や基準である」（145–146／139／二四六）[23]。D&Gは、それゆえ、この意味でひとつのオピニオンが、「すでに政治的」（145／138／二四五）であると考える。「オピニオンは、その本質において、マジョリティの意志であり、すでにマジョリティの名において語っているのである」（146／ibid.／同頁）。しかし、本当は「結論」だけが、オピニオンについてのこうした考えで暗黙に提示されていたものを明示的に述べている。すなわち、われわれは「わたしたちをカオスから守ってくれる一種の傘のように、自分にオピニオンを作る」ということである（202／190／三三八）。実際、オピニオン（とそれゆえまたある種の政治）は、カオスに対する防御壁として役立つのである。

すでに見てきたように、哲学はカオスに抗する闘いに携わっており、そしてそれは芸術と科学も同様である。しかし、カオスに対するオピニオンの防御とは異なり、「芸術、科学、哲学は、それよりももっと多くのことを求める。すなわち、これらはカオスの上に平面を描くのである」（ibid.／ibid.／三三九）。カオスから自分を守る代わりに、芸術、科学、哲学は、オピニオンによって宗教風に編まれた、神々の王家が住む「蒼穹を引き裂く」（ibid.／ibid.／同頁。203–204／190–192／三四〇～三四四も見よ）。芸術、科学、哲学は、カオスから自分を防御する代わりに、カオスのなかへ正面からダイビングする。それらは、「カオスのなかに潜り」（ibid.／ibid.／同頁）、内在平面を構成することになるダイアグラム的要素をそこから選択するのであり、それぞれの観念をこの内在平面に住まわせるまえに、カオスのなかにこの内在平面を打ち込む。カオスへ潜ることについて語り、また、カオスの深淵へみずからを晒すことに伴うリスクだけでなく、哲学者や芸術家や科学者が「カオスから［何かを］持ち帰る」（ibid.／bid.／同頁）という考えについても語っていることが示すように、「カオスに抗する闘いは、敵との類縁性なしには進まない」（203／191／三四一）。カオスと争いながらも、思考の三つの学問分野は、カオスへ惹きつけられる性質も本質的に持っているのだ。哲学の場合は、それは「共立性を獲得しながら、どのようにして無限速度を保持すればよいのか」という問題であり、これに対して、科学はカオスの無限のスピードを放棄し（118／112／二〇〇）、また芸術は、妨害するあらゆる力にもかかわらず、ある仕方で、カオスを再構成する、あるいはむしろ、それを保存する。カオスの無限運動のなかから〈大地〉や〈自然〉や〈コスモス〉を構築する要素をそれぞれ選択することで、三つの思考形態の闘争は、ドゥルーズがすでに「創造的行為とは何か」のなかで示唆したように、哲学者だけでなく芸術家や科学者も死の危険を犯すことで、死に抵抗する闘争となるのである。この三つはすべて、「抵抗するという点で共通している――死に対して、隷属に対して、耐えがたいものに対して、恥辱に対して、現在に対して抵抗すること」（110／105／一九〇）。しかし、三つの思考形態がカオスに対して行う闘争のなかに存在する「敵との類縁性」には、さらにもうひとつ理由がある。実際、「ひとびとが絶えず自分たちを守る傘をこしらえる」（203／191／三四一）相手であるカオスは、「人間たちの不幸」（206／194／三四七）の源と考えられるオピニオンに対して哲学や芸術や科学が行う戦争において、これらによって求められるのである。D&Gは次のように書いてこれを要約する。「カオスに対する闘いは、敵との類縁性なしには進みそうもない。というのも、別の闘いが繰り広げられており、その闘いこそより大きな重要性があるからである、すなわち、カオスそのものからわたしたちを守るのだと言い張るオピニオンに対する闘いである」（203／191／三四一）。また、芸術に関しては、「なるほど、カオスによる作品は、オピニオンによる作品よりもよいというわけではないし、芸術は、オピニオン以上にカオスからできているというわけでもない。だが、芸術がカオスに対して闘うのは、オピニオンに向ける武器をカオスから借りるためなのであり、信頼しうる武器でオピニオンに打ち勝つためなのである」（204／192／三四三）。それゆえ、人間たちの不幸の源としてのオピニオンは、哲学を含む三つの思考形態すべてにとっての重大な標的である。

『哲学とは何か』において、オピニオンへのD&Gの異議は、「われわれを祖国〈大地〉に結びつけるように世界に結びつける根源的オピニオン」（149／141／二五一）というかたちで、生活世界におけるあらゆる認知や行動を構成する基礎としてオピニオンを復権しようとする試み、特に現象学による試みを、すべて拒絶するところまでさえいく。ドクサをウアドクサ〔Urdoxa：根源的ドクサ〕と区別するフッサールやメルロ＝ポンティの考え（ドクサは、D&Gにとってと負けず劣らず、こうした哲学者たちにとっても、問題含みである。しかしそれは、彼らがドクサを真理やエピステーメーと対置するからではなく、彼らがドクサを、近代科学に特有の仕方での〈存在〉理解や客観性の理解によって汚染された表象の一様態だと考えたからである）は、われわれの著者たちによって繰り返し批判される対象である。ウアドクサという原‐信念に対するD&Gの疑念の本質は、基本的に、オピニオンと同じように、根源的なオピニオンが命題に属する（142／135／二四〇）、すなわちある種の見通しに属するという断言にある。オピニオンとは「知覚や情動を項とするファンクション
や命題」（144／137／二四三）である。オピニオンとは、共通の信念を抱く類的な行為者に自らを同一化するある主体が、ある生きられた知覚的‐情動的状況からある質を抽出することによって生み出されるのであり、その質は、言明や命題の形式で一般に受け

入れられることを求める（145／138／二四四〜二四五）。ウアドクサという根源的なオピニオンも別様ではない。それもまた命題の一種であって、それゆえ概念の一種ではなく、そして概念だけが故郷や大地の土地＝基礎《グラウンド》になることができるのである。D＆Gが注記するように、「ウアドクサは、わたしたちを概念にまで高めてくれない」（149／142／二五二）。実際、「概念は、オピニオンのような、観念連合の集合ではない。それはまた理由の秩序でもない。すなわち、せいぜいのところある種の合理化された根源的ドクサしか構成できない一連の秩序付けられた理由でもない」（207／195／三四八）。概念は、いったん命題に変えられると、今度はオピニオンになる。「命題的になることで概念は、哲学的概念として所有していたあらゆる特徴、すなわちその自己‐準拠、内部‐共立性、外部‐共立性を失う」（137–138／130／二三一）。このように、ドクサとウアドクサへの批判は、概念の名において、すなわち同時に、哲学の名において、行われている。

　けれども、「例11」でD＆Gは、自由なオピニオンというかたちでのオピニオンが、ギリシア的なものとしての哲学の根本的な特徴のひとつであると再び断言している。エルヴィン・ストラウス、モーリス・メルロ＝ポンティ、アンリ・マルディネによって展開された芸術の現象学を批判的に評価する文脈で、彼らはこう書く。「なるほど、都市とともにあるギリシア人たち、そしてわれわれの西洋社会とともにある現象学は、オピニオンを哲学の条件のひとつとして前提する理由をもっている。しかし、哲学は、オピニオンを深め根源的なオピニオンを発見する手段として芸術を援用することによって、概念に通じる道を見いだすのだろうか、あるいは反対に、オピニオンの代わりにまさに概念をもたらす無限運動へと、オピニオンを、芸術によって反転させ高めるべきではないのか」（150／142／二五三〜二五四）。オピニオンに対する彼らの激しい批判を考えると、最初、あたかもD＆Gの唯一の狙いがこの観念に対するいかなる哲学的な役割も否定することであるように見える。現象学者たちが芸術を使ってオピニオンを深めてウアドクサへ遡行することによって哲学を基礎づけようと試みるのは無益である。むしろ、概念創造である哲学への道は、オピニオンを破棄するために芸術を使うことを求めるように思われる。しかし、この文章からも明らかになるように、概念への移行が可能になるために哲学は、「オピニオンを無限運動へと高める」ことで――すなわち、自由なオピニオンのかたちで――オピニオンに取って代わらなければならない。もし概念がオピニオンを転覆させて哲学的概念としなければならないのならば、概念が取って代わるオピニオンとは、ギリシアの社会‐政治的な内在環境において解放されたオピニオンであったにちがいなく、依然として基準に屈する、通俗的で平凡な形態のオピニオンではなかったにちがいない。

これまで見てきたように、概念は、「多かれ少なかれ本当らしい、科学的な価値のないオピニオン」（79／76／一三九）になることとなしには、命題に翻訳されえない。この発言には、D＆Gがギリシア的なものとしての哲学の第三の特徴を導入する文章が続くが、ここでもう一度この特徴を思い出しておく必要がある。「しかしこうして、ギリシア人たちがすでに直面していた難題に突き当たるのである。それは、哲学がギリシア的なものとみなされるようになる第三の特徴でさえある。すなわち、ギリシアの都市は、友やライバルを社会的関係として奨励し、内在平面を描き、またそればかりでなく、自由なオピニオン（ドクサ）を広める」(ibid.／ibid.／同頁)。いまや明らかになったのは、こうした三つの特徴が、社会‐政治的環境にだけ関わっており、この環境は、都市が提供するものであり、そこで哲学は発展するのだということである。より精確には、こうした特徴は、哲学的思考が出現するための事実上の条件である。平等を推し進める社会空間として、市民は、自分のオピニオンを表現する権利や自由を持っている。この環境においてこそ、哲学は花咲くのであるが、しかし、オピニオンの自由な増殖は哲学に特殊な課題を課すのであり、この課題は、それ自体も本質的にギリシア的であり、そしてまた、中断したまま残しておいた哲学の効用についての問題にも答えを与えるように思われる。ギリシアの都市が「また自由なオピニオン（ドクサ）を広める」と言ったあとで、D＆Gは続けてこう言う。「そのとき哲学は、オピニオンを変形させる「知」をオピニオンから引き出さなければならず、しかもこの「知」は、やはり科学からは区別されるものなのである。それゆえ、哲学の問題は、対立しうる複数のオピニオンの真理値を測ることのできる審級をそれぞれの場合に見つけることにある。それは他よりも賢明なオピニオンを選択することかもしれないし、あるいはそれぞれのオピニオンに帰属する持ち分を決定することかもしれない」(ibid.／76-77／同頁)。わたしは、この数行が哲学の二つの異なる課題を示唆していると解釈したい誘惑にかられる。すなわち、ひとつには、自由なオピニオンという意味でのオピニオンを概念にまで高め、こうして科学の「知」とは区別される「知」を自由なオピニオンから抽出する（その結果として、概念創造としての哲学を開始する）という課題と、もうひとつには、相争うオピニオンのなかから、こうした衝突をきっぱりと和解させられるようにする真理値を拾い集めようとすることで、哲学を有用なものにする（そして同時に哲学を正当化する）という課題である。実際、弁証法（「果てしなき議論」）や「観照の普遍」（プラトン）、「コミュニケーションの普遍」（アリストテレス）、「反省の普遍」（カント）、「思弁的命題」（ヘーゲル）に頼って、対立し相争うオピニオンたちを凍結し、それらの価値を測る基準を確立しようとすることで、哲学はまた、D&Gが重視するニーチェの診断によれば、自分を曲げて「悪趣味を［…］、すなわち、概念をたんなるオピニオンとしての命題に還元すること」を見せてきた（79–80／77／一三九～一四〇）。哲学における悪趣味とは、なによりもまず、その有用性を主張することにある。たとえば、市場におけるオピニオンの衝突を調停によって和解させることを試みるという哲学の課題に指針を示す知のモデルが、真理の基準のモデルであるならば、それは科学的知と区別されない。けれども、それはせいぜいのところ「より優れたオピニオン」であって、それはなんら価値のない科学的知である。「弁証法は、哲学に固有の言説性＝論証性を見いだすと主張しているが、しかし、弁証法はオピニオンを互いに連鎖させることによってしかこれをできない。弁証法がいくらオピニオンを越えて知に向かおうとしても、オピニオンは頭をもたげてくるし、それをやめることがない。ウアドクサの全能力をもってしても、哲学は学説史《ドクソグラフィ》にとどまるだけである」（80／ibid.／一四一）。こうして、自由なオピニオンの君臨に直面して、ある種の哲学はアポリアにはまって、知の名のもとにオピニオンを非難しなければならなかったり、オピニオンから真理――真なるオピニオン（「例11」を見よ）――を抽出しようとしたりするだけではない。こうした真理は、本性上、命題的、すなわち非哲学的だろう。それだけでなく、哲学は、本質上概念に属するものを表現するために、オピニオンや言説性＝論証性や命題に訴えなければならなくなるのである。

実際、ここでD&Gは哲学の逆説的《パラドキシカル》な性質について語り始める。哲学はその全能力をもってしても学説史のままだと主張したあとで、彼らはこう述べる。哲学というこのギリシア的なものが「本性上パラドキシカルであるのは、哲学が真実らしさのもっとも少ないオピニオンに与するからでもなければ、矛盾したオピニオンを主張するからでもなく、むしろ、標準的な言語の文章を用いて、オピニオンにも命題にさえも属さないものを表現するからである」（ibid.／78／一四一～一四二）。実際、哲学が「パラドクスのなかで展開する」（82／80／一四五）のだとしたら、それは哲学が学説史的であると同時に、パラ－ドクサ的〔para-doxical：逆説的〕でもあるからだが、このパラ－ドクサ的とは、すなわち、ロラン・バルトが指摘するように、ドクサに抗し、ドクサを根本的に越える何かを目指すものであり、これはつまりまた、オピニオンから蒸留された真理の概念をも越えるものでもある。事実、D&Gが考えるように、概念は真理に関わるものではまったくない。思考と真なるものとの関係はあまりに曖昧なため、哲学を定義するのにこれを援用することはできない（54／55／九八）。「哲学の本領は、知るということにはない。そして哲学を鼓舞するものは、真理ではなく、むしろ〈面白い〉、〈注目すべき〉、〈重要な〉といったカテゴリーこそが哲学の成功や失敗を決めるのである」（82／80／一四五）。こうしたカテゴリーは、ニーチェが「ギリシア人の悲劇時代における哲学」において、哲学的思考の求める趣味の特定の形式の証であると考えたカテゴリーである〔24〕。ギリシア的なものとしての哲学の第三の特徴は、たんに自由なオピニオンを（哲学出現のための事実上の条件として）奨励することだけでなく、むしろ、絶え間なくオピニオンと格闘することでもある。哲学は、プラトン以来、すなわち、相争うオピニオンのあいだの争いを調停するために普遍を探すことから始まってずっと、真理によってオピニオンを克服しようとしてきたとしても、哲学はたんに本質的に無神論的（非宗教的、非神学的）で非準拠的（すなわち科学的ではない）だからギリシア的であるのではなく、むしろ、根本的にパラ－ドクサ的であるから哲学はギリシア的なのであり、そしてたとえそれがオピニオンとの執拗な格闘のなかでだけ成し遂げられるのだとしても、みずからが前提とするオピニオンと根本的に断絶しているから、哲学はギリシア的なのである。D＆Gはこう結論付ける。「このように哲学は恒常的な危機のなかで生きている」（ibid.／79／一四四～一四五）。ギリシアの社会－政治的な内在環境において真理の基準へのあらゆる服従からオピニオンが解放されたことに応じて始まって、哲学は、こうしたオピニオンを創造された概念というかたちで徹底化し、こうして、ある意味では、もはやオピニオンに従属しない知を産み出すのである。プラトンや彼に続くほとんどの哲学者は、オピニオンを完全に捨て去る。対照的に、D＆Gにとっては、ギリシアの都市の社会－政治的環境を特徴づける自由なオピニオンは、いわば、概念への青写真なのである。けれども、彼らもまた、どれほどオピニオンが自由なものであっても、これを転覆して彼らが「概念」と呼ぶもので取って代える試みが哲学であると考えざるをえない。オピニオンを自由なオピニオンとして前提しながらも、哲学はまた、ギリシアの民主的な環境で出現したオピニオンと、それがどれほど自由なものであっても、戦い続けざるをえず、こうして哲学を恒常的な危機に陥れるのである。そのとき、これが哲学をギリシア的なものとする第三の特徴なのである。「平面は動揺で動き、概念は突風で進み、人物は痙攣によって動く」(ibid.／79／一四五)。

しかし、問題は棚上げされたまま残る。もし自由なオピニオンが実際に哲学の条件ならば、この条件は、なによりもまず、事実上の条件であり、都市のイセゴリア的性質(自由な言論の権利とオピニオンをもつ権利)に対応する。しかし、この条件はまた、超越論的な意味ももつ。これは、概念的人物としての友がもつ、哲学内での固有の性質から明らかなだけでなく、概念が創造される内在平面の固有の性質からも明らかであり、それゆえ、自由なオピニオンもまた、ある意味では権利上の条件であるにちがいない。それならば、哲学のなかの一体何が、都市空間でのオピニオンの解放に対応するのか。それを伝統的な意味での概念やドクサに還元することなく考えられるのだろうか。それとも、内在平面の直観やその上での概念創造は、公共空間でのオピニオンの解放がもたらしたものよりもたんにラディカルなだけの思考の解放を成し遂げるのだろうか。ギリシアの公共空間での自由なオピニオンにあてはまることから類推すると、こうした思考の解放は、あらゆる有用性からの解放にあるのか。こうした問いに対する答えは、『哲学とは何か』のなかには明示的には見つけられないが、その答えはおそらく、哲学の内的な条件のひとつとしての「自由なオピニオン」とは、D&Gが通りすがりに「純粋なオピニオン」と名指したものであるということだろう。しかし、純粋なオピニオンとは、真理や理論的な知やエピステーメーといった、その対立物から解放されたオピニオンでなかったら、いったい何だろう。要するに、哲学の三つの特殊ギリシア的な特徴のひとつとしての「自由なオピニオン」は、以下のようなオピニオンとして理解される必要があるだろう。すなわち、自律的で、その意味を伝統的な対立物のような外側からは境界確定されず、むしろ、自己創造されるオピニオンであり、そして、概念創造が起こりうる場をはじめて持てるようにする境域《エレメント》を、哲学的思考のなかに開くオピニオンである。

この章の結論として、「序論」で提示された、概念の性質の問題、すなわち概念の現実性の問題に戻ろう。哲学者はこの問題に十分に関わってこなかったとD&Gは断言する。哲学者たちは概念を「所与の知や表象」として、すなわちなんらかの能力による抽象化や一般化によって形成されたものとして考えるのを好んできた。「しかし概念は与えられるものではない」とD&Gは反論する。「それは創造されるものであり、創造されるべきものである。しかも、概念は、形成されるものではなく、自分で自分を定立するもの、つまり自己‐定立である。創造されることと自分で自分を定立することは互いを折り込み合う。なぜなら、生き物から芸術作品にいたるまで、本当の意味で創造されるものは、創造されることによって自己の自己‐定立を享受するからであり、言い換えるならば、本当の意味で創造されるものが認知されるための自己製作的な特徴を享受するからである。概念は創造されればされるほど、自己を定立するのであり、自己を定立すればするほど創造されるのである。自由な創造的活動に依存するものはまた、他に依存せずにかつ必然的に、自分で自分を定立するものでもある。つまり、最も主観的なものが、最も客観的なものだろう」（11／16／二四）。ひとつの創造として――

そしてここで「創造」の付加的な含意が視野に入ってくる——概念は、生き物や芸術作品のようであり、自律的であり、そしてこうしたことは自己‐定立的な存在であることを意味する。それは所与の（生まれつきの、あるいは生得的な）自律性（能力が形成したり用いたりするような）ではなく、むしろ、自分で自己を定立する自律性である。ある意味では、真に創造されるものは、同時に自己‐創造的である。創造された存在としての概念のこの自己製作的《オートポエティック》な自律性は、「哲学的な現実性」そのものである。これ以降見ていくように、所与性と自己‐定立的な自律性とのこの区別は、概念創造としての哲学がギリシア的なものであるという議論の影響力を十全に測定するために、さらなる重要性をもつ。この自律性の問題はまたおそらく、ギリシア的なものとしての哲学の第三の特徴——すなわち、「自由なオピニオン」への応答——が、土着的なものとしての大地と新たな仕方でどのように結びつけられるのかを、さらに明らかにするのに役立つだろう。

原註

［1］Gilles Deleuze, *Negotiations*, 122.〔*Pourparlers*, 166. ジル・ドゥルーズ『記号と事件』二四四～二四五頁〕

［2］Nietzsche, "Philosophy During the Tragic Age of the Greeks," 90.〔ニーチェ「ギリシア人の悲劇時代における哲学」三六九頁〕

［3］哲学の本質を境域《エレメント》として描写するときによく見られる、位相幾何学的なイメージ群がさらに証し立てているのは、『哲学とは何か』の地理哲学のテーマが、D&G哲学の周辺的側面ではまったくなく、むしろ彼らが

哲学ということばで考えているものの核心につながっているということである。

［4］ すでに見たように、ヨーロッパの哲学は地理的に多様である。

［5］ Deleuze and Parnet, *Dialogues II*, 74.〔*Dialogues*, 89. ドゥルーズ／パルネ『ディアローグ』二二六頁〕

［6］ Vernant, *The Origins of Greek Thought*, 108.〔ヴェルナン『ギリシャ思想の起原』一一五頁〕

［7］ Ibid., 107, 103.〔同書一一四頁、一〇九頁〕

［8］ Ibid., 107.〔同書一一五頁〕

［9］ Friedrich Nietzsche, *Thus Spoke Zarathustra: A Book for Everyone and No One*, trans. R. J. Hollingdale (London: Penguin Books, 2003), 325.〔フリードリヒ・ニーチェ『ニーチェ全集9／10 ツァラトゥストラ』上下巻、吉沢伝三郎訳、ちくま学芸文庫、一九九三年、下巻三三〇頁（第四部「ロバ祭り」第二節）〕

［10］ カトリン・ティーレによる素晴らしいエッセイ、" 'To Believe in This World, As It Is': Immanence and the Quest for Political Activism," in *Deleuze Studies* 4 (2010 supplement): 28–45 も見よ。

［11］ Emile Bréhier, "La notion de problème en philosophie," in *Etudes de philosophie antique* (Paris: PUF, 1955).

［12］ Simmel, "Die Geselligkeit," 115–16.〔ジンメル『社会学の根本問題（個人と社会）』七六頁〕

［13］ Martin Heidegger, *Basic Concepts of Aristotelian Philosophy*, trans. R. D. Metcalf and M. B. Tanzer (Bloomington: Indiana University Press, 2009), 74–75.〔*Grundbegriffe der aristotelischen Philosophie, Gesamtausgabe*, Bd.18, hrsg. Mark Michalski, Frankfurt a. M.: Vittorio Klostermann, 2002, 109〕

［14］ Marcel Detienne, *The Masters of Truth in Archaic Greece*, 109.

［15］ Ibid., 111.

［16］ Ibid.

［17］ Ibid., 114.

[18] Ibid., 116.

[19] Ibid., 115.

[20] Ibid.

[21] Ibid.

[22] Georg Wilhelm Friedrich Hegel, "Who Thinks Abstractly?," in *Hegel: Texts and Commentaries*, ed. and trans. W. Kaufmann (Garden City, N.Y.: Doubleday, 1965), 113–18〔*Werke*, Aufl. 8, Bd. 2, Frankfurt a. M.: Suhrkamp, 1986, 575–581. G・W・F・ヘーゲル「抽象的に考えるのはだれか」村田晋一/吉田達訳、『ヘーゲル初期論文集成』所収、作品社、二〇一七年、二五六〜二六二頁〕

[23] 再認についてD&Gはこう述べている。思考の有限な運動すべてのなかで、それは「たしかに最も浅薄で、最も貧しく、最も幼稚な運動である」(139/132/二三四)。

[24] ニーチェはこう書いている。「哲学は、このように異常なもの、驚嘆すべきもの、難解なもの、神的なものを選り抜き分離することによって科学と一線を画し、また無駄なものを重視することによって利口さと一線を画する」(Nietzsche, "Philosophy During the Tragic Age of the Greeks," 90〔ニーチェ「ギリシア人の悲劇時代における哲学」三六九頁〕)。また指摘しておくべきなのは、〈面白い〉もの、〈注目すべき〉もの、〈重要な〉ものといったカテゴリーは、本質的には初期ロマン派の考え方であることである。

第7章　ギリシアのフラクタル化

本書〔『地理哲学』〕の最初でわたしが取り組んだのは、次のような言明だった。「〈土着的なもの〉〔は〕、大地の力〔であり〕、この力は、テリトリー（エレクテイオン、すなわちアテナとポセイドンの神殿）を再‐基礎づけするためにみずから海底を移動する、海洋性の合成要素に付き従う〔suit あるいは suivre。D&Gにとって重要な語〕」（86／83／一五〇）。この言明は、二つの脱領土化を対照する文脈でなされている。その二つの脱領土化とは、一方は、帝国国家としての都市‐国家において上から生じる種類の脱領土化であり、この結果として、テリトリーは荒野の大地となり、天上の〈異邦人〉、すなわちアポロンによって再領土化される。もう一方は、都市としての都市‐国家において内在性を通して起こる脱領土化である。この難解な文章を解きほどいて暗号解読する試みをさらに、そしてこれを最後として、行いたい。この文章の難解さは、これから見るように、〔フランス語〕原文から英語への翻訳に由来するだけではなく、ある程度は、フランス語原文内での翻訳の難しさにも由来している。わたしが理解しようと試みているのは、エレクテイオン、すなわちアクロポリスの上に位置するアテナとポセイドンの神殿というかたちで、テリトリーを再‐基礎づけするため、あるいは再領土化するために、海底へと進む海洋性の合成要素と、脱領土化する内在性を通して解放された〈土着的なもの〉——土着のアテナイ人、あるいはアテナイの土着の市民——は、大地の力としてどのように合成されるのかということである。明らかに、海底を進む海洋性の合成要素という話はほとんど訳がわからない。問題の文章をさらに明らかにするために、シッサとドゥティィエンヌの『ギリシアの神々の日常生活』をもう一度根拠にしよう。この本は、文脈が証明するように、D&Gが認めている典拠のひとつだった。

アッティカのテリトリーをめぐってははじめから、激しい権力闘争が、ときには正面衝突が、アテナとポセイドンを対立させていたことを思い出そう。「それぞれがこのテリトリーで自分の力の証を作り出した。ポセイドンは三叉の矛で岩を打ち、海水がアクロポリスのちょうど真ん中で外へ迸った。〈海の主〉が都市の最も高い部分に君臨していることの動かしがたい証拠だった。[…]アテナといえば、彼女は彼女で、争われている土地でオリーブの木を育てた[1]」。この争いは最終的に法廷で決着され、そこで男性たちはみなポセイドンに投票し、女性たちはアテナの味方をしたのだが、女性は男性より数が多く、それゆえ勝利を収めた。このとき憤慨したポセイドンは、女性たちがそれまで享受していた投票権をこれ以後女性たちから奪うように手配するだけではなかった。ポセイドンはまた、「海がどっと流れ込むようにし、海水はエレウシス〔アテナイ近くの小都市〕まで上昇した[2]」。土着的なアテナイを設立する際の大地の力と海の力のあいだのこの闘争は、さらに、この都市が勝たなければならなかった最初の戦争の際に証明される。これは、大地から生まれた王エレクテウスの統治下のアテナイと、ポセイドンの地上での根拠地であるエレウシスとの戦争で、エレウシスの住民は、この土着の都市〔アテナイ〕を破壊するために不誠実にも外国人である蛮人トラキア人に助けを求めた。エレクテウスは、戦闘中に謎めいたかたちで死ぬ。いくつかのテクストが示唆するところによれば、彼はポセイドンに殺され、ポセイドンの三叉の矛は「アクロポリスのなかへ」飛び込み、「エレクテウスの墓をこじあけ、エレクテウスは大地に飲み込まれた[3]」。『ホモ・ネカーンス』のなかでヴァルター・ブルケルトは、ポセイドンの三叉の矛の跡が「エレクテイオンの中のほんの少しの「海」」、すなわち「塩水で一杯」にされた窪地だと描いている［4］。こうして、ポセイドンの三叉の矛によって大地に押し込まれて、大地の力であるエレクテウスは、いわば海底へ行くのである。いずれにせよ、アテナは「海の神の暴力を止め、ポセイドンをその犠牲者〔エレクテウス〕とともに押さえつけ」、この両者の聖域としてエレクテイオンを建設するように命じた。両者とは、ひとつには、「最も地底的である神」エレクテウスであり、「その体はアクロポリスの岩のなかに閉じ込められ、この都市とその土着性そのものの両方の基礎を強化するのを助けた」のであり、もうひとつには、また、海の境域《エレメント》の神ポセイドンであり、この神はこうして「いまや土着性に融合された［5］」。実際、ポセイドンとエレクテウスに捧げられた唯一の祭壇を宿すだけでなくアテナ・ポリアデス〔都市のアテナ〕の像も宿したエレクテイオンは、アテナとポセイドンの神殿である。なぜなら、D&Gが注記するように、エレクテウスは〔エウリピデスの失われた悲劇『エレクテウス』によれば〕彼の殺人者の名を受け取ったのである［6］。実際、ヴァルター・ブルケルトがエウリピデスの悲劇の残った原稿の断片をもとに論じたように［7］、アテナイでは、エレクテウスとポセイドンは事実、ポセイドン・エレクテウスというたったひとりの神を指すたんなる二つの名である。

ここで、わたしたちが解き明かそうとしている文章をもう一度見てみるのが不可避となる。その文章とはすなわち、「〈土着的なもの〉［は］、大地の力〔であり〕、この力は、テリトリー〔エレクティオン、すなわちアテナとポセイドンの神殿〕を再‐基礎づけするためにみずから海底を移動する、海洋性の合成要素に付き従う」である。これまで提供してきた証拠だけでは、これを十分には明らかにはしないように思われるし、あるいはむしろ、「海洋性の合成要素が［…］海底を移動する」という断言の前で急停止することになる。フランス語原文——"une puissance de la terre qui suit une composante maritime, qui passe elle-même sous les eaux pour refonder le territoire"——に戻っても、この文章はすぐには明確にはならないけれども、このフランス語をフランス語に翻訳すると、すぐに明瞭になるのは、二番目の"qui"〔主格の関係代名詞〕の指示対象が、"une composante maritime〔海の合成要素〕"ではなく、反対に、"une puissance de la terre〔大地の力〕"であることである。英語に再翻訳されると、この文は、「大地の力は海洋性の合成要素に付き従い、それ［のうち前者〔大地の力〕］が海底を移動する」と語っているのである。つまり、そうすると、大地の力として、〈土着的なもの〉が海洋性の合成要素に付き従い、そして〔海洋性の合成要素ではなく〕この大地の力自体こそが、D&Gのことばでいえば、テリトリーを再‐基礎づけする〔refonder〔再建する〕〕ために、あるいは再領土化するために、海の底へ行くのである［8］。振り返ってみれば、この文章の謎めいた性格を晴らすためにわたしが訴えてきた神話の物語すべてが、もはや大地に縛りつけられていない土着性という考えにとって、海洋性の要素《エレメント》が決定的に大事であることを認識するよう導くのである。

　大地の力としての土着性が、海洋性の合成要素を持つだけでなく、また土着性を構成するにあたってこの合成要素に前例のないような重みを与えていることがどのような意味をもつのか推測するために、わたしが注釈したエレクテウスとポセイドンについての文章のすぐあとに続く段落にここで向かおう。この段落は、ギリシアの「フラクタルな構造」と、この半島と海との関係について語っている。

しかし、フラクタルとは何か。この名詞であり形容詞は、海岸線のような非連続なかたちを指し示すために、ラテン語の形容詞 fractus〔バラバラの〕と動詞 frangere〔砕く〕を利用して、ブノワ・マンデルブロが造語したものである。大ブリテン島の海岸線のような海岸線の本質という問題がマンデルブロの研究の出発点であるが、こうした海岸線は、「湾岸や半島がさらに小さな小湾岸や小半島を——少なくとも原子の大きさまで下りて——あらわにし」ながら、でこぼこにできている。マンデルブロの関心は、こうした非ユークリッド的なフラクタルな線を測定する方法にあり、そして彼は、こうした測定が測定の規模と相関関係にあり、究極的にはこうした線が無限に長くなるという逆説的な結果を発見した。つまり、こうした線は「無限の長さを〔…〕有限な面積に」詰め込んでいるのである[9]。もちろん、D&Gはこの用語をマンデルブロから借りているのだが、彼らを惹きつけているのは、こうした不規則な線の測定ではなく、その不連続性である。より精確には、そのでこぼこであり、つまり、海岸線の場合ならば、海が陸地のなかへ押し入ってくる、こうした線に埋め込まれた深い凹みである。ギリシアについてD&Gは「半島のどの地点も海に近い」(87／83／一五一)と断言する。実際、ギリシアの風景の主な特徴は、山がちな風景に加えて、「海が、このテリトリーのなかで自分がたまたまいる点のどこからもつねに百キロも離れておらず、反対に言えば、エーゲ海に漕ぎだすと、視界のなかにつねにある陸地に到達するのに、六〇キロ以上移動する必要は決してない[10]」ことである。孤立して自己のうちに閉じこもる(自己充足や狭い意味での土着)かわりに、ギリシアの尖端のそれぞれは、外洋へと開かれ、こうして脱領土化されるのである。それゆえ、それぞれの尖端はまた、不規則なかたちをしている。それは丸々とした統一体ではなく、ギリシアの海岸によって内側から分割されているのであり、こうしたギリシアの海岸は、「たいへんな長さをもち」、これによってギリシアは、海を渡ってくる他者に否応なく晒されるのである[11]。ギリシアのそれぞれの尖端、すなわち、それぞれの都市は、D&Gが言うように、フラクタルな構造をもっている。言い換えれば、ギリシアのそれぞれの都市は、不規則的で断片的なかたちをしているのだが、これが意味するのは、ギリシアの都市が、その多孔性と、都市を外界に晒す流量とによって、非対称的な仕方でその位相幾何学的な次元を超過しているということである。ギリシアの位相幾何学的空間のそれぞれの尖端は、海へと開かれていることによって、すなわち、他者との、異邦人との出会いが起こりうる流体の媒体へと開かれていることによって、いわば裏返しにされているのである。

ギリシアのこうしたフラクタルな性質の最初の帰結は、それぞれの都市が、とりわけ、土着的なアテナイが、商業都市であることである。ギリシアの諸都市は最初の商業都市ではないとしても、これらに特異なことは、オリエントに近くても、社会関係の新たなモデルや「新たな帝国主義」とのちに呼ばれることになるものを打ち立てることができるほどには、やはり十分にオリエントから離れていることである。引用しよう。

ギリシアの都市は、古代オリエントの帝国のモデルに追随することなくそこから利益を得られるほどに、この帝国に十分近いと同時に十分そこから距離をとった最初の都市である。それら都市は、古代帝国の毛穴のなかに定着するかわりに、新たな合成要素のなかに包まれ［elles baignent：それらは浸り］、内在をもってことにあたる脱領土化の特殊な様態を活用し、内在の環境を形成する。これはオリエントの縁に位置するいわば「国際市場」である。（87／83-84／一五一）

帝国的垂直性というオリエントのモデルに従うことなく、ポリスは、その市民にとっては、あらゆるヒエラルキー構造から自由な、水平な環境である。しかしこの環境は、いかなる囲いも知らない。つまり、それをひとつの内部として構成するような空間的次元を超過しているのである。これまで見てきたように、エレクテイオンは、土着的なアテナイの中心にあって、〈大地〉の息子でありアテナに育てられた神話上の王エレクテウスの神殿であるとともに、地震と水の神であり、そしてまた、たんに二次的にではあるが、海の神でもあるポセイドンの神殿である。この都市の中心にそびえ立つこの聖域は、〈大地〉から最初に生まれた子を宿すと同時に、その称号が示すように、大地を揺るがしポリスの環境を外へと海まで広げる神を宿す。これまで見てきたように、このギリシアのポリスは、大地の徹底した脱領土化の結果であり、こうした脱領土化が、住民が互いに自由に争うことのできる社会‐政治的な内在環境を実現するのである。海への開放性によって、この都市国家はまた、海の上での再領土化をもたらし、その結果、航海が交易の主要な手段のひとつになり、これによってこの都市国家は地中海において植民地を作る商業大国となった。

それゆえ、このポリスそれ自体は、液体が広がっているようなものであり、その広がりのなかで、移動する自由な市民たちはみな、他人と商業上の関係をまず持つかぎりにおいて、ひとつの全体を構成するのである。この内在環境に包まれた職人と商人たちがここに見出すのは、D&Gが述べるように、「帝国が彼らに対して拒絶した自由、移動可能性」である。「こうした類型は、ギリシア世界の縁からやって来る。つまり、逃亡中で、帝国と絶縁した、アポロンの植民地の被支配者である、異邦人である。職人や商人たちだけではなく、哲学者たちもである」(87/84/一五一)。このポリスの提供する内在環境《ミリユウ》はたんなる中間《ミリユウ》=環境ではない。それは調停のためや調停された対立者のための空間としての中間、思弁的な満足のための空間としての中間ではない。職人や商人や哲学者のための環境として、このポリスは、調停しながらみずからへと閉じこもろうとするものすべてを越えていく。このポリスは、哲学者に対する魅力と同様に職人や商人に対する魅力によっても特徴づけられており、哲学者たちは、他の思想家と争いながら思考するための場所として、ここに外国からやってくるのである。クレマンス・ラムノーが、しかしニーチェもまた、指摘したように、こうした哲学者たちは大部分外国人だったのであり、また意義深いことに、ソクラテス以前の哲学は、西洋の端であるシチリア島やイタリアを魅了するまえに、紀元前七世紀の終わりから六世紀のはじめ頃に、小アジアのイオニアという、オリエントとの境界線に沿って現れた。また、紀元前六世紀になってはじめて、哲学の最初の諸学派が現れたのであり、これはまた、人間のなかに「他者」がいることを認めることになった。すなわち、ピュタゴラス派のテアノのような女性や、ずいぶんあとのことになるが、ニコポリスやローマでストア哲学を教えていたエピクテートスのような奴隷がいることを、認めることにもなったのである[12]。ラムノーにしたがって、D&Gはこう書く。「哲学者たちは異邦人である、が、哲学はギリシア的なものである」(ibid.／ibid.／一五二)。「哲学者」ということばは、間違いなくヘラクレイトスが考えだしたものだが、これと関係する「哲学」という語は、プラトンのもので、つまりは、ギリシアのものである[13]。いずれにせよ、ギリシアのポリスは、フラクタルな性質と他者に対する開放性をもちながら、たんにその商的関係によってのみ特徴づけられているわけではない。そこはまた、哲学者たちにとっての安息地でもある。実際、ギリシアにおいてこそ、こうした外国人たち、賢者の仲間から自分たちを引き離すような種類の知恵を愛好する者たちは、(外国のものではなく)本質的にギリシア的なもの――哲学――をする機会を見つけるのである。ここで注意すべきなのは、本質的にギリシア的なものである哲学が、環境が異邦人に与える魅力のおかげでギリシアにおいて展開されたことだけでなく、また、問いとしての異邦人、そして論点としての異邦人が、少なくともプラトン以来、哲学の言説や関心の本質的な部分であることである。プラトンの『ソフィスト』のなかの〈異邦人〉(xenos)の形象を議論する文脈で、「概念的人物」の章のなかのある註(222n6／67n6／三七三頁原注第三章注6)は、ジャン＝フランソワ・マテイの『異邦人とシミュラークル――プラトン哲学の存在論の基礎についての試論』を参照しているが、この註は次のことを示している。すなわち、ギリシア的なものとしての哲学について考えるとき、D&Gが考慮に入れているのは、エレアからの異邦人こそが西洋の哲学的思考のなかではじめて、対話が、平和で友好的なやりとりでは決してないとしても、理性のなかのロゴスによって基礎づけられているということをはっきり述べたということだけではなく、また、自己と他者の関係についての思弁、すなわち同一性の弁証法についての思弁が、まぎれもなくギリシアの問題系であるということである[14]。さらに、この対話篇のなかのこの〈異邦人〉は、非在が存在し、またいくつかの点では存在が存在しないと強く主張することで、ギリシア思想の内部でギリシア思想そのものを批判的に引き受け、あるいはより精確には、同一性を構想するギリシア的方法の根本的な基礎を批判的に引き受け、そしてこの思想の内部で、父なる形象パルメニデスのある種の親殺しも同然のことをしているのである。実際、プラトンのこの後期の対話篇のなかで、同と対立する他（heteron）という類そのものがギリシア思想のなかへ乱入している。〈異邦人〉の哲学のおかげで、「同を語り考える新しい方法」がこうして生じているのであり、「このときまで常軌を逸したものであったカテゴリー」が、いまや、哲学や言語や存在それ自身の中心にまで入り込めるようになるのである[15]。〔プラトンの〕『政治家』からも明らかなように、異邦人はギリシアの哲学的思考において活躍する人物であり、これは異邦人や他のトポスもそうである。ギリシア人以来、他に対するこの関心は、西洋の哲学的思考のトレードマークであり続けている。D&Gはこう答える。D&Gは問う。「こうした移民たちはギリシアの環境に何を見出すのか」。

少なくとも三つのものであり、これらは哲学の事実上の条件である。すなわち、ひとつには、内在の環境としての純然たる社交性、すなわち「結びつきという内因的な性質」であり、それは帝国の主権性と対立し、また、先行する利害をなんら折り込んでいない、なぜなら、対抗しあう利害が、反対に、そうした社交性を前提するからである。ふたつめには、結びつくことのある種の快楽であり、これは友愛を構成する、しかしさらに、結びつきを破る快楽、それは対抗関係を構成する［…］。三つめには、帝国では思いもよらぬ、オピニオンへの好み、意見交換への好み、会話への好みである。内在性、友愛、オピニオン、われわれはこの三つのギリシア的特性をつねに再発見する。（87-88／84-85／一五二）

D&Gはここで哲学の諸条件に言及しているが、これらの条件は間違いなく本性上歴史的で社会学的で社会心理的であり、またこれらは、ギリシアで、とりわけオリエントとの境界線で発展し、しかしまた海との近接性によってこの半島のなかのどの地点でも発展した。これらの条件は、哲学が発展することを可能にする（しかし、これまで見てきたように、必然的にはしない）事実上の条件である。こうした事実上の条件は、土地をもたないオリエントの異邦人たち――やがて哲学者になる者たち――を、海岸線で内側から分割された土地へ、内部を持たない土地へ、したがって地理的に言えば端にある土地へ、惹きつけた。彼ら自身もまたこうした事実上の条件の一部となったのであり、こうした条件の下でのみ哲学の発展はひとつの可能性となった。しかし、こうした内在環境、友愛のようなタイプの社会関係、オピニオンへの好みは、外国人を惹きつけるだけでなく、同時にまた、この環境に参画する者たちすべてをある意味で外国人にする条件である。ギリシアでしていることが哲学であるかぎりにおいて哲学者たちがギリシア人になるのならば、ギリシアの土着の者たちは、（哲学の生成に関わる脱領土化や再領土化を議論する文脈で）Ｄ＆Ｇが述べるように、「自分自身に対して、自分自身の階級に対して、自分自身の民族に対して、自分自身の言語に対して、異邦人」になる。「自分自身に対して、自分自身の言語や民族に対して異邦人になることは、哲学者や哲学に固有の事態、彼らの「スタイル」、わけのわからぬ哲学言葉と呼ばれるものではないだろうか」（110／105／一九〇）。それゆえ、この事実上の条件の下で哲学者たちが展開することが、それ自体ギリシア特有のもの、すなわちテリトリーに根付かずむしろ普遍的である種類の思考、すなわち、これまで見てきたように、大地それ自体に関わる種類の思考としての哲学であるのは事実である。すでに指摘してきたように、ギリシアのポリスを特徴づける内在環境は、対立するものを調停する思弁的な中間という意味での環境ではない。このことをさらに証拠付けるのは、オリエントからの移民たち〔émigrés〕がギリシアに見出した、思考のための事実上の条件が、「いっそう穏やかな社会」のための条件ではないことである。この民主的な都市で広まった新しい種類の土着性が、荒々しい血まみれの犠牲によってもたらされるものではもはやないとしても、純粋な「社交性には〔また〕残酷さがあり、友愛には対抗関係が、オピニオンには血なまぐさい敵対と逆転がある」（88／85／一五二）。

友愛には残酷な面もあるというまさにこの考察こそが、『哲学とは何か』においてＤ＆Ｇが「ギリシアの奇跡」に明示的に言及する最初のきっかけであり、この「ギリシアの奇跡」については本書の最初で長く議論した。Ｄ＆Ｇはこう書く。

ギリシアの奇跡は、サラミス島で起こった。この戦いでギリシアはペルシア帝国から逃れ、そして自分のテリトリーを失った土着民たちは、海を支配し、海の上でおのれを再領土化した。デロス同盟は、言わばギリシアのフラクタル化である。このうえなく深い絆が、かなり短い期間ではあったが、民主的な都市と植民地建設と海と新たな帝国主義のあいだには存在した。この帝国主義は、海の中にテリトリーの限界やおのれの企ての障害も見てとることはもはやなく、かえって広がった内在の浴槽を見るのだった。(ibid.／ibid.／一五二〜一五三)

ルナンにとってのギリシアの奇跡であった、地域的あるいは民族的な痕跡のまったくない永遠の美とは違って、サラミスの戦いこそがD＆Gにとってのこの奇跡の範例である。なぜなら、それがギリシアの土着性が意味するものを最も精確な仕方で示しているからである。ポリスに特徴的な内在環境で解放された土着性は、脱領土化を、すなわち生まれた土地からの分離を前提とし、そして究極的には、ギリシア人の場合には、海の境域《エレメント》での再領土化を前提とする。ペルシア戦争のあいだ海を最後の拠り所にし、自分たちの艦隊に、ヘロドトスのことばでいえば「木の壁」に立てこもることで、ギリシア人たちは、マケドニア軍を倒した遊牧民スキタイ人を描くのにヘロドトスが『歴史』のなかで使ったことばを利用するならば、アポロイ〔aporoi〕になったのである。このアポロイとは、〔『希英辞典』の著者である〕リデルとスコットが「まったく手がつけられない」と訳したことばである[16]。ペルシア人がアテナイへ進軍し、アクロポリスが焼かれたあと、海の上へ再領土化することで、ギリシア人たちは、みずからを「手がつけられない」ものにし、対抗することも征服することも不可能なものにしたのであり、そして彼らは実際クセルクセスの艦隊を打ち負かした。D&Gにとって、海の境域へのギリシア人のこの再領土化には、哲学的な意味合いが含まれている。これを通して、ギリシア人は根本的に自律的に、土着的になったのだが、しかしそれは新しい意味においてである。土地を失ったのちに海を最後の拠り所にし、みずからをアポロイにするという能力によって獲得されたこの土着性、これこそ、D&Gによれば本当のギリシアの奇跡である。それゆえ、ギリシアの奇跡とは、〈大地〉を脱領土化し、その後この〈大地〉が公海上だけでなくアゴラや市場の上に再領土化されることになる政治的手続きを通して、ガイアの力を中性化することでみずからの土着性を創造できたことを本質とするだけではない。ギリシアの奇跡とはまた、固い陸地から海の境域へと移動し、放浪するアポロイになることによって、内在平面を基礎付けることを本質とするのであり、この内在平面は、異邦人を住まわせるとともに、ギリシア人自身が互いに外国人として、土地のない、根無し草にされた、放浪する外国人として、関係することができるようにするのである——超越のない内在的平面。

原注

［1］ Sissa and Detienne, *The Daily Life of the Greek Gods*, 141.
［2］ Ibid., 142.
［3］ Ibid., 221.

[4] Burkert, *Homo Necans*, 148, 157.〔ブルケルト『ホモ・ネカーンス』一四九頁、一五八頁〕この数文あと、ブルケルトはこう書いている。「都市の最も高いところ、アクロポリスの頂上にはまた、聖域のなかに浮き上がってきた海のあのかけらが存在する」(157〔一五九頁〕)。

[5] Sissa and Detienne, *The Daily Life of the Greek Gods*, 220–21.

[6] Ibid., 221.

[7] Burkert, *Homo Necans*, 149.〔ブルケルト『ホモ・ネカーンス』一五一頁〕

[8] ただし、この文は原文でもいくらか曖昧である。というのも、接続詞の「と」〔and〕がないために、まるで海洋性の合成要素が海底を行くように読め、これではほとんど意味をなさないからである。動詞の「である」〔is〕と対照的に、接続詞「と」にドゥルーズが与える重要性については、Deleuze and Parnet, *Dialogues II*, 9–10, 58–59〔*Dialogues*, 16, 72–73. ドゥルーズ／パルネ『ディアローグ』二二〜二三頁、一〇一〜一〇三頁〕を見よ。

[9] James Gleick, *Chaos: Making a New Science* (New York: Penguin Books, 2008), 96–100.

[10] François Lefèvre, *Histoire du monde grecque* (Paris: Librairie Générale Française, 2007), 39.

[11] このフラクタル的性質と、すべての場所が海に晒されていることとによって、ギリシアは、たとえば中国とは根本的に区別される。ギリシアにおいて他者は、潜在的にはあらゆる位置に存在しているのである。中国思想における水のイメージについて論じたあとで、フランソワ・ジュリアンは次のように書いているが、西洋に対して何か肩入れしているとはたしかに非難されないだろう。「中国では実際、航海に向かう場所は他にどこにもなかった。これに対して、ギリシアでは、海はいたるところにあり、あらゆるところから陸地に浸透し割って入ってくる。その波打つ「背中」は、船乗りだけでなく軍事戦略家や哲学者にとってもつねに冒険が可能な場である。オデュッセウスは、〈帰還〉を求めながらも、見知らぬところへと漂流し、最初の哲学者とは言えないまでも、すでに哲学の父であった。

中国では、海は、大地をその下ってゆく勾配の最も低い点ところで境界づける。この海では渡っていこうという気にはならない。海は脅威ではないが、その危険に立ち向かおうとひとを誘惑することもない。思考が脱領土化されるよう促しはしない。内在が「水平」として海によって提示されはしないし、海が「カオスを横断する」（ドゥルーズ）こともない。むしろ、海は〈物〉の過程性の）豊富な蓄えとして現れる。したがって、将軍が海を渡ろうと危険を冒すわけがない。賢者もこの点では同じであるのは間違いがない」（François Jullien, *A Treatise on Efficacy: Between Western and Chinese Thinking*, trans. J. Lloyd [Honolulu: University of Hawai'i Press, 2004], 183.)。

[12] Jean-François Mattéi, *Le Procès de l'Europe : Grandeur et misère de la culture européenne* (Paris: Presses Universitaires de France, 2011), 96.

[13] D&Gはジャン＝ピエール・ファイユを引用しているが、「哲学」のほうの典拠を挙げるべきだった。それは主にハイデガーとボーフレである。

[14] Jean-François Mattéi, *L'Etranger et le simulacre : Essai sur la fondation de l'ontologie platonicienne* (Paris: Presses Universitaires de France, 1983). Mattéi, *Le Procès de l'Europe*, 87–88 も見よ。

[15] Henri Joly, *Etudes platoniciennes : La question des étrangers* (Paris: Vrin, 1992), 95, 13.

[16] Herodotus, *The Histories*, trans. A. de Selincourt (Harmondsworth, U.K.: Penguin Classics, 1972), 489.〔ヘロドトス『歴史』上中下巻、松平千秋訳、岩波文庫、一九七一〜一九七二年、中巻三二頁〕 ヘロドトスは第四巻46で、アポロイス・プロスミスゲイン〔aporois prosmisgein〕、「接触することが不可能」について語り、第九巻46ではプロスフェレスタイ・アポロイ〔prospheresthai aporoi〕、囲むことが不可能、あるいはA・デ・セリンコートの翻訳によれば（597）、「取り組むことが簡単ではない」〔邦訳では「接近できない」。同書下巻二七〇頁〕について語っている。

第8章 思考－大地

確かに、ギリシアの奇跡は「かなり短い期間」しか続かなかったが、しかし、再びルナンのことばを引用すれば、奇跡の性質からして、たった一度しか起こらなかったとしても、その影響は永遠に続くだろう。ここで思い出しておくべきは、D&Gがギリシアの奇跡についてこれまで語ってきたことすべては、もっぱら、ギリシアにおける哲学の事実上の条件、すなわち、社会-歴史的な条件に関するものだということである。すでに示唆したように、「哲学とギリシアの絆は〔…〕確かな事実として認められている」（88／85／一五三）にもかかわらず、この事実上の諸条件と、哲学が思考の自律的な形態としてギリシアに実際出現したこととのあいだに、まっすぐで必然的なつながりは存在しない。たしかに、これまで見てきたように、あるいくつかの条件、とりわけポリスの政治的成り立ちが哲学の出現に有利に働いた。したがってヴェルナンはこう書く。「その形態において、哲学は、われわれが都市の秩序を定義すると考えた精神的宇宙と直接の結びつきをもつ。社会生活の世俗化、合理化こそ、まさにこのポリスの精神的宇宙を特徴づけるものであるから［1］」。ソクラテス以前の哲学を参照しながら、彼はさらにこう指摘する。「人間的コスモスがその中に表現される制度的空間と、ミレトスの思想家たちがその中に自然的コスモスを投影するピュシス的空間とのあいだに、根本的類似がある［2］」。この二つのあいだのつながり――すなわち、一方の、平等と対称的構造とをもつ社会-政治的環境と、他方の、哲学の内在平面――は、D&Gが書くように、「曲折と偶然性の印がつけられている」（88／85／一五三）。『哲学とは何か』のなかの彼らの議論のこの箇所で、ある区別に話を戻そう。その区別とは、すでに問題とされたものだが、ここになってはじめてその決定的な重要性がはっきりと見えてくるのだ。この区別とは、相対的脱領土化と絶対的脱領土化のあいだの区別である。これを探究することによってわれわれは、土着性、フィリア、ドクサという三つの根本的特性に、しかし今回はギリシア的なものとしての哲学の超越論的な条件、あるいは権利上の条件としてのこれらの特性に、引き戻されることになるだろう〔3〕。

「概念的人物」の章で、D&Gは、「たんに物理的で心理的であるばかりでなく、さらに精神的であるテリトリーおよび脱領土化――たんに相対的ではなく、あとで規定する意味での絶対的なテリトリーおよび脱領土化――は存在しない」(68/67/一二一)だろうかと考える。この問いは、ギリシアの内在環境における社会心理的な類型としての友と、哲学に固有の概念的人物としての友とのあいだの差異に関わるだけでなく、概念的人物それ自身にも関わる。この概念的人物の役割とは、D&Gが断言するには、「思考のテリトリー、思考の絶対的脱領土化、さらにその絶対的再領土化を明示すること」(69/57/一二二)である。実際、ギリシアの奇跡についてこれまで見てきたものはすべて――その物理的条件、社会的条件、心理的条件――、相対的な脱領土化に基づいている。相対的脱領土化は、哲学自体の絶対的脱領土化の条件であり、この絶対的脱領土化は、物理的や心理的というよりはむしろ精神的であり、また「絶対的」ということばが示唆するように、それは物理的で社会的で心理的な地層からは切断され、こうした地層の上空を旋回するのであり、それはちょうど、実在的なものを無限速度で俯瞰する、あるいは実在的なものの上を無限速度で上空飛行する、ストア派の非物体的なものから出る形而上学的な煙のようである。加えて、D&Gは次のように述べる。非物体的なものの蒸気、あるいは概念の蒸気は、それが立ち昇る物体とはいかなる点でも似ておらず、そのなかにはその物体的な基層への「暗示のみが存続する」のであり、結果として哲学それ自体は「巨大な暗示のよう」である（159／150／二六九）と言える、と。最初の見当では、相対的脱領土化と絶対的脱領土化のあいだの関係を、マルクス主義の下部構造と上部構造の分割にしたがって理解したいという誘惑にかられるだろう。すなわち、ある社会の物質的で経済的な地層と、その上に乗って前者〔下部構造〕の真の性質を覆うのに役立つイデオロギー的な、あるいはドクサ的な、地層とのあいだの分割にしたがってである。しかし、D＆Gが注意するように、「「絶対的」ということばが厳密であることが明らかになるにしても、思考の脱領土化と再領土化が、社会心理的な脱領土化と再領土化を超越しているとか、同様にまた、社会心理的なそれらに還元されるとかそれらの抽象だとかイデオロギー的表現だとは考えないようにしよう。それはむしろ、ある接続であり、絶えざる送り〔renvois〕のシステム、あるいはリレーのシステムである」（69–70／68／一二三）。D＆Gは、反省にではなくむしろ送りやリレーに属するこのシステムをどう捉えればよいか、特に社会心理的な類型である友や概念的人物である友との関係でどう捉えればよいか、少し詳しく描いている。彼らは、概念的人物の特徴が、「概念的人物が出現する歴史的な時期や環境と関係があり、この関係は社会心理的類型によってのみ評価されうる」と論じる。しかし彼らはまたこう考える。「反対に」、ある特定の歴史的環境における「社会心理的類型の物理的かつ心理的運動」は、「純粋に思考しかつ思考される規定を受け入れるようになり、そしてこの規定が、この運動を社会の歴史的な物の状態からも個人の体験からも引き離して、それを概念的人物の特性に、あるいは思考の出来事に変えるのであり、それは思考がみずからのうちに描く平面のうえで、あるいは思考が創造する概念のもとでおこなわれるのである。概念的人物と社会心理的類型は、互いに指し示し［renvoient］合い、決して混同されることなく互いに結びついている」（70／68／一二三〜一二四）。のちに「地理哲学」の章で、D＆Gは再び次のように明確にしている。「古代哲学をギリシアの都市に連結し、近代哲学を資本主義に連結したからといって、イデオロギー的作業をおこなっているわけではないし、また、社会的で歴史的な規定から精神的形象を抽出するために、それらの規定を無限に詳しくしているわけでもなく」、ここではむしろ、哲学とそれが現れた特定の時期とのあいだにある、ユートピア的な関係ではないにしても、本質的に批判的な関係を主張しようとしているのだ（99／95／一七〇〜一七一）。しかし、この問題を進めるまえに、相対的脱領土化や再領土化と、絶対的脱領土化や再領土化とのあいだの区別をもう少し練り上げなければならない。

D＆Gはこう述べる。

脱領土化は、物理的であれ心理的であれ社会的であれ、いずれにせよ相対的である場合がある。それは、大地のうえで描かれたり消されたりするもろもろのテリトリーとその大地との歴史的関係、時代やカタストロフと大地との地質学的関係、大地がその一部をなす天体系やコスモスと大地との天文学的関係、そうした関係に脱領土化が関わっているかぎりにおいてである。しかし、脱領土化は以下の場合には絶対的である。すなわち、大地が、無限のダイアグラム的運動状態にある思考－〈存在〉、思考－〈自然〉の純然たる内在平面のなかに移行する場合である。思考するとは、大地を吸収する（あるいはむしろ「吸着する」）内在平面を広げることである（88／85／一五三）。

この文章は詳しい注釈を要する。まず、相対的脱領土化が三つの面で惑星としての大地《アース》に関係していることに注意することがきわめて重要である。つまり、まず、歴史を通して大地の上に描かれてきた地理上のテリトリー、すなわちカール・シュミットが「大地のノモス〔nomos〕」と呼んだもの［4］、これと大地との関係である。相対的脱領土化はまた、大地がその物理的で化学的で生物学的な歴史とのあいだにもつ関係だけでなく、大地が恒星系の意味での物理的な宇宙やコスモスとのあいだにもつ関係をも含む。それゆえ、もしD&Gが、星のコスモス内の物理的な環境や物体としての地球《アース》に対して強いエコロジー的関心をもっているとしたら、それはただ相対的脱領土化の観点からだけである。この相対的脱領土化自体は、哲学や哲学者の〈大地〉というまったく異なった仕方で〈大地〉に対して関心をもつことのたんなる条件であるが、ただそれは決定論的な意味の条件ではまったくない。絶対的な脱領土化においては、思考にとって唯一の存在物である〈大地〉、思考である自律的な〈大地〉、思考された〈大地〉、〈思考〉－〈大地〉が現れ、このために相対的脱領土化は、その出現に有利ではあるが決してそれを不可避なものにするわけではないいくつかの条件を与えるのである。土着的なものの場合が証明するように、相対的脱領土化は、ただ大地のテリトリーからの自由だけを、自己

－定立だけを成し遂げるのであり、この自己－定立もその後、海のような別のテリトリーのうえで自らを再領土化することができる。対照的に、絶対的脱領土化においては、全体としての大地は脱領土化されて〈思考〉－〈大地〉になり、それ自体としてそれは内在平面の一面、すなわち〈存在〉、〈自然〉、〈感性的なもの〉であり、もう一方の面は、〈思考〉それ自体である。大地が思考の純粋な内在平面へと移行するとき、すなわち、大地が三つの様態――哲学的思考、科学的思考、美的《エステティック》＝感性的思考――にしたがって思考によって吸収されるとき、あるいは吸着されるとき、大地はそれぞれ、〈大地〉、〈自然〉、〈コスモス〉になるのである。

こうして、三つの場合すべてにおいて、われわれは、相対的脱領土化の対象としての大地とはまったく異なったように大地を扱っている。この二つの大地のあいだの差異がさらにまざまざと視界に入ってくるのは、絶対的脱領土化が「再領土化を排除しない」だけでなく、また、たんなる新しいテリトリーの創造としてではなくむしろ「来るべき新たな大地の創造として再領土化を定立する」（88／85／一五三）と指摘されるときである。いまや、特に、絶対的脱領土化に続く再領土化という文脈においては、創造は、たんに来るべき新しい大地や「来るべき民衆」の創造に結びついているだけでなく、むしろ、こうした創造はまた、なによりもまず哲学的思考と結びつき合い、またこれよりはあまり明確ではないかたちで芸術と結びつき合い、そして科学に関しては言及されることがない。改めて、哲学、科学、芸術の創造的本性を思い出しておこう。D＆Gは、創造とは現在の状況において大地に「抵抗することである」（110／106／一九一）と言い、こうして創造の別の側面に光を当てる。彼らはこう書く。「わたしたちには創造が欠けている。わたしたちには現在に対する抵抗が欠けているのである。概念創造は、それ自身において、未来の形式に訴えかける。概念創造は、新しい大地とまだ存在していない民衆を呼び求めるのだ。[…]芸術と哲学はこの点で合流する。すなわち、創造の相関項として、いまだ欠けている大地と民衆を構成すること」(108/104/一八六~一八七)。絶対的脱領土化に引き続く再領土化とともに現れるこのユートピアのモチーフは、「地理哲学」の章で明らかにされるように、フランクフルト学派、とりわけテオドール・W・アドルノの否定弁証法(99/95/一七二)に対するD&Gのある種の近さを示している。D&Gはこう続ける。「実際、ユートピアこそが、哲学をその時代と、すなわちヨーロッパの資本主義と、しかしすでにまたギリシアの都市と、接合させるのである。そのつどユートピアを携えてこそ、哲学は政治的になり、みずからの時代に対する批判をこのうえなく激しく遂行する。ユートピアは無限運動から切り離しえない。ユートピアは、語源からして、絶対的脱領土化を指すのだが、ただしつねにその臨界点における絶対的脱領土化を指し、この臨界点において絶対的脱領土化は、現前している相対的な環境と連結し、とりわけこの環境のなかで窒息させられていた諸力と連結する」(99-100/95-96/一七一~一七二)。しかし、D&Gはまた次のようにも認める。世論のなかでこのことばがもつ意味を考えると、「ユートピアは」絶対的脱領土化を指すのに「おそらく最良の言葉ではない」。哲学は、現在の圏域のなかで相対的脱領土化との関係で、この絶対的脱領土化を行う。彼らはこう書く。「哲学は資本の相対的脱領土化を絶対的なものへと到達させる。哲学は資本を、無限なものの運動としての内在平面のうえに移行させ、内的な限界としての資本を取り除き、新たな大地に、新たな民衆に訴えかけるために、資本をそれ自身に反抗させる」(99–100／95–96／一七一～一七二)〔1〕。

相対的脱領土化の場は、これまで見てきたように、歴史的で社会心理的であるだけでなく、また地理的でコスモス的である。それでは、絶対的脱領土化がこうした相対的脱領土化との関係でどのように考えられるべきかについて引き続き追究するとき、おそらく、ギリシア特有のものとして哲学的思考が出現したことに、哲学の事実上の条件を結びつけるたぐいの関係について洞察をえられるだろう。しかし、どのようにして「内在平面上の絶対的脱領土化が所与の場のなかで相対的脱領土化を引き継ぐ」のかをさらに説明するために、付加的な区別が、しかし実際には「大きな差異」が、導入される。すなわち、「相対的脱領土化がそれ自身内在的であるか超越的であるか」という区別である。「相対的脱領土化が、超越的で垂直で天上的なものであり、帝国的統一によって遂行されるとき、超越的要素は下に傾くか、ある種の回転を被るかして、つねに内在的な思考－〈自然〉の平面の上に書き込まれる。〔…〕思考するということは、この場合、超越的なものを内在平面へ投影することを折り込んでいる」(88–89／85／一五四)。脱領土化が帝国的統一や一神教のような精神的帝国から(あるいは、政治神学的考えにおけるように、その両方から)出てくるときには、内在平面へのその投影は、形象を創造して内在平面に生息させる。この形象は、範列的な仕方で超越的存在に準拠し、この超越的存在によって二つの秩序のあいだの照応や類似が成し遂げられる。ここで与えられた例の中には、「中国の卦、ヒンズー教のマンダラ、ユダヤのセフィロト、イスラム教の「想像上のもの」、キリスト教のイコン」

(89／86／一五五）がある。こうした場合すべてにおいて、無限の超越的存在を内在平面へ投影するのは、「知恵かあるいは宗教であるが、どちらでもどうでもよいことだ」（ibid.／ibid.／同頁）。通りすがりに、D＆Gはこう述べている。科学と芸術もまた、準拠的である形象によって思考するが、「禁じられた類似を」要求するのではなく、むしろ「なんらかの水準を解放して、それを思考の新たな平面に仕立て上げ、その平面の上で［…］準拠と投影がその本性を変えるのである」（89–90／86／一五五～一五六）。

前述の展開全体から明らかなのは、哲学や芸術や科学だけでなく、宗教的思考も内在平面を前提とすることである。けれども、宗教はそのあらゆる形態において、それが三つの他の思考形態と同様に必要とする平面の上に、形象——本質的には表面への超越的なものの投影である形象——を住まわせるので、D＆Gはここで、「ギリシア人は絶対的な内在平面を考案した」（90／ibid.／一五六）という最初の主張を修正するよう強いられる。実際、宗教が平面上に創造する〈形象〉は、超越的なものと類似の関係を持っており、〈形象〉はこの超越的なものの平面への投影だが、この〈形象〉は絶対的な内在平面を構成する。しかし、そもそもなぜこうした修正が必要とされるのだろうか。疑いなく、「絶対的」という修飾語は、平面ではなくむしろ内在に係っている。いまや明らかなように、ギリシア人に固有の独創性とは、ゼロから絶対的な内在平面を考案したことではなく、むしろ、概念を発明することによって、あらゆる超越を追いやる何かを考えだしたことであり、こうしてこの何かが、概念の創造される絶対的な内在平面の源となるのである。もし本当に、「内在性はあらゆる哲学にとって危険なまでに熱い試金石だと考えてよい」（45／47／八二〜八三）のならば、問題は、内在平面を絶対的に内在的にするものが何かということになる。この問いに対する答えは、概念だけが平面の内在性を絶対的にする、である。実際、D＆Gはいまやこう考える。

ギリシア人の独創性はむしろ、相対的なものと絶対的なものとの関係に求められなければならない。相対的脱領土化は、それ自体水平的で内在的であるとき、内在平面の絶対的脱領土化と結びつく〔*elle se conjugue*〕。そしてこの内在平面は、相対的脱領土化の運動（環境、友、オピニオン）を無限まで運び、絶対的なものにまで押しやって、それを変貌させる。内在は二重なのである。まさにそこでひとは、もはや形象によってではなく、概念によって思考する（90／86–87／一五六）。

――つまり、宗教的な仕方や科学的な仕方ですらなく、むしろ哲学的に思考するのである。ギリシア人の独創性は、「純粋な社交性」や友の社会や「オピニオンへの好み」によって構成される、水平的な「内在環境」の相対的脱領土化と、思考によって実践される、内在平面の絶対的脱領土化とをつなぎ合わせることにある。彼らの独創性は、社会的なものの領域での達成を、思考における絶対的なものへと押し進め、最大限の力にまでそれを高めて理念的な圏域を創造し、この理念的な圏域によって社会的内在性という同じように水平的な平面を水平に裏打ちし「反復する」ことにある。内在平面のなかでだけ起こるこの反復する裏打ち――こう言ってよければ、それは内在平面に内在するのである

――は、内在的環境と純粋な社交性とオピニオンのあいだにあるあらゆる垂直性を弱め、したがってあらゆる準拠的関係を弱めるのであり、そして、環境と友とオピニオンという諸概念は、政治的で社会的で社会心理的な水準に特徴的な運動の「たんなる」絶対化あるいは無限化である[5]。（形象と対置された）概念の本性についてのD＆Gの彫琢をさらに追いかけるのは控えて、「概念は層なき単色ベタ塗りであり、ヒエラルキーなき縦座標である」（90／87／一五七）という主張だけを銘記しておこう。しかし、同じように注意しておくべきは、D＆Gが、形象と概念のあいだに、それらに「共通と思われるひとつの内在平面のうえで」の「厄介な類縁性」（91／88／一五八）を認めながらも、彼らは、（宗教とは）「まったく別ものの、絶対的なものの内在」（92／88／一五九）の平面の上で、すなわち哲学の平面の上で、創造された概念が、たとえば中国思想における、形象による超越的なものの投影とは根本的に区別されると考える傾向があるということである。彼らはこう書く。せいぜい「われわれに言えるのは、形象は無限に接近するところまで、概念に向かってゆくということだけである」（ibid.／ibid.／同頁）。「キリスト教哲学」のようなものが存在するかどうかという彼らの議論が示しているように、概念と形象のあいだにある閾は、「概念の無神論」（ibid.／89／同頁）である[6]。同じことが「中国の、インドの、ユダヤの、イスラムの「哲学」」（93／ibid.／一六〇）についても言える。「諸々の哲学」のようなタイプの思考について語ることができるのは、

概念ばかりでなく形象も生息しうる内在平面のうえで、思考が営まれるかぎりにおいてである。

けれども、この内在平面は、正確には哲学的ではなく、前‐哲学的である。内在平面は、そこに生息してそこに反作用を及ぼすものによって変様されるのだが、この平面は、概念の作用のもとでのみ哲学的なものに生成するのだ。内在平面は、哲学の前提ではあるが、それでもやはり哲学によって創建されるのであり、非‐哲学との哲学的関係のなかで繰り広げられるのである。(ibid.／ibid.／同頁)

ほんの少し例を挙げれば、キリスト教の、中国の、インドの、ユダヤの、イスラムの思想は、内在平面の上で営まれるのだが、それでも、それゆえ、このことは内在平面を哲学的なものにはしない。思考が厳密な意味で哲学的であるための基準は、こうした思想に共通でいまだ非哲学的であるこの平面がどのように生息されるか、また、この平面がそこで創造されるものによってどのように変形されるかに関係する。形象ではなく概念だけが、非哲学的な内在平面を絶対的な平面へと変える。すなわち、哲学の概念創造がその上で、そしてそのなかで、行われる平面へと変えるのである。これによって再びわれわれは「ギリシアの奇跡」の問いへと戻ることになる。今言われた「諸々の哲学」すべてについてそうであると思われるように、あらゆる思考形態が共有する内在平面に概念ではなく形象が生息できるということからわかるのは、概念を創造することと、それに付随する、非哲学的な内在平面を哲学的な平面へと変形することとが、まったく自明ではないということである。結局、いわゆる「諸々の哲学」についての言及が示唆しているのは、「概念創造や哲学的形成は、内在平面自身の不可避的な目的ではなく、内在平面自身は知恵や宗教において繰り広げられることがありえ、その場合は、哲学をその可能性そのものにかんがみて前もって払いのける［conjurait d'avance］分岐に従っているということ」（ibid.／ibid.／一六〇～一六一）である。言い換えれば、哲学一般ではなく、今問題となっている「諸々の哲学」とは、たんに知恵や宗教の形態であるだけではない。「諸々の哲学」はまた、初めから概念創造を、したがって哲学の発展を、阻止しようとする思考形態なのである。ここでD＆Gが使っている"conjurer d'avance"という表現に訴えるならば、次のようにさえ言えるだろう。すなわち、こうした思考形態が「諸々の哲学」であるのは、形象によるその思考が、哲学を降臨させるためのたくらみや陰謀の形態であるかぎりにおいてであり、もちろんこれでは自律の構想や自由の実践ははじめから不可能である、と。ギリシアの奇跡とは、何よりもまず、一般的で支配的なこの誘惑に対して抵抗したことの奇跡なのである。さらに、それが奇跡であるのは、すでに見たように、いかなる必然性によってもそれがギリシアで起こるようになったわけではないからである。D＆Gが注意しているように、「わたしたちが否定するのは、哲学が、それ自体においてであれギリシア人においてであれ、内的な必然性を呈するということなのだ（そうなれば、ギリシアの奇跡という考えはこの偽の必然性のもう一つの側面でしかなくなるだろう）。けれども、哲学は、移住者たちによってもたらされたとはいえ、ギリシア的なものだった」（ibid.／ibid.／一六一）。哲学それ自体のなかには、その現働化を必要とするものは何もない。それはアリストテレス的な意味での可能性ではなく、むしろおそらくドゥルーズが潜在性と術語化したものなのである。それは不可避的なものではまったくない。また、哲学がギリシアに出現しなければならなかったこと、そしてその結果として、最終的にギリシアで起きた奇跡がさらに偉大であること、こうしたことにはなんら内的な理由は存在しない。しかし、ギリシアの奇跡という考えが偽の必然性のもう一つの側面でしかないという括弧内の言明が示唆するように、ギリシアで起こったことを奇跡という観点から語ることは、この奇跡から奇跡性そのものを奪ってしまう。なぜなら、「奇跡」という観念は、それがどれほど虚構であろうと、依然として必然性に関係するからである。さらには、ギリシアに特有のものとしての哲学が外国人によってギリシアにもたらされ、この外国人たちにはギリシアの環境のなかでこの思考形態を展開させる機会が与えられたからこそ、ギリシアにおける哲学の奇跡、あるいはむしろその出来事は、なおさら偉大なのである。そしてこれはまた、何がギリシアにおける哲学の偶然的な出現をもたらしたのかを説明するために、D&Gが議論を補足するポイントでもある。彼らはこう書く。

> 哲学が生まれるためには、ギリシアの環境と思考の内在平面とが出会う必要があった。これには、たいへん異なる二つの脱領土化の運動、すなわち相対的脱領土化と絶対的脱領土化との接合が必要であり、この前者はすでに内在のうちで作動していた。思考の平面の絶対的脱領土化は、ギリシア社会の相対的脱領土化と直接的に適合されるか連結されるかする必要があった。友と思考との出会いが必要だったのだ。要するに、まさしく哲学にはひとつの理由［rasion］が存在するのであるが、それは総合的かつ偶然的な理由――ひとつの出会い、接続――である（ibid.／89-90／

同頁)。

もちろん、出会いというこの観念こそ、ギリシアの奇跡を、すなわち「ギリシア」と呼ばれる地理上の特定の位置で哲学が誕生したという奇跡を、ここで説明するにあたってわれわれが関心を向けるべきものである。哲学が出現するためには、ギリシアの環境(すなわち、ギリシア人が相対的脱領土化を通して達成したもの)が、思考の内在平面に晒されなければならなかっただけではない。ギリシア人はまた、外国のものとして、オリエントからの移民を通して外からやってきたものとして、この思考の内在平面に晒されなければならなかった。反対に、哲学的思考は他者との、異邦人との出会いをとおしてギリシアそれ自体の内部で出現したとも論じられるだろうし、こうした出会いは、ギリシアの内在環境がはじめて可能にし、この他者や異邦人はこのときから哲学それ自体における主要な概念的人物になったといえるだろう。出会いとは、それが外国人との出会い、異邦人との出会いである場合においてのみ出会いであり、出会いから出現したものを永遠に他者に開かれたものとするのである。『差異と反復』からわかるように、出会いとは、非類似的なもののあいだに生じる暴力的な出来事である——ここでは、相対的脱領土化と絶対的脱領土化とのあいだに、より精確には、ギリシア社会のもつ社会上や政治上の民主的枠組みと、外国からの思想家たち(ニーチェがどこかで言っているように、彼らはみなあまり人気がなかったけれども)とのあいだに、より一般的には、ギリシア社会特有の現実と思考それ自体とのあいだに、生じた。出会いとは、総合である、すなわち、カントの総合の定義にしたがえば、ひとつの対象についてその対象の概念には分析的には含まれていないことを主張する言明の場合のように、存在論的に区別される二つのものの接続である。それゆえ、哲学には、何ら内的な必然性はない。反対に、哲学を生じさせるためには、暴力的にならざるをえない出会いと総合的接続という偶然性が、「異種発生」という偶然性が、必要だった。哲学はまた、起こり得なかったかもしれないし、あるいは違った風に起こったかもしれないのだ。

「例7」では次のようなことばが読まれる。「ヘーゲルやハイデガーのように、哲学をギリシアに結びつける、分析的かつ必然的な理由を探し求めても無駄である」(94／90／一六二)。『哲学とは何か』のなかで示唆されるように、〈存在〉と存在者についてのハイデガーの考察は、「〈大地〉とテリトリーに近づき[7]」、こうして脱領土化の思考に近づく。しかしながら、「ギリシア人に固有のものとは、〈存在〉に棲むことである」と論じることによって、また、脱領土化した大地の再領土化を「ギリシア人自身の言語とその言語的富のうえに、つまり存在するという動詞のうえに」制限することで、ハイデガーは、同時に、「脱領土化の運動を裏切る。なぜならハイデガーは、存在と存在者とのあいだで、ギリシアのテリトリーと、ギリシア人なら〈存在〉と命名したであろう西洋の〈大地〉とのあいだで、これを最後にとばかりに脱領土化の運動を凝固させるからである」(94-95／91／一六三〜一六四)。しかし、ここでの〔D&Gによる〕異議とは精確には何なのか。D&Gが強調するように、ヘーゲルとは異なり、ハイデガーは「ギリシア人なるものを、自由市民というよりはむしろ土着民とみなしている」(94／90／一六三)、すなわち、大地とのつながりを持ち続けている者としてみなしているのであり、この大地はせいぜい、ただ「〈存在〉と命名された［…］西洋の〈大地〉」だけを意味する程度に脱領土化されている。しかし、次のように考えても正しいのだろうか。すなわち、何よりもまず、ハイデガーが大地をギリシア人自身の（固有の）言語とその言語的富のうえに再領土化したことこそ、D＆Gが問題視したことであり、というのも、ハイデガーの再領土化は制限されたもので、他性に晒されることを排除しているからだ、と。固有のものに対するハイデガーの関心こそが、土着的なものに対する彼の理解を制限しているのだろうか。この土着的なものの自己‐定立は、D＆Gにとっては、すでに見たように、他者へ本質的に開かれていることを含意するのだが。あるいは、別の言い方をすれば、固有のもの、真にみずからのものであるものを強調することで、ハイデガーが原住的なものや土地に固執し続けていると、そしてこの執着が、哲学に特徴的な脱領土化の無限運動を阻止していると、D＆Gは信じているのか。こうした問いをそのままにしておこう。対照的に、ヘーゲルとハイデガーに依然として共通なことは、「ギリシアと哲学の関係をひとつの起源として理解し、したがってその関係を、西洋の内部の歴史の出発点として理解し、哲学がそれ自身の歴史と必然的に一体になるように考えた」（95／91／一六四）ことである。けれども、すでに見たように、ギリシア的なものとしての哲学は、起源ではない。なぜなら、第一に、ギリシアで必然的に哲学を生じさせるものは何もなく、したがって、哲学はちょうど同じようにどこか他の場所で生じた可能性があるからである。第二に、それは、待ち受けていた可能性が必然的に展開されるように、種から何かが生えて成長することとは比べられないからである。D＆Gはこう書く。「ヘーゲルとハイデガーは、概念がその運命を必然的に展開しあるいは露わにする、内部性の形式として歴史を定立するかぎりにおいて、いぜんとして歴史主義者である」(ibid.／ibid.／一六四～一六五)。しかし、D&Gが主張するように、もしこれがその通りならば、哲学的思考そのものを特徴づける「予測不能な概念創造」(ibid.／ibid.／一六五)を理解するのが難しくなる。実際、哲学がギリシアに現れたとしても、こうして生じたものは、絶対的脱領土化や概念創造の観点から正しく理解されるならば、それが起源となることを妨げる原理によって特徴づけられているのである。『哲学とは何か』ではこう読まれる。「哲学に登場する理由の原理〔理由律〕は、偶然的理由の原理であり、それは次のように表現される。偶然的理由以外によき理由はなく、偶然性の世界史以外に世界史はない」(93／90／一六一～一六二)。

「地理哲学」の章のこの箇所で、D&Gは、哲学や概念創造を歴史からはっきりと分離するために、地理哲学の問題に戻る。彼らのことばでいえば次のようである。「歴史がブローデルの観点からすれば地理－歴史〔geo-history〕であるのとまったく同様に、哲学は地理－哲学〔geo-philosophy〕である。なぜ哲学はある時期にギリシアに現れたのか。〔…〕地理学は、ある材料とさまざまな場所を歴史の形式に提供するのに甘んじない。地理学はたんに物理的で人間的であるだけではなく、風景のように心的である。地理学は、偶然性の還元不可能性を際立たせるために、歴史を必然性の信仰から引き離す」(95–96／91–92／一六五)。地理学は形式と内容の分割に合わせて作られてはいない。地理学は、特に、哲学とその概念がそれらに内的な歴史にしたがって生じ展開できるように、大地が場所(東から西のように、ある秩序にしたがって)とそれぞれの時間(日の出と日の入りのように)を与えているということを示唆するのではない。そして最後に、地理哲学を語ることは、哲学の出現の必然性を確立することではなく、むしろ、哲学の出現の偶然性を強調することである。「地理‐哲学」を語ることは、哲学がギリシアに出現したことの唯一のよき理由が偶然的理由であり、こうした偶然性が哲学に必要不可欠であると語ることである。脱領土化と、すなわち、大地への関心と、あるいはまた、これまで見てきたように、別の大地や新しい大地への関心と、内的に接続しているがゆえに、哲学は、まさにこうした場のなかの特定の場とは内的なあるいは必然的な関係をもつことなく生じる活動である。実際、もし哲学が概念の創造ならば、また、すでに示されたように、こうした創造がこの世界に対する肯定的な信仰を前提とするならば、哲学が地理上の特定の場所に繋ぎ止められるはずがない。すぐれて脱領土化されたものとしての大地に哲学が関わるためには、哲学は、どんな生まれついた土地にも永久に続く根を決してもってはならない。地理哲学〔という概念〕が含意するのは、逆説的なことに、哲学が土着的で、独力で成し遂げられた《セルフ・メイド》、自己‐定立的な構築物であるということである。さらには、哲学が予見不可能なしかたで現出する、地理上の空間とのこの偶然的な関係こそが、哲学が起源となることを妨げると同時に、哲学が大地の他の場所で偶然的に反復されることを可能にするのである。その地理‐哲学的な本性によって哲学は、歴史的に、すなわち線状にあるいは円環状に、進化するのではなく、むしろ、D&Gのことばでいえば、生成することができるのである（96／92／一六五〜一六六）。こうした論点のうちのいくつかは以後さらに強調される。

ブローデルの研究に賛同して、補足的な考察がなされる。「偶然性の還元不可能性を際立たせるために、歴史を必然性の信仰から引き離す」ことに加えて、地理学はまた「「環境」の力を肯定するために、歴史を起源への信仰から引き離す（ニーチェはこう言っていた、哲学がギリシア人に見いだすものは、起源ではなく、環境であり、雰囲気であり、周りの雰囲気である、と。哲学者は彗星であることをやめる）」（96／92／一六五）。ここでの参照先は、〔ニーチェの〕「ギリシア人の悲劇時代における哲学」である。そこからわかるのは、D&Gがこれまで「環境《ミリュウ》」と呼んできたものは、ニーチェがたんに「文化」と呼んだもの、あるいはより精確には、「統一された様式を具えた、現実の〈文化〉」と、大きくは対応していることである。わたしが思うに、D&Gが哲学ということばで理解しているものを考慮すれば、また、次のようなことを指摘することが重要である。すなわち、ニーチェにとって哲学が誕生する背景を与える文化とは、衰退の時代を振り返る文化ではなく、ギリシア人が自分たちのことを「幸福にあふれながら、成熟した青年期に、勇敢で勝利に満ちた成年期の燃えるような快活さのただなか［der feurigen Heiterkeit des tapferen und siegreichen Mannesalters］[8]」にいると考えるような文化であることである。こうした環境では、哲学者は、空に浮かぶ予見不可能な恐ろしい人物《フィギュア》ではもはやなく、正当にも（gerechtfertigt）環境のなかの不可欠な部分であり、つまり、この環境、文化のなかに完全に内在しているのである、たとえこれが必ずしも、哲学者が民衆の喝采を享受していることを意味しないとしても[9]。ニーチェによれば、ギリシア人だけがこれを成し遂げたのであり、しかも彼らのアゴーン文化の頂点でそうしたのである。D&Gはこう続ける。地理学は、「ギリシア世界を通って地中海を横断する逃走線を引くために、構造から」歴史を引き離す（96／92／一六五）。地理学は、歴史が結び付けられている息の詰まるような信念集合体と社会制度の抑圧的アレンジメントから歴史を引き離して、それを逃走線へと開き、この逃走線は、生から逃れるよりはむしろ、生を他者にまで、他者との関係にまで、開くことによって「実在的なものを生産し［…］生を創造する［10］」。ここでの他者との関係は、ある場所を起源とするのではなく、むしろ、いわば他者に線を引かれて、この場所を通過するものである。

D&Gは続ける。

> 最後に、［地理学は］生成を発見するために歴史をそれ自身から引き離す。生成は、たとえ歴史のなかにふたたび落ち込むことがあっても、歴史に属してはいない。ギリシアの哲学の歴史は次のことを隠してはならない。すなわち、ギリシア人たちはそのつどまず哲学者に生成しなければならない、哲学者たちがギリシア人に生成しなければならないのとちょうど同じように。「生成」は歴史に属してはいない。今日でもなお、歴史ということばが指し示しているのは、どれほど最近のものであろうと、諸条件の集合にすぎない。生成するためには、すなわち何か新しいものを創造するためには、この集合から背を向けなければならない。ギリシア人はそのように背を向けた。しかし、背を向けること［détournement］は一度かぎり有効なわけではない。（96／92／一六五～一六六）

「生成」は、ドゥルーズの思想にとって決定的な用語であり、確かにこれについては本来は長く展開する必要があるだろう。だがここでは、この概念についてニーチェの次の言明にまで遡れば十分だろう。「生成は、最終的な意図へと逃げこむことなしに説明されるべきである。生成はあらゆる瞬間に是認されたものとして現れなければならない。［…］現在が未来のために、あるいは過去が現在のために是認されることがあっては絶対にならない[11]」。対照的に、ここではしばらく、「生成」の観念と「背を向けること」［détournement］の観念とのあいだにD&Gがつけたつながりに留まりたい。「例7」ですでに、この語〔背を向けること〕は、ハイデガーの考える、ギリシア人が成し遂げたこととのつながりで言及されていた。そこでD&Gはこう書いている。

> ハイデガーにおいては、ギリシア人たちよりも先に行くことが問題なのではない。創始し再開する反復のなかでギリシア人たちの運動を再び続けるだけで十分である。これは、〈存在〉が、その構造ゆえに、振り向くと同時に背を向けることをやめないからであり、また〈存在〉や〈大地〉の歴史とは、西洋文明の技術的‐世界的発展のなかで、背を向けることの歴史、脱領土化することの歴史であるからであり、この西洋文明はギリシア人たちが創始し、国民社会主義のうえで再領土化されるのである。（95／91／一六四）[12]

このように、「背を向けること」は、すべての〈存在〉の転回〔あるいは時期〕における〈存在〉の退隠というハイデガーの概念の翻訳であり、つまりは、〈存在〉の、あるいは〈大地〉の、脱領土化の運動のことである。したがって、背を向けるという運動としての脱領土化、すなわち、〈存在〉あるいは〈大地〉からのケーレ〔Kehre：転回〕、〈大地〉からのアプケーレ〔Abkehre：背を向けること〕としての脱領土化は、何か新しいものが生じるために、何かが生成するために、必要とされる。目的論的に方向づけられたプロセスの中に歴史が非歴史的な生成を吸収するよりまえに、非歴史的な生成を際立たせることによって、地理学はこうしてまた、哲学がその歴史から背を向けてゼロからみずからを再発明することになる運動の観点から、哲学を理解できるようにする。つまり、哲学の歴史よりまえに、哲学の出来事的性格の観点から、哲学を理解できるようにするのである（96／92／一六五〜一六六）。「なぜこの時にギリシアで哲学が？」という問いに対して、地理学は、そこで起きたことについて、あるいはむしろ、そこで生成したことについて、すなわち、ギリシア人が哲学者になった「その時に」哲学者がギリシア人になったということについて、その特異性を強調する。いまだ出来事ではない、この生成が生じることなしには、そもそも哲学の歴史は存在しないだろう。地理学はこうしてまた、大地から背を向けることが起き、ある生成が可能になった時を、そして同時にギリシアのうえに再領土化されることになるこの背を向けることが起きた時を、名指す。繰り返そう。ギリシア人が哲学者になったと同時に、哲学者がギリシア人になったのだ！　これはドゥルーズが『差異と反復』のなかですでに「ギリシアの幸福な時〔l'heureux moment grec〕［13］」と呼んでいたものではないか。

しかしながら、「背を向けることは一度かぎり有効なわけではない」（96／92／一六六）。ギリシア人はそれをした。しかし、大地から背を向け〈大地〉に向かうことは、永遠には続かない。ギリシアの奇跡がただ一度だけ起きたということをルナンとともに改めて思い出そう。これまで見てきたことからわかるように、まるでただ一度だけ起こることが、必然性のない偶然の、一種の奇跡であることが、哲学の本性であるかのように思われる。まるで哲学が今後も永遠にギリシア的なものでしかないかのように思え、そして、ひょっとして哲学がすでに再び生じていたとしたら、あるいは未来に再び生じるとしたら、その発生の偶然性によって哲学は再びギリシア的になることだろう。D&Gはこう書く。「哲学がギリシアに現れるのは、必然性というよりは偶然性によってであり、起源というよりは雰囲気や環境によってであり、歴史というよりは生成によってであり、歴史編集というよりは地理学によってであり、本性というよりは恩寵によってである」(96–97/ibid./一六七)。しかし、もしこれが本当ならば、別の問いが生じてくる。すなわち、「なぜ哲学はギリシアよりも生き延びているのか」(97/ibid./同頁)。もし、実際、哲学の出現が奇跡であるならば、ルナンが示唆するように、それは一度しか起きえなかっただろう。差異を伴って哲学を反復することはまったく不可能であるように思われるだろう。なぜ哲学がギリシアよりも生き延びたのかという問いは、「奇跡」という観念に関して暗黙にもう一つの留保を含んでいるが、この問いに対するD&Gの答えを追うまえに、『哲学とは何か』で引用されている、フレデリック・ド・トワルニキのジャン・ボーフレへのインタビューにしばらく向かおう。もっぱらギリシア的なものである哲学の唯一性《ユニークネス》についてのボーフレのコメントによって、D&Gの向き合っているものが、おそらくよりはっきりとするからである。ハイデガーを敷衍してボーフレはこう言う。「誰にも起源に関して独占はできない。起源は、アラブやインドと中国と、どこにでもあり、決まっていない。［…］ハイデガーは「ギリシアの遺贈のほかにいくつか他の偉大な始まり」があることに触れている。しかし、そこには、ギリシア人はこの起源を〈存在〉と呼ぶ奇妙な特権を持っていたというギリシアの挿話が存在するのであり、ギリシア人はギリシアに特有の、前代未聞のもの、すなわち〈存在〉と存在者との差異を根拠にしてこうした特権をもったのである[14]」。退歩〔Schritt zurück〕はどこでも可能だとしても、それこそ「存在する」という動詞を知らない言語でも可能だとしても、「〈存在〉は、それ自体としては、普遍的ではない。〈存在〉の名はギリシア語であり、そして人々をギリシア人にならせようなどという考えは誰にも思いつかない！哲学の歴史全体のなかで、ハイデガーは、哲学において問題になることの端から端まで、こうした元々の制限があることを見抜いていた唯一の人だった」。ボーフレはこう言う。〈存在〉の問いとともに哲学において賭けられているもののゆえに、したがって、「哲学はいわば地域的な出来事なのである。ギリシア人は哲学の普遍性を決して主張しなかった」。〈存在〉の思考である哲学がギリシアに出現したことは、その起源を〈存在〉と呼ぶことによって、ある地域に限られたもの、普遍性を主張できない有限なものである。ボーフレは、次のように考えている。哲学は「永遠の真理を確立するようなふりなどしない。これは哲学と科学や信仰との大きな違いのひとつである。実際、普遍的なものの二つの形態、信仰の形態と科学の形態が存在する」。起源を「〈存在〉」と呼ぶことによって、哲学は、ボーフレの言うように、ギリシア人が「表現やコミュニケーションの手段とは解釈しなかった」

言語と内的に結びついている。「「ヘリニゼイン〔Hellinizein〕」［…］ギリシア語を話すという語は、何よりもまず、ギリシア風に振る舞うこと、すべての命題が「存在する」という動詞を含む命題であるように話す人の仕方で振る舞うことを意味する」。哲学を本質的にギリシア的なものとして理解すること、さらには、普遍を主張しない（がむしろ、生存の特殊な様式、すなわちみずからの環境の中で存在するときのギリシア風の仕方に関わる）ものとして哲学を理解すること、というのも、芸術や、とりわけ科学は、普遍的なもののコミュニケーションに関わり、それゆえ普遍的であるために、哲学とは区別されるからであるが、このように理解するという点で、ボーフレの死後出版された「放言〔Libres propos〕」は、哲学とは何かという問いへのD&Gの答えのなかのいくつかの言明と共鳴している。しかし、哲学の地域的な性質（と普遍性を主張することのない点）についてのボーフレの諸命題はまた、何が哲学をギリシアでの現働化のあと生き延びさせたのかという問いに対するD&Gの答えを規定するときに、対照する箔としても役立つ。実際、ボーフレが指摘するように、もし哲学がなんら普遍への野望をもたない「地域的な出来事」であるならば――ボーフレはまた「哲学は長い間みずからも普遍的であると考えてきた」とは認めているとはしても――、ギリシア人が二五〇〇年前に発明したものがなぜ、「今日まで持続し、いまだにわれわれにとって興味あるものである」ほどに前代未聞のものであるのか。ボーフレは答える。われわれはこの起源に属しており（nous sommes de cette nativité）、哲学は「ある伝統の展開、すなわち数ある起源のなかのひとつの起源の展開である［…］[15]」。言うまでもなく、こうした説明はこの問いをごまかしている。なぜなら、もし哲学が、「地域的な出来事」であるという意味で地理哲学的で、本質的に有限であり、なんら普遍への推進力をもたないならば、われわれがこの起源に属すると断言することはいかなる意味をもつのか。われわれとは誰か。さらにはまた、われわれがこの同じ伝統に属していると考えることによって、われわれは、この伝統という観念はどんな伝統に属しているのかという問いに答えなければならなくなるのではないか。D&Gはこの問いに対して、異なる答えを詳らかにするだろう。彼らの答えは、哲学のギリシア性の帰属不可能さに基づき、「起源はどこにでもある」とか原住性とか伝統等々の仮定を避けるものである。というのも、結局こうした仮定はすべて、ギリシアの奇跡の唯一性を回避するからである。

　哲学がギリシアのあとも生き延びたとしても、D&Gによれば、「中世のあいだの資本主義がギリシアの都市の継続ではない（商業の形態さえもほとんど比較できない）」（97／93／一六七）のとちょうど同じように、ギリシアのあとの哲学は、ギリシアの哲学の継続ではほとんどない。古代ギリシアの哲学とヨーロッパ哲学との関係について詳しく述べるまえに、D&Gはまずその環境、すなわち中世から現在にいたるまでヨーロッパを特徴づける相対的脱領土化（ブローデルがここでもまた主な典拠である）と、古代ギリシアにおける内在環境とこの相対的脱領土化との関係を探究する。彼らはこう書く。「つねに偶然的な理由から、資本主義はヨーロッパを驚異的な相対的脱領土化へと導くのであり、この相対的脱領土化はなによりもまず町‐都市のおかげであり［qui renvoie d'abord、すなわち、「指し示し」］、そしてそれ自体も内在性を通して生じる」（ibid.／ibid.／同頁）。資本主義の脱領土化は、内在性を通して、すなわち、中心は西洋にはあるとはいえ、世界市場という環境のなかで、進むだけでなく、それはまた「大地の果てまで」増殖して広がり、「銀河へ移る手前まで」(ibid.／ibid.／同頁) 進む唯一の脱領土化である。資本主義のこの相対的脱領土化が、ギリシアの都市－国家のそれの反響だとしても、しかしながらそれは、「ギリシアの企ての帰結ではなく［n'est pas la suite：継続ではなく］、むしろ別の形態での、他の手段による、前代未聞の規模での再開［reprise］であり、けれどもそれはまた、ギリシア人が開始した組み合わせ、すなわちデモクラシー的帝国主義、植民地主義的デモクラシーを再起動するものである」(ibid.／ibid.／一六八)。D＆Gにとって、ギリシアとヨーロッパのあいだに因果関係は存在しない。つまり、ヨーロッパはギリシアの帰結でも継続でもない。ギリシアとヨーロッパのあいだに連続性は存在せず、「pas de suite〔つながりはない〕」、したがって結果として、ギリシアをヨーロッパの資本主義や哲学の起源とするような、いかなる精神もテロスも西洋の歴史を支配してはいない。もちろん、中世以来ヨーロッパで起こったことは、ギリシアで起こったことの反響ではあるが、しかしそれはまったく異なる手段でかつまったく異なる規模で起こった企てである。ここではすべては、「再開」と訳される「reprise」という語にかかっている。実際、ヨーロッパの経済で起こっていることはまた、「ギリシア人が開始した組み合わせ、すなわちデモクラシー的帝国主義、植民地主義的デモクラシー」のうちのいくつかの要素だけでなく、この「組み合わせ」そのものの再開や再－起動、「une reprise」(復－元、再－開始、再－生、反－復等々) や「une relance」(「復活」と訳されることもある語) でもある。間違いなくフッサールを念頭に置きながら、しかし何かしらのアイロニーがないわけでもなく、D＆Gはこう結論付ける。「それゆえヨーロッパ人は、みずからのことを、数々の社会心理的類型のひとつとしてではなく、［すでに］ギリシア人がそうしたように、典型的な〈人間〉としてみなすことができる、しかも、ギリシア人よりもはるかに大きな膨張力とはるかに強い使命感をもった〈人間〉として」(ibid.／ibid.／同頁)。

それでは、中世や中世以後のヨーロッパにおける、内在性による相対的脱領土化である経済的環境が、ギリシアの都市国家の継続ではないとしたら、植民地化とデモクラシーというギリシア特有の組み合わせのこの再開や再起動をどのように理解すべきなのか。答えが与えられるのは、哲学が古代ギリシアとヨーロッパ両方での哲学的思考において絶対的脱領土化をどのように成し遂げたかについて議論がなされたあとである。D&Gが注記するように、ヨーロッパが典型的な〈人間〉を代表する特権をもっていると主張できるためには、ヨーロッパのなかで「人類全体は、かつてギリシアでそうであったように、みずからと深く結びつく」と主張できるためには、したがって、ヨーロッパでみずからを再領土化することでみずからをヨーロッパ化しようという招待状を世界の他の部分すべてに送るためには、フッサールがしたように、「「哲学と、相互包含の諸科学」の興隆」(98／94／一六九)をたんに引き合いに出すだけでは十分ではない。D&Gはこう主張する。「むしろ、思考の無限運動、つまりフッサールが〈テロス〉と呼ぶものが、資本の壮大な相対的な運動と接続されなければならない。資本のこうした運動は、たえずみずからを脱領土化することで、他の民族すべてに対するヨーロッパの権力とこうした民族のヨーロッパへの再領土化とを保証するのである」(ibid.／ibid.／同頁)。言い換えれば、哲学が「普遍的な」訴求力をもっていると主張することができるためには、それがたんに哲学であるだけでは不十分である。むしろ、哲学は、絶対的脱領土化の結果でなければならない。この絶対的脱領土化が、ひとつの社会において社会的かつ政治的かつ経済的水準で内在的な仕方で成し遂げられた相対的脱領土化を、思考の水準でラディカル化するのである。これが西洋で起こったことであり、西洋の哲学はそれゆえ、ギリシアの独創性の、すなわちギリシア人が開始したものの、再開であり再起動である。D&Gはこう書く。

> 近代哲学と資本主義との絆は、それゆえ、古代哲学とギリシアと同じ種類のものである。すなわち、絶対的内在平面と、やはり内在によって作動する相対的な社会環境との接続。だからといってこれは、哲学の発展の観点から見て、ギリシアからキリスト教を介してヨーロッパに至るような必然的な連続性があるというわけではない。これは、別の条件で、同じ偶然的なプロセスを偶然に再開するということなのである。(ibid.／ibid.／同頁)

要するに、ヨーロッパの哲学は、起源であるギリシアの哲学の継続やそのさらなる発展ではない。それは「別の条件で、同じ偶然的なプロセスを偶然に再開するということ」である。それゆえ、ヨーロッパの哲学は、ギリシアの哲学と同じように、唯一《ユニーク》の出来事であり、みずからの力で（そしてみずからの限界をもちながら）ギリシアと並び立つ出来事である。しかし、ギリシアの哲学について語るのと同じように、ヨーロッパの哲学のようなものについて語ることができるのだろうか。あるいはむしろ、ヨーロッパの哲学は、プラトンのあとで、プラトンがはじめたことをし続けているのではないか。すなわち、内在性を何かへの内在に変え、これによって超越を救うことによって、ソクラテス以前の哲学者たちとともに起きたことのラディカルな性質を汚し続けているのではないか。言い換えれば、ヨーロッパの哲学は、西洋の資本主義が成し遂げた相対的脱領土化をラディカルにあるいは絶対的に脱領土化することによってギリシアの企てを再起動し、こうして思考の水準においてそれにふさわしい相関物になりうる哲学を、すなわちギリシア人たちが成し遂げたことに匹敵するものだと言いうる唯一のものを、創造することができているのだろうか。

「例3」での次のような見解に簡潔にコメントしておこう。「誰のものでもなかったギリシア世界は、ますますキリスト教的意識の所有物になっていく」(46/48/八四)。この「例」のなかで、カントが「超越を救う近代的な方法」(ibid./ibid./同頁)を見つけたことについてこれ以前に示されている見解からもわかるように、純粋な意識への内在へと内在性を作り変えることによって、すなわち、あらゆる可能な経験にとっての内在的領野の主観である、考える主観への内在へと内在性を作り変えることによって、(反省と自己表象の能力をもつ)主観的な統一性としての主観が、内在的領野を所有するようになる。対照的に、D&Gが示唆するように、ギリシア世界あるいはギリシア的(相対的)内在性——友の社会、デモクラシー、商業、オピニオンの広まり——は、誰のものでもなかった。同じことが、初期のギリシア哲学の根本的《ラディカル》な内在性にも当てはまる。つまり、それは誰のものでもなかったのである。内在性と哲学がキリスト教的意識の所有物に、特性に、持ち物にいったんなると、それは意識や文化に超越するものになり、もはや内在的ではない。哲学は、ギリシア人も含めて誰のものでもない場合にだけ、ギリシア的である。それゆえまた、哲学がギリシア的であると言うことは、キリスト教哲学、インド哲学、イスラム哲学が不可能であると言うことである。というのも、さもなければこれはつまり、哲学が、キリスト教やインドやイスラムや中国の思想や文化に属するもの、あるいはその所有物であるということになってしまうからである。根本的な内在性に基づいて、哲学は、所有されえない何か、異なった文脈や世界で生じえ起こりうる何かでなければならない。今までのところ、これはギリシアのプラトン以前の哲学にだけ当てはまり、ヨーロッパの哲学と呼ばれるものには実際には当てはまらないことである。これまでのところ、いわゆるヨーロッパ哲学のなかではただ一人の哲学者だけが例外として傑出しているのである。

原注

［1］Vernant, *The Origins of Greek Thought*, 107.〈ヴェルナン『ギリシャ思想の起原』一一五頁〉

［2］Ibid., 126.〈同書一四〇頁〉

［3］これは再び、ニーチェ「ギリシア人の悲劇時代における哲学」に負うところの多い区別である。実際、ニーチェはこう主張している。コスモスのなかでの対立するもの同士の戦いというヘラクレイトスの発想は、「ギリシア的なものの清純な泉から汲まれた。この思想は、闘争を、永遠の法に結び付けられた、統一的で厳格な正義のたえまない支配とみなす。この思想を宇宙義論《コスモディツェー》の基礎として見出すことはただ一人のギリシア人にの

み可能だった。ヘシオドスの良きエリスがコスモス原理へと変容させられ、ひとりひとりのギリシア人やギリシア国家の闘いの思想が、体操場や闘技場、芸術上の競演、政党や都市国家同士の闘争から最大限に普遍化され、いまやコスモスの車輪がこの思想のなかで回転するのである」（Nietzsche, “Philosophy During the Tragic Age of the Greeks,” 101–2〔ニーチェ「ギリシア人の悲劇時代における哲学」三八二頁〕）。

［4］Carl Schmitt, *Der Nomos der Erde im Völkerrecht des Jus Publicum Europaeum* (Berlin: Duncker and Humblot, 1988), 36–51.〔カール・シュミット『大地のノモス——ヨーロッパ公法という国際法における』新田邦夫訳、慈学社、二〇〇七年、五〇〜七四頁〕

［5］同じようなことは、「ソクラテス以前の哲学者たちが、物理的要素を概念のように扱う」場合にも言える。「彼らは、それらの要素をそれら自体であらゆる準拠から独立しているとみなしている」（90–91／87／一五七）。

［6］ハイデガーにとっても、哲学がギリシア的であるという主張は、哲学が無神論者であることを意味する。たとえば、ハイデガーにとって、キリスト教哲学について語るのは、語義矛盾である。

［7］フランス語原文では「大地」は冒頭大文字になっている。

［8］Nietzsche, “Philosophy During the Tragic Age of the Greeks,” 81, 76.〔ニーチェ「ギリシア人の悲劇時代における哲学」三五九頁、三五四頁〕　ギリシアが哲学に与えた環境、あるいは雰囲気についての言及は、Friedrich Nietzsche, “On the Uses and Disadvantages of History for Life,” in *Untimely Meditations*, trans. R. J. Hollingdale (Cambridge: Cambridge University Press, 1983), 63–64〔フリードリヒ・ニーチェ「生に対する歴史の利害について」小倉志祥訳、『ニーチェ全集4　反時代的考察』所収、ちくま学芸文庫、一九九三年、一二七〜一二九頁（第一節）〕からのものである。

［9］Nietzsche, “Philosophy During the Tragic Age of the Greeks,” 112.〔ニーチェ「ギリシア人の悲劇時代における哲学」三九三〜三九四頁〕

[10] Deleuze and Parnet, *Dialogues II*, 49.〔*Dialogues*, 60. ドゥルーズ／パルネ『ディアローグ』八七頁〕

[11] Nietzsche, The Will to Power, 377.〔NF 11[72], November1887–März1888. ニーチェ『遺された断想（一八八七年秋―八八年三月）――ニーチェ全集第II期第十巻』、清水本裕／西江秀三訳、白水社、一九八五年、三四〇～三四一頁〕

[12] フランス語原文では、〈大地〉が冒頭大文字になっている〔英訳では冒頭小文字になっている〕。

[13] Gilles Deleuze, *Difference and Repetition*, trans. P. Patton (New York: Columbia University Press, 1994), 29.〔*Différence et Répétition*, Paris: PUF, 1968, 45. ジル・ドゥルーズ『差異と反復』上下巻、財津理訳、河出文庫、二〇〇七年、上巻九一頁〕

[14] “Libres propos de Jean Beaufret,” 92–93.「他のいくつかの偉大な始まり」への参照は、Martin Heidegger, “Hölderlin’s Earth and Heaven,” in *Elucidations of Hölderlin’s Poetry*, trans. K. Hoeller (Amherst, N.Y.: Prometheus Books, 2000), 201〔*Erläuterungen zu Hölderlins Dichtung (1936–1968)*, *Gesammtausgabe*, Bd. 4, hrsg. Friedrich-Wilhelm v. Herrmann, Frankfurt am Main: Vittorio Klostermann, 1981, 177. マルティン・ハイデガー『ヘルダーリンの詩作の解明――ハイデッガー全集第四巻』、濵田恂子／イーリス・ブフハイム訳、創文社、一九九七年、二四二頁〕への参照である。

[15] “Libres propos de Jean Beaufret,” 92–93.

訳注

[一] 原文でのこの引用箇所とその直前の部分は、指示語の指示関係が『哲学とは何か』の元のテクストから見て適切でなかったので、ガシェ氏と相談の上、原文自体を変更し翻訳している。

第9章

大地、自然、コスモス

ここで不可避になるのは、『哲学とは何か』の下支えをしている、哲学の「歴史」に取り組みはじめることである。このとき、記憶の問題も取り上げなければならないだろう。この記憶の問題とともにわれわれは、自分たちが哲学をしながらいったい何をしてきたのかと振り返ろうとするD&Gの試みに対する探究を開始したのである。最初に注記しておきたいのは、ハイデガーの身振りと似ていなくもない身振りで、D&Gがギリシアにおける哲学の誕生を、ソクラテス以前の哲学者たちにまで遡っていることである。プラトンやアリストテレスとともにギリシアの哲学は前四世紀に間違いなくその絶頂に到達し、それ以来彼らは西洋の哲学的思考の創立者と評されてきたのだが、そうした彼らとは対照的に、はるかに古く、プラトニズムの隆盛とともに長いこと忘れられてきたソクラテス以前の哲学者たちは、D&Gにとっては何か別のものを、彼らが理解するところの哲学的思考と密接に結びついた何かを、表している。「例2」から明らかなように、プラトンは、概念を創造する巨匠だとしても、創造されないものや〈イデア〉のようなア・プリオリな対象性の表象として概念を理解する(29–30／33–34／五五～五六)ことによって、ギリシアの奇跡をすでに裏切っている。『批評と臨床』においてドゥルーズは、プラトニズムが超越を哲学に導入したかぎりにおいて、「プラトニズムからもらった毒入りの贈り物[1]」について語ってさえいる。そしてそれ以来、〈イデア〉の教説とともにかたちをなした、絶対的な内在平面へのこの裏切りは、西洋の哲学的思考を支配したのである。ハイデガーは、あるひとりの詩人(ヘルダーリン)だけが、ソクラテス以前の哲学者たちの思考のことばに匹敵する偉大さをもつ詩のことばを生み出したことを知っていたが、そのハイデガーと再び同じような仕方で、D&Gは、初期ギリシア人たちが成し遂げたことを差異とともに反復することのできた（そしてそれゆえ、ヨーロッパの初期資本主義にふさわしい哲学を創造することになった）哲学者をひとりだけ知っていた。D&Gが折にふれてライプニッツやニーチェについて何かよいことを言っているとしても、スピノザが「哲学者の王」であり、「おそらく［…］超越といささかも妥協せずに、いたるところで超越をおいはらった唯一の人物」（48／49／八七）である。D&Gはさらに続ける。スピノザは「哲学者のキリスト」である、というのも、キリストのように、スピノザは「不可能なものの可能性をそこで示すために、かつて一度受肉した」からである。スピノザは、「哲学の至高の行為」を成し遂げた。「「最善」の内在平面、すなわち最も純粋な内在平面、超越的なものに身を委ねることなく、超越的なものを回復することもない内在平面、錯覚、悪感情、誤った知覚を鼓舞することの最も少ない内在平面、これをスピノザは示し、打ち立て、思考した」（59–60／59／一〇六～一〇七）。スピノザは「哲学を成就した［achevé：完成した］」哲学者である。「というのも、彼は、前‐哲学的な前提」、すなわち〈万物〉は〈ひとつ〉であることを、「満たしたからである」（48／50／八七）。こうして「無神論者スピノザによってはじめて」哲学にとって最も固有の前提が十全に成就された（92／89／一六〇）［2］。要するに、スピノザは、長い哲学の歴史の中で、ソクラテス以前の哲学者たちが達成したことを、新しい創造的な方法で再現働化した唯一の哲学者なのである。彼は、あるときギリシアで始まったことの継続では決してなく、まるではじめてかのように、しかも違った仕方で、内在性と大地への関わりを再発明した。特別に、『物質と記憶』の冒頭の、カオスを切り取る平面が強調されるところで、「スピノザの霊感」がかつてベルクソンに訪れたことがあったとしても（48–50／50／八八）、それ以来これまでほとんど何も起こらなかった。結果として、D&Gは、哲学をするときに自分たちがその生涯をかけてしてきたことについて問うよう強いられることになったが、そのとき、言うまでもなく、自分たちがしてきたことが近代や現代の資本主義の文脈で哲学的思考の水準を満たしているか明らかにすることが狙われていた。「われわれは、いつの日か、スピノザの霊感にふさわしく成熟するだろうか」（48／ibid.／同頁）と彼らは『哲学とは何か』のなかで問う。この本は、哲学をしながら自分たちがしてきたことを振り返ることが明示的に意図された作品である。哲学をしているあいだ、自分たちはあまりに忙しく「十分には節度をわきまえていなかった」のでこの問いを問うことができなかった。「ただもう、哲学をしたくてたまらなかった。スタイルの練習のことでなければ、自らに哲学とは何かを問うことはなかった」（1／7／七）。しかし人生のこの終わりのときに、D&Gは、哲学がギリシアを起源とすること、それゆえ、それが本性上ギリシア的なもの、すぐれて「ギリシアの奇跡」であることを思い返す。そしてこうして、哲学をしながら自分たちがしてきたことはいったい何だったのかを思い出しながら、彼らは、ギリシア人たちとともに生まれたものはまさに何であるのか、再構築する。しかし「地理哲学」の章ではまた、彼らは「われわれはもはやギリシア人ではない」（107／103／一八四）ことを認めている。それでもやはり、彼らがその生涯をかけてしてきたことは哲学だったのであり、このギリシア的なものだったのだ！　それでは、もしひとがもはやギリシア人になれないのならば、ひとは哲学を、本性上本質的にギリシア的なものを、どのような意味でし続けるのか。

この問いに対する答えの概略を描くまえに、地理哲学に関するD&Gの思想のもうひとつのねじれを通して彼らを追跡したい。より精確には、彼らが近代哲学を、すなわち、ギリシアにおける誕生ののちにヨーロッパで生き延びた哲学を、どう捉えているかに関するねじれである。D&Gは、ドイツ観念論とロマン主義を間違いなく念頭に置きながら、近代哲学がギリシアにおける起源の思い出によって特徴づけられると述べる。哲学をするときに自分たちが何をしてきたかについて反省しようというD&G自身の試みは、こうした反省が招く、ギリシアにおける哲学の起源への帰還とともに、もちろん、近代哲学を枠付ける輪郭のなかに位置づけられる。近代哲学がそれ自身の過去に対してとるこうした関係は、再領土化の観点から概念化される。D&Gはこう書く。「近代哲学は、それ自身の過去の［ひとつの］形式であるギリシアの上で再領土化される」（101／97／一七四）。近代哲学について語るとき、彼らはドイツ哲学を特に念頭に置いているが、誰よりもまず、ヘルダーリンを念頭に置いている。すなわち、カシミール・ベーレンドルフへの手紙におけるヘルダーリン［1］であり、その手紙での古代的なものと近代的なものについての議論を、D&Gは自分たちの用語法に翻訳しているのである。よく知られているように、この手紙において近代性は、ギリシアとの関係を「ギリシア人たちの裏返しあるいは反対として、対称的反転として」生き、あるいは経験すると言われている。

ギリシア人たちはたしかに、熱狂と酩酊のなかで構築した内在平面を保持していたが、オリエントの形象のなかに落ち込まないためにどのような概念でこの内在平面を満たせばよいのか考えなければならなかった。一方、われわれは、西洋思想の長い世紀を経て、概念を持っている、持っていると信じているが、しかしその概念をどこにおいてよいのかまったくわからない。なぜなら われわれはキリスト教の超越によって放心しており、真の平面を欠いているからである。(ibid.／ibid.／一七四〜一七五)

D&Gによれば、ヘルダーリンの議論の骨子は次の通りである。すなわち、ギリシア人たちにとっての「〈土着的なもの〉」は、われわれにとっての「異国のもの」、われわれが獲得しなければならないものであり、他方で、われわれにとっての〈土着的なもの〉は、反対に、ギリシア人たちが彼らにとっての異国のものとして獲得しなければならないものだった(ibid.／97-98／一七五)。ある脚注では、次のように指摘されている。「ギリシアの「奇跡」に関するルナンの有名なテクストでさえも、似たような複雑な運動をそなえている。すなわち、ギリシア人たちが本性上もっていたものを、われわれが再び見いだすことができるためには、反省によるほかに、すなわち根本的な忘却と倦怠とに立ち向かうほかにすべがない。われわれはもはやギリシア人ではない、われわれはブルターニュ人である」(224n14／98n14／三七六頁原注14)。いずれにせよ、近代哲学と、紛れもなく、現代の哲学は、古代ギリシアで起こった哲学的出来事の非連続的で偶然的な再開である。再びヘルダーリンを取り上げよう。「土着民と異邦人は、区別される二人の人物としてもはや分離されるのではなく、むしろ、二重の同一人物として配分されるのであり、この二重の人物が、今度は、現在と過去の二つのヴァージョンとして二分される。土着民であったものが異邦人に生成し、異邦人であったものが土着民へと生成する。ヘルダーリンは、全力で、思考の条件としての「友の社会」に訴えかけるのだが、しかし、あたかもその社会は、友愛の本性を変化させるカタストロフを経たかのようである」(102／98／一七六)。概念的人物と内在性の民主的環境とを新たなかたちで独創的に構想したことによって、近代の哲学的思考は特徴づけられている。さらに、二重の同一人物を過去と現在のヴァージョンへと再配分することで、近代哲学は、古代ギリシアの思想の上にみずからを基礎付ける、すなわち、みずからを再領土化する。ギリシアの過去へのこうした再領土化は、ギリシア哲学のうちで現在まで生き残ったものに特有の特徴で、連続性を示唆しているように思われる。D＆Gはこう書く。「われわれはギリシア人たちのところでみずからを再領土化するが、ただしそれは、ギリシア人たちがもっていなかったもの、彼らがまだそうではなかったものを考慮してであり、その結果、われわれはギリシア人たちをわれわれ自身の上に再領土化するのである」(ibid.／ibid.／同頁)。しかし、ギリシアと現在のあいだの連続性を確立するこの二重の弁証法的再領土化は、また、近代哲学における特に新しい何か、古代の思想から近代哲学をすでにまったく引き離している何かではないか。

実際、ギリシアの思想においておのれ自身の過去を思い出し、この過去のうえにみずからを再領土化することによって、近代哲学は、連続性という観念を哲学的思考に導入するのであり、これは一見、起源から帰結が生じるように、ギリシア思想から近代哲学が結果として生じることを示唆しているように思われる。しかしながら、われわれが見てきたように、ギリシア思想が起源ではないならば、過去とその上にみずからを再領土化するものとのあいだのこの連続性をわれわれはどのように考えればよいのか。確かに、こうした再領土化は、近代の思考にとっての圧倒的なモデルとして過去を起立させて、あらゆる新奇性、あらゆる創造を押し殺すことになりうる。だが、この連続性はまた、ギリシア人たちがしたことを、すなわち絶対的な内在平面の上で概念を創造することを、まったく新しい仕方で、すなわちもはやギリシア的ではない仕方で、行うことを意味しうる。フランソワ・ジュリアンが記したように、ヘーゲル以来共通の認識となっているのは、哲学がギリシア的なものであることだが、しかしまた、ヘーゲル以来当然視されているのは、哲学は「それが最初に出現したときの語法からみずからを引き離すことによってはじめて、完全におのれ自身になる[3]」ことである。「われわれは、いつの日か、スピノザの霊感にふさわしく成熟するだろうか」(48／50／八八)とD&Gが問うとき、この問いはまた次のようなものでもある。すなわち、われわれD&Gは、スピノザがしたことを今日するのに十分なほどに成熟しているのか、つまり、圧倒的なキリスト教的文脈のなかで、そしてこれに抗して、概念創造の平面の根本的な内在性という前提を満たすことによって、ギリシア哲学をその語法を越えてまったく新しい仕方で成就させるのに十分なほどに成熟しているのか。今日、人文科学からメディアまで、哲学に対する権利を主張するあらゆる競争者たちを考慮するならば、われわれD&Gは、哲学をするときに、スピノザや、そのまえではギリシア人たちがしたこと、すなわち新しい概念を創造するための根本的に内在的な平面をカオスのなかに切り開くことを、今日の文脈のなかで差異をつけて反復することがこれまでできただろうか。新しい概念を考案することでD&G

は、ギリシアの哲学的思考を突き動かした直観を独自の仕方で反復し、それを新たな仕方で再-創造してきたか——この直観の与える霊感にしたがって生きつつも、その直観を過去の語法から解放することによって、より普遍的な哲学を発展させたのだと主張する誘惑を回避するような仕方で。そして、同時に、哲学のプロジェクトをますます偉大なかたちで成就するというテロスを想定する誘惑を彼らは避けてきただろうか。実際、彼らは、哲学をするときに、哲学の歴史のまさにそのなかでこの歴史と手を切り、こうして、ギリシア哲学のように、根本的に新しい何かの偶然的な出来事になることができただろうか。こうした問いすべてに対する答えが、『哲学とは何か』であり、そしてこの本は哲学を、内在平面上における概念の創造として、また、科学や芸術とは区別される思考の一形態として、規定したのである。

本論を結ぶために、自分たちがずっとしてきたことは哲学だったというD&Gの認識に再び戻りたい。これはまた、これまで見てきたように、「哲学とは何か」という問いと対になった認識である。書物としては最後のこの作品での彼らの答えは、哲学は、思考のひとつの形態、三つの形態のうちのひとつであり、他の二つは科学と芸術であり、そして、創造性という点では、哲学は他の二つを上回る特権を何も有していない、というものである。しかし、はじめからわたしの関心をひいた問いはまた、哲学が、それにもかかわらず、思考の形態のこの三つ組の多様体のなかで、科学と芸術とをみずからとの関係から位置づける特権的な役割を果たすのかどうかということだった。この問いに対するD&Gの答えであり、それゆえ彼らがずっとやってきたことに対する彼らの答えである『哲学とは何か』の読解の締め括りとして、哲学の本質そのものを問い質しながらも、しかし哲学を科学や芸術と対等に位置づけるこの作品のなかでの、哲学の身分《ステータス》に関する一連の問いを扱いたい。すでに指摘したように、この三つの形態のあいだの区別は、歴史的に言えば哲学のはじまりにおいては密接に結びついていたものを、わたしが前代未聞だと呼んだ仕方で多様体の形態に再配分することで、哲学から科学（形而上学）と芸術（美の教説）を分離することにその本質がある。さらに、このように三つの思考形態を多様体として分配しようとすることは、それぞれの形態をその純粋性において規定するというすぐれて哲学的な目標の追求でもある。哲学がその平面において創造する概念は、科学のファンクティヴや芸術の被知覚態や情動に還元不可能である。たしかに、三つの思考形態は相互作用し、混合や干渉や交差を引き起こすが、しかしこれはこうした形態それぞれの純粋性を決して損なうことはない。「三つの思考は、交差しあい、絡み合っているが、そこには総合も同一化もない」（198–199／187／三二五）。三つの形態のそれぞれは、それ自体の資格でひとつの創造であり、ひとつのアイデンティティであって、その純粋性において他の二つの存在によって影響されることはまったくない。D&Gはこう書く。「したがって、当然のことながら、哲学、科学、芸術は、もはや同一の投影の三つの水準として組織されているのではなく、ひとつの共通の母胎から分化しているのでもないのであって、むしろ、それぞれ独立した状態で無媒介的に定立され、あるいは再構成されるのであり、それはひとつの分業であって、それらのあいだに連結関係を惹起するのである」（91／87／一五七～一五八）。こうした連結関係が生じるのは、たとえば、科学が概念を命題に変換したり、哲学がファンクティヴの概念を生み出したり、芸術が概念やファンクティヴを感覚可能なものにしたりするときである。しかしまた、これによって、それぞれの思考形態がもつ、還元不可能なまでに互いに区別される純粋性が問いに付されることは決してない。それらは還元不可能な三つの思考形態であり、D&Gはこれを、まったきアイデンティティの異質発生（199／188／三三五）として、つまり、異質な課題によって統一性がそれ自身の内部で分割される異質発生として、描いている。

三つの思考形態とそれらの構成要素が、完全に独立したアイデンティティであり、このアイデンティティの純粋性はなんら困難なく打ち立てられるという前提は、『哲学とは何か』を通して決して疑われない。つまり、哲学と科学と芸術が交差し混ざり合うという事実が示しているのはただ、それらが、こうした相互作用にもかかわらず、還元不可能な仕方でそれ自身でありつづけるということだけなのである。結論の段落においてはじめて、実際にはその最後の文においてはじめて、D&Gは、三つの純粋な思考形態のあいだの究極的な決定不可能性の可能性を認めるのである。その箇所で彼らは、三つの学問分野すべてが、それぞれ自身の仕方で、ある否定的なものと関係を持っているという主張に立ち戻る。すなわち、哲学は非哲学と、科学は非科学と、芸術は非芸術と、関係をもつという主張である。これら思考形態それぞれは、それらを包含するものとして、「それらにかかわっている〈非〉」（218／205／三六六）を必要とする。D&Gはこう書く。「それらは非なるものを始まりとして必要としているわけではないし、あるいはまた、非なるものを終着点としてそれらが実現されたあかつきにはそのなかで消え去ることになることが必要なわけでもなく、それらの生成あるいはそれらの展開の各瞬間に非なるものを必要としているのである」（ibid.／206／三六七）。それぞれの学問分野を包含するのは、カオスであり、このカオスからこれらの学問分野はみずからを切り出し、また三つの思考形態として、三つすべてがそれぞれ異なった仕方でここに潜るのである。

脳がそのようにカオスに潜んでいることについて、こうも言えそうである――芸術が名づけるような、しかしまた哲学と科学もそう名づけるような、「来たるべき民衆」の影が、カオスから引き出されるのだ、と。民衆 - 団塊、民衆 - 世界、民衆 - 脳、民衆 - カオス。クレーの非概念的概念、あるいはカンディンスキーの内的沈黙のように、三つの形態のなかに隠れている非思考的思考。そこでこそ概念と感覚とファンクションが決定不可能なものに生成し、同時に、哲学と芸術と科学が識別不可能なものに生成する、あたかもそれらがひとつの同じ影を共有し、この影がそれらの異なった本性をつらぬいて広がり絶えずそれらに伴うかのように。（ibid.／ibid.／三六七〜三六八）

要するに、非思考的思考は、それぞれの思考形態においてひとつの形態としてカオスから生じ、このカオスへとそれぞれの思考形態は潜り込み、それ自身の厳密な特有性においてみずからを構成するものを持ち帰らなければならないのだが、非思考的思考は、三つの異なる形態すべてをその内側から互いに結びつけて統一する。しかしながら、この三つがすべて、カオスやカオスのもたらす非思考的思考とこうした関係を共有するかぎりにおいて、それらはまた、究極的には決定不可能になり識別不可能になる。振り返ってみれば、この最後の洞察の帰結が、三つの思考形態のあいだの差異に関してD&Gが展開したことのなかにいったい現れているのかどうか、問う必要があるだろう。けれども、この問いを追究するよりもむしろ、三つの思考形態のアイデンティティのあいだの究極的な決定不可能性に対するこの洞察がどこから来ているのか、少し問うてみたい。クレーやカンディンスキーへの言及が明らかに示唆するように、芸術は、それぞれの思考形態の独立性を内側から限界づける非思考的思考の存在に少なくとも気づいているとしても、またも哲学こそが、この条件が哲学自身を含む三つの形態すべてに影響していることを立証するのではないか。

哲学、科学、芸術という三つの思考形態が存在する。それぞれは内在平面の創建を通して構成され、この内在平面はそれぞれ共立平面か、準拠平面か、合成＝創作平面であり、それらが今度は概念、ファンクティヴ、被知覚態や情動によって住み着かれる。概念は自己‐準拠的であり、ファンクションは準拠的であり、被知覚態や情動は、それ以前には決して感じられたり知覚されたりしたことのないものに関わる。哲学者がカオスから、すなわち「黄泉の国」から持ち帰る概念が変化《ヴァリエイション》＝変奏であるのに対して、科学者がカオスから持ち帰るファンクションは変数《ヴァリアブル》であり、芸術家が持ち帰る被知覚態や情動はそれ以前には決して経験されたことのない、感覚可能な変化性《ヴァライアティ》＝多様体である（202／190／三三九）。この三つの領域それぞれの内部で、概念的人物か、部分観測者か、美的＝感性的形象が、この仕事を成し遂げる。概念は出来事に対応し、ファンクションは物の状態に関わり、被知覚態や情動はモニュメントを作り上げる（199／188／三三五）。加えて、思考の形態それぞれが、三つ組の構造を備えている。ここでは哲学の場合だけに絞るが、それは、この点が最も明確にされている思考形態が哲学だからである。「哲学は三つの要素を提示する。それぞれ、他の二つに呼応しているのだが、ひとつひとつ取り上げて考察するべきものでもある。――哲学が描かなければならない前‐哲学的な平面（内在）、哲学が考案しなければならず生きさせなければならない準‐哲学的な人物たち（内立《インシスタンス》）、哲学が創造しなければならない哲学的な概念（共立性）。描く、考案する、創造する、それは哲学的三位一体である。ダイアグラム的特性、人物論的特性、強度＝内包的特性」（76–77／74／一三四～一三五）。

確かに、ときどきD&Gが次のようなことを示唆するのは事実である。すなわち、三つの思考形態は、独自の形態をもつ多様体であり、それらのあいだに存在する相互関係のために結合されることがあるとしても、統一性を形成することはない、と。『哲学とは何か』の終わりに、「三つの平面の」この「――統一性ではなく――接合」（208／196／三五〇）が、脳の働き、すなわち「精神そのもの[l'esprit même]」（211／198／三五四）の働きとして描かれる。この脳は、ひとがふつうそう理解しているような、生理学的器官ではない。D&Gは次のように述べる。脳は、

リュイエが定義していたような、ある一次的な「真の形」である。それはゲシュタルトでも知覚された形でもなく、むしろ、いかなる外的な観点にも準拠しない即自的な形であって、ちょうど

網膜や皮質の線状域がそれとは別のものに準拠しないのと同様である。それは絶対的な共立の形であり、この形は、あらゆる補足的な次元から独立にみずからを俯瞰し［qui se survole］、したがっていかなる超越にも訴えることなく、次元がいくつあろうとも唯一の側面しかもたず、みずからのすべての規定に対して近さも遠さももたずに共‐現前したままであり、速度‐制限なく無限速度でそれらの規定を走り抜け、こうして、それらをみな不可分の変化＝変奏に仕立て上げ、これらの変化＝変奏に、混乱なき等ポテンシャルを与えるのである。（210／ibid.／三五三〜三五四）

要するに、三つの思考の形態すべてを統一することなく接合する脳は、『哲学とは何か』のはじめから概念として規定されてきたものの「絶対的形」（211／ibid.／三五四）である。あるいはより精確には、それは概念の概念である。D&Gはこう書く。「脳は、絶対的形という第一の側面のもとでは、まさしく概念の能力、すなわち概念創造の能力として現れる。と同時に、脳は内在平面を描き、この平面の上で概念が置かれ、移動され、秩序や関係を変え、更新され、たえず創造される」（ibid.／ibid.／同頁）。思考の三つの学問分野を接合するものとしての脳は、それ自体概念の能力、すなわち、哲学という学問分野の根底にある能力である。脳がそれ自身と他の二つの思考形態とのあいだにもたらす接合は、統一性ではないと言われる。しかし、これはそんなに単純なことだろうか。『プルーストとシーニュ』でドゥルーズ自身、多様体それ自体がなんらかの統一性を必要とすると言っていなかっただろうか。彼はそこでこう書いている。「この多様なものそのものの統一性、この多様体そのものの統一性である統一性が存在するし、存在しなくてはならない。この断片群の全体が存在し、存在しなくてはならないように。原理ではないような〈一者〉と〈全体〉、むしろ反対に多様なものとそのバラバラの諸部分の「効果」であるような〈一者〉と〈全体〉[4]。

思考の形態の三つ組分配は——哲学の三位一体への（おそらく）皮肉っぽい言及を除けば、決して問題にされることがない進行のなかで——、統一性の問題に関して、いくつかのことを、おそらくは三つのことを、している。第一に、ほとんどあらゆる場合に、多様体の三つの可能性を、しかも三つだけを示唆している、諸特徴の三つ組的性質——たとえば、変化＝変奏、変化可能性《ヴァライアビリティ》、変化性＝多様体という語彙論的に徹底した区別——は、三つの思考形態が、少なくとも厳密な意味では、存在するすべての形態であることを示唆せざるをえない[5]。第二に、こうした三つの形態がそこから出現するような母胎が存在しないこと、また、統一性や統一化が、オピニオンによってとりわけ科学の特徴にされる「宗教的風味」（206／194／三四七）に関係することを、D＆Gが主張するとしても、それにもかかわらず、この三つ組は、この三つの形態によって汲み尽くされるような統一的全体は示唆しないにしても、ある種の完成を示唆する。第三に、D＆Gが「哲学的三位一体」に触れていることを考慮するならば、哲学それ自体こそがこの三つの思考形態の分析の先鋒を務めているのではないかという疑い、問題の三つ組のなかで哲学が特別な地位を占めている唯一の形態ではないかという疑いをどうして避けられようか。確かに、D＆Gが倦むことなく語るように、科学や芸術は、みずからについて反省するために哲学を必要としてはいない。しかし、思考のそれぞれの形態がどのようなものかを立証するとき、哲学こそが『哲学とは何か』のなかで特殊な役割を握っていないだろうか。この作品の前半部分が哲学の問いに対して答えるために捧げられているだけではなく、科学や論理学や芸術に関する各章のタイトルがすでにはっきりと示しているのは、これらに特有なもの――ファンクティヴ、見通し、被知覚態、情動――が哲学的概念との関連で確立されるという点で、哲学が指導的役割を果たしているということである。加えて、哲学それ自体が何か、そして他の思考形態が何に対応しているかを評価するにあたって哲学が主導的な役割を果たすことは、次のような問いを誘発せずにはいられない。すなわち、『哲学とは何か』というD&Gの問いは、本質的に、哲学の自己‐反省、エリック・ヴァイル風にいえば「哲学の論理学」ではないだろうか。そのとき、哲学の諸カテゴリーが、哲学自体の内部から哲学を反省するために召集されているのではないか。

この研究でわたしは、D&Gが地理哲学をどう理解しているかを明らかにすることに主に関心を向けてきた。地理哲学が、内在性の社会‐政治的環境を絶対的に脱領土化したものである〈大地〉に関わっていることを示してきた。この内在性の社会‐政治的環境は、ギリシアのポリスが相対的脱領土化を通して生み出したものだったのである。科学は科学で、「カオスのかけらを捕まえて座標系のなかに入れ、準拠的カオスを形成し、その準拠的カオスが〈自然〉へと生成し、またその準拠的カオスから科学は確率関数とカオイド的変数とを引き出す」（206／194／三四六）。しかし芸術はどうだろうか。大地と自然に対する哲学と科学それぞれの関係に関しては『哲学とは何か』のなかにときにあ用語上の矛盾があるが、同様に芸術に関しても何かしらの曖昧さが残る。しかし、曖昧さがときにあるとしても、芸術は、「宇宙‐コスモス」（180／171／三〇四）や「惑星状〈コスモス〉」（189／179／三一九）に関わると述べておけば安全だろう。芸術作品とは、モニュメントであり、D&Gによれば、「潜在的な出来事を現働化しているのではなく、むしろ、それを具現化し、あるいはそれを受肉させているのである。モニュメントは潜在的な出来事に身体を、生を、宇宙を与えるのである」。彼らは続けて言う。こうした「宇宙は、潜在的でも現働的でもない。それは可能的であり、美的＝感性的カテゴリーとしての可能的なものであり［…］、可能的なものの現存《イグジスタンス》であるが、他方、出来事は、潜在的なものの実在性《リアリティ》であり、すべての可能的な宇宙を俯瞰する思考‐〈自然〉の形である」（177‐178／168／二九九〜三〇〇）。けれども、D&Gはこう付け加える。「だからといって、概念が権利上感覚に先行するということではない。感覚の概念さえそれ固有の手段によって創造されなければならず、そして感覚は、概念がその絶対的な形で必ずしも存在することなく、その可能的な宇宙の中で現存する」（178／ibid.／三〇〇）。それぞれ独立した存在であるから、概念が感覚に、〈大地〉が〈コスモス〉に権利上先行するわけではないとしても、三つ組の他の二つの要素に対する大地の身分《ステータス》の問題は、問いとして残る。けれども、この問いはたんに、D&Gがその探究のはじめに記したように、不可避的なものである超越論的仮象のひとつとして残るのか。すなわち、三つ組のなかで科学と芸術に平等な発言権を与えることで哲学の重要性を切り詰めようとするアプローチに必ず取り憑くことになる仮象、そしてそれにもかかわらず払いのけることのできる仮象のひとつとして。あるいはそれはむしろ、哲学との関係で芸術と科学とが担うとされる平等な役割とは無関係に、『哲学とは何か』でD&Gが着手したことの主旨全体によって誘発される問いであるのか。

最後の問い！〈大地〉、〈自然〉、〈コスモス〉に対するそれぞれの関わり方によって、哲学、科学、芸術は、初期ギリシア思想では密接に絡み合っていた三つの関心を配分する。しかし、世界はどうなるのか。世界の問題系は、『哲学とは何か』では、D＆Gが世界への信仰と呼ぶもの、あるがままの世界に対して無条件の肯定を与えることへの信仰と呼ぶものの文脈で現れる。世界のこの肯定は、すぐれて哲学的な身振りであり、知恵や宗教から哲学を明確に分けるものである。それでは、世界とは、すなわち、この世界とは、包括的な統一性であり、そこで大地や自然や宇宙‐コスモスが配分されたり、あるいは、この統一性の観点から哲学、科学、芸術が創造したりすることになるのか。「世界」とは、より広い哲学的概念であって、そのなかで、哲学に固有の関心事としての〈大地〉は、哲学が思考形態のなかのひとつであるかぎりで、〈自然〉や〈コスモス〉とともに場を占めることになるのか。世界というこの概念によってこそ、科学や芸術ではなくむしろ哲学が、哲学、科学、芸術という三つのまったく異なる思考形態についてのD＆Gの探究を、秘密裏に導いているのではないか。

原注

［1］ Gilles Deleuze, *Essays Critical and Clinical*, trans. D. W. Smith and M. A. Greco (Minneapolis: University of Minnesota Press, 1997), 137.〔*Critique et Clinique*, Paris: Minuit, 1993, 171. ジル・ドゥルーズ「プラトン、ギリシア人たち」守中高明訳、『批評と臨床』所収、河出文庫、二〇一〇年、二八三頁〕

［2］『記号と事件』でスピノザは、「究極の哲学者」や「哲学者のなかの哲学者、いわばもっとも純粋な哲学者」と記されている（Deleuze, *Negotiations*, 140, 165〔*Pourparlers*, 191, 225. ドゥルーズ『記号と事件』二八二頁、三三五頁〕）。

［3］François Jullien, *De l'Universel, de l'uniforme, du commun et du dialogue entre les cultures*} (Paris: Fayard, 2008), 252.

［4］Gilles Deleuze, *Proust and Signs*, trans. R. Howard (London: Athlone Press, 2000), 163.〔*Proust et les signes*, 3e éd., Paris : PUF, 2006, 195. ジル・ドゥルーズ『プルーストとシーニュ――文学機械としての『失われた時を求めて』（増補版）』宇波彰訳、法政大学出版局、一九八六年、一八〇頁〕）

［5］もちろん、D&Gが、宗教や歴史に言及し、また特に論理学に言及していることは事実である。この三つはすべて違ったかたちでオピニオンのファンクションである。論理学の場合、第六章の冒頭から明らかなのは、論理学の使命がまさに、哲学の使命と科学の使命のあいだの本質的な差異を掘り崩すことであり、また論理学の究極的な目標が、哲学に取って代わることだということである。

訳注

［一］フリードリヒ・ヘルダーリン「カシミール・ウールリヒ・ベーレンドルフへ　一八〇一年一二月四日」志波一富訳、「カシミール・ウールリヒ・ベーレンドルフへ　一八〇二年一二月二日」同訳、『ヘルダーリン全集』第四巻所収、河出書房新社、一九六九年、四六三〜四六七頁、四七〇〜四七二頁。

訳者あとがき

本書は、ロドルフ・ガシェ（Rodolphe Gasché）による *Geophilosophy: On Gilles Deleuze and Félix Guattari's* What is Philosophy?, Illinois: Northwestern University Press, 2014の翻訳である。

一九三八年ルクセンブルクに生まれたロドルフ・ガシェは、ドイツの大学やパリ高等師範学校で学んだあと、アメリカの大学で教え、現在はニューヨーク州立大学バッファロー校比較文学科で卓越教授（Distinguished Professor）を務めている。ガシェは、ジャック・デリダやポール・ド・マンなど脱構築の研究で広く知られている。たとえば、彼の出世作とも言える『鏡の裏箔――デリダと反省の哲学』（*The Tain of the Mirror: Derrida and the Philosophy of Reflection*, Cambridge: Harvard University Press, 1986）は、デカルト以来の反省の哲学の系譜にデリダを位置づける研究だが、そこで展開されている、哲学に関する該博な知識と、論理的に突き詰めていく強靭な思考は、読む者を感嘆させずにはおかない。しかも、彼の仕事は脱構築だけにとどまるものではなく、幅広い範囲の哲学や文学について彼は著作を残し、翻訳も多く手掛けている。

ガシェの経歴について詳しくは、ガシェのいくつかの論文を収録した日本版オリジナル論集『いまだない世界を求めて』（月曜社、二〇一二年）のなかの、吉国浩哉による「訳者あとがき」を参照されたい。そこで吉国は、ガシェの仕事を時代文脈と合わせて簡潔に紹介している。また、同書に収録された吉国によるガシェへのインタヴュー「思考の密度」も、本書の読者には興味深いものに違いない。ガシェはそこで、みずからの哲学研究の遍歴を語るだけでなく、彼にとって中心的な問題のひとつが、哲学とは何か、哲学の境界はどこにあるのかという問いであることを、吉国の導きに応じて率直に語っている。

このようなガシェの本来の志向から考えると、彼がジル・ドゥルーズとフェリックス・ガタリ（以下、ガシェにならってD&Gと略す）の『哲学とは何か』を取り上げるのは決して不思議ではない。たしかに、ガシェがこれまで中心的に論じてきたデリダやド・マンと、D&Gやドゥルーズは、ある種対照的である。テクストに折り込まれた襞を余すところなく折り広げていくかのような脱構築の読解態度は、細かい差異をあえて無視し、概念として結晶化させていくD&Gやドゥルーズの書きぶりからは、限りなく遠い。けれども、ガシェにとって哲学や思考の可能性の条件を問うことが中心的なテーマであるからには、D&Gの『哲学とは何か』がガシェを惹きつけたのも当然だと言えるだろう。この小さな本のなかでD&Gは、哲学とは何かというこの素朴ながらも非常に厄介な問いに正面から答えようとする。哲学の誕生の地である古代ギリシアに遡り、哲学の可能性の条件を明らかにしようとするのである。

脱構築の研究で知られるガシェが、D&Gやドゥルーズをどのように読むのか。ドゥルーズの思考のなかにどっぷりと浸かったいわゆるドゥルージアンとは違った読みを、ガシェは示してくれるのではないか。訳者が本書に惹かれたのは、たんに『哲学とは何か』の研究書がまだ少なかったからだけでなく、そのような興味からであった。こうした期待にガシェは本書のなかで十分に応えてくれていると言えるだろう。ガシェは、D&Gが依拠している典拠をひとつひとつ洗い出し、それぞれの文や概念に折り込まれた襞を、丹念に折り広げていく。ふつうの読者ならば漫然と読み飛ばしてしまうかもしれない論点を、決して疎かにせず、疑問を突きつけていく。序言でガシェ本人が宣言しているように、本書はD&Gやドゥルーズの哲学を要約的に語る作品ではない。むしろ、『哲学とは何か』の問題の射程を明確にするとともに、D&Gのプロジェクトが破綻をきたしているかもしれない点をも露わにする作品である。

　ガシェは、『哲学とは何か』のなかで哲学が論じられた第一部を主に取り上げ、そのなかでもとりわけ第四章「地理哲学」（Géophilosophie：邦訳書では「哲学地理」と訳されている）を重点的に論じている。D&Gが哲学の誕生を古代ギリシアにおける独自《ユニーク》の、一回きりの出来事と規定していることに着目するガシェは、この出来事を可能にした「事実上の条件」としてD&Gが挙げる古代ギリシア社会の三つの特性、すなわち土着性、友愛、オピニオンを、順に検討していく。そのなかでも土着性の問題、大地の問題にガシェは多くの紙幅を割いている。ギリシアという地が、なぜ哲学を可能にしたのか。D&Gが参照している文献を丁寧に読み込みながら、ガシェは、D&Gが土着性と呼ぶものが、ことばの文字通りの意味とは裏腹に、土地から切り離されたもの、D&Gの用語で言えば脱領土化の運動そのものであることを明らかにしていく。D&Gにとって哲学がつねに「地理哲学」であるのは、哲学が、ギリシアやヨーロッパのような何かしらの地域から切り離しえないと同時に、つねに新たに別の地域で反復される可能性を含む営みだからである。

ひとつ興味深いのは、D&Gが『哲学とは何か』の序文でほんの少し触れている論点、すなわち、哲学とは何かという問いを論じるのが晩年の仕事であるという点を、ガシェが比較的長く論じていることである。読者としては、老境に入ったと言ってもよい年齢であるガシェ本人をD&Gに重ね合わせて見たくなるところだ。ガシェはD&Gをいわば鏡にして、自分のこれまでの仕事を振り返っているのではないか……。

しかし、本書以降もガシェの仕事量は衰えることがない。著作の公刊ペースは驚異的ですらある。先述の吉国氏の紹介では触れられていない、二〇〇九年以降のガシェの著作を挙げておこう。

The Stelliferous Fold: Toward a Virtual Law of Literature's Self-Formation, New York: Fordham University Press, 2011.

Deconstruction, Its Force, Its Violence: Together With "Have We Done With the Empire of Judgment?", Albany, New York: SUNY Press, 2016.

Persuasion, Reflection, Judgment: Ancillae Vitae, Bloomington: Indiana University Press, 2017.

Storytelling and the Destruction of the Inalienable in the Age of the Holocaust, Albany: SUNY Press, 2018.

ガシェのテクストで近年日本語に訳されたものには次のものがある。

「ヒュポテュポーシス——カントにおける感性的描出（hypotyposis）の概念についてのいくつかの考察」、宮﨑裕助／福島健太訳、『知のトポス』七号、二〇一二年、一七五〜二一二頁。

「「措定（Setzung）」と「翻訳（Übersetzung）」」、清水一浩訳、『思想』一〇七一号、岩波書店、二〇一三年、二四七〜二九二頁。

「脱構築〈の〉力」、清水一浩訳、『現代思想』四三巻二号、青土社、二〇一五年、五九〜七五頁。

また、本書の校正中に、以下の翻訳が新たに出版された。

『脱構築の力——来日講演と論文』、宮﨑裕助編訳、入江哲朗／串田純一／島田貴史／清水一浩訳、月曜社、二〇二〇年。

これは右記「脱構築〈の〉力」を含む、ガシェ氏の二〇一四年来日時の講演三本と、一九七九年の論文「批評としての脱構築」および二〇〇七年のデリダ追悼論文「タイトルなしに」の二本を一冊にまとめた日本版オリジナル論集第二弾である。同書では、ガシェの本領ともいえる、脱構築の問題系が主に論じられている。さらには、脱構築の問題系にとどまらず、思考とは何かという問いをめぐって、アーレントとハイデガーのテクストが検討される。『地理哲学』を通してガシェの思想に興味を持たれた読者には、併せて読んでいただきたい本である。思考というこの一見ありふれた営みが、実際には、複数の層から成っていることを、ガシェのテクストを通して読者は痛感するはずである。また、単独著の続刊予定として『読むことのワイルド・カード――ポール・ド・マンについて』（月曜社）があると聞く。

本書の翻訳を勧めていただいたのは、新潟大学の宮﨑裕助氏だった。翻訳にあたっては、ガシェ氏に、些末なことにわたる質問に丁寧に答えていただいた。また、ドゥルーズをはじめとする哲学のテキストを長年一緒に読んできたドゥルーズ&ガタリ研究会の仲間とは、『哲学とは何か』を細かく検討することができ、翻訳にあたって非常に助けになった。特に、校正にあたっては、佐藤竜人氏（東京大学総合文化研究科博士課程）と眞井康弘氏のお力をお借りした。最後に、月曜社の小林浩氏には、この翻訳の企画段階からアドバイスをいただき、怠惰な訳者に辛抱強くつきあっていただいた。それぞれの方々に深く感謝申し上げたい。

著者略歴

ロドルフ・ガシェ（Rodolphe Gasché, 1938–）

ニューヨーク州立大学バッファロー校比較文学科卓越教授。専門は哲学、比較文学、批評理論。脱構築研究で広く知られる。翻訳では、ジャック・デリダ『エクリチュールと差異』のドイツ語訳などを手掛けている。著書に『いまだない世界を求めて』（吉国浩哉訳、月曜社、2012年）、『脱構築の力』（宮﨑裕助編訳、入江哲朗／串田純一／島田貴史／清水一浩訳、月曜社、2020年）。

訳者略歴

大久保歩（おおくぼ・あゆむ, 1972–）

大阪大学文学研究科博士後期課程在籍。専攻は哲学・政治理論。主な論文に「ニーチェ『悲劇の誕生』における美的公共圏」（『実存思想論集』三五号所収、実存思想協会編、知泉書館、2020年）、「友愛の政治と来るべき民衆——ドゥルーズとデモクラシー」（松本卓也／山本圭編著『〈つながり〉の現代思想』所収、明石書店、2018年）、共訳書にリチャード・J・バーンスタイン『暴力——手すりなき思考』（法政大学出版局、2020年）。

索引（人名・事項）

原著索引にしたがって項目や参照頁を作成したが、項目によっては省略したものもある。また、原著索引は人名と事項とが一体になっているが本訳書ではそれぞれ分類した。nは原註番号を示している。

ア行

カ行

サ行

タ行

ナ行

ハ行

マ行

さ行

た行

な行

は行

ま行

や行

ら行

文献表

Alliez, Eric. *The Signature of the World, or What Is Deleuze and Guattari's Philosophy?* Trans. E. R. Albert and A. Toscano. New York: Continuum, 2004.

Arendt, Hannah. "Socrates." In *The Promise of Politics*, 5–39. New York: Schocken Books, 2005.「ソクラテス」高橋勇夫訳、『政治の約束』所収、ちくま学芸文庫、2018年、53–103頁。

Aristotle. *Complete Works*. Edited by J. Barnes. Princeton: Princeton University Press, 1985.『新版　アリストテレス全集』全20巻・別巻、岩波書店、2013年〜。

Beaufret, Jean. "La naissance de la philosophie." In *Dialogue avec Heidegger : Philosophie grecque*, 19–37. Paris: Minuit, 1973.

Bergson, Henri. *An Introduction to Metaphysics*. Trans. T. E. Hulme. New York: Macmillan, 1987.「形而上学入門」竹内信夫訳、『新訳ベルクソン全集7　思想と動くもの』所収、白水社、2017年、221–280頁。

Blanchot, Maurice. *The Space of Literature*. Trans. A. Smock. Lincoln: University of Nebraska Press, 1982. *L'espace littéraire*, Paris: Gallimard, 1955.『文学空間』粟津則雄／出口裕弘訳、現代思潮新社、1962年。

Bonta, Mark, and John Protevi. *Deleuze and Geophilosophy: A Guide and a Glossary*. Edinburgh: Edinburgh University Press, 2006.

Braudel, Fernand. *La Méditerranée et le monde méditerranéen à l'époque de Philippe II*, 1er edition. Paris: Colin, 1949.『地中海〈普及版〉』全五巻、浜名優美訳、藤原書店、2004年（邦訳書は第二版に基づいている）。

Bréhier, Emile. "La notion de problème en philosophie." In *Etudes de philosophie antique*, 10–16. Paris: Presses Universitaires de France, 1955.

——. "La théorie des incorporels." In *Etudes de philosophie antique*, 105–16. Paris: Presses Universitaires de France, 1955.

——. *La théorie des incorporels dans l'ancien stoïcisme*. Paris: Vrin, 1970.『初期ストア哲学における非物体的なものの理論』江川隆男訳、月曜社、2006年。

Burkert, Walter. *Homo Necans: The Anthropology of Ancient Greek Sacrificial Ritual and Myth*. Trans. P. Bing. Berkeley: University of California Press, 1983.『ホモ・ネカーンス——古代ギリシアの犠牲儀礼と神話』前野佳彦訳、法政大学出版局、2008年。

Cohen, Jack, and Ian Stewart. *The Collapse of Chaos: Discovering Simplicity in a Complex World*. New York: Viking, 1994.

Cross, Donald. "What Is Nonstyle in *What Is Philosophy?*" In *Deleuze and the Schizoanalysis of Literature*, eds. I. Buchanan, A. Tynan, and T. Matts. New York: Bloomsbury Academic, 2015.

Deleuze, Gilles. *Difference and Repetition*. Trans. P. Patton. New York: Columbia University Press, 1994. *Différence et Répétition*, Paris: PUF, 1968.『差異と反復』上下巻、財津理訳、河出文庫、2007年。

——. *Essays Critical and Clinical*. Trans. D. W. Smith and M. A. Greco. Minneapolis: University of Minnesota Press, 1997. *Critique et Clinique*, Paris: Minuit, 1993.『批評と臨床』守中高明／谷昌親訳、河出文庫、2010年。

——. *Negotiations 1972–1990*. Trans. M. Joughin. New York: Columbia University Press, 1995. *Pourparlers : 1972–1990*, Paris: Minuit, 1990.『記号と事件——1972–1990年の対話』宮林寛訳、河出文庫、2007年。

——. "Préface pour l'édition américaine de Dialogues," In *Deux Régimes de Fous : Textes de Entretiens 1975–1995*, ed. D. Lapoujade, 284–287. Paris: Minuit, 2003.「『対話』アメリカ版への序文」江川隆男訳、『狂人の二つの体制 1983−1995』所収、河出書房新社、2004年、163–167頁。

——. *Proust and Signs*. Trans. R. Howard. London: Athlone Press, 2000. *Proust et les signes*, 3e éd., Paris: PUF, 2006.『プルーストとシーニュ——文学機械としての『失われた時を求めて』（増補版）』宇波彰訳、法政大学出版局、1986年。

——. "Remarques." In *Nos Grecs et leurs modernes*, 249–50. Ed. B. Cassin, Paris: Seuil, 1992.

—— "Théorie des multiplicités chez Bergson." http://www.le-terrier.net /deleuze/20bergson.htm.

——. "What Is the Creative Act?" In *Two Regimes of Madness: Texts and Interviews 1975–1995*, revised edition, trans. A. Hodge and M. Taormina, 317–29. New York: Semiotexte, 2007. "Qu'est-ce que l'acte de création?," In *Deux Régimes de Fous : Textes de Entretiens 1975–1995*, Paris: Minuit, 2003, 291–302.「創造行為とは何か」廣瀬純訳、『ドゥルーズ・コレクションII——権力／芸術』所収、河出文庫、2015年、306–329頁。

Deleuze, Gilles, and Félix Guattari. *Anti-Oedipus: Capitalism and Schizophrenia*. Trans. R. Hurley, M. Seem, and H. R. Lane. New York: Viking Press, 1977. *L'anti-œdipe : Capitalisme et Schizophrénie*, Paris: Minuit, 1972.『アンチ・オイディプス——資本主義と分裂症』上下巻、宇野邦一訳、河出文庫、2006年。

——. *Kafka: Toward a Minor Literature*. Trans. D. Polan. Minneapolis: University of Minnesota Press, 1986. *Kafka : pour une littérature mineure*, Paris: Minuit, 1975.『カフカ——マイナー文学のために〈新訳〉』宇野邦一訳、法政大学出版局、2017年。

——. *Qu'est-ce que la philosophie?* Paris: Minuit, 1991.『哲学とは何か』財津理訳、河出文庫、2012年。

——. *A Thousand Plateaus: Capitalism and Schizophrenia*. Trans. B. Massumi. Minneapolis: University of Minnesota Press, 1987. *Mille plateaux : Capitalisme et Schizophrénie*, t. 2, Paris : Minuit, 1980.『千のプラトー——資本主義と分裂症』上中下巻、宇野邦一／小沢秋広／田中敏彦／豊崎光一／宮林寛／守中高明訳、河出文庫、2010年。

——. *What Is Philosophy?* Trans. H. Tomlinson and G. Burchell. New York: Columbia University Press, 1994.

Deleuze, Gilles, and Claire Parnet. *Dialogues II*. Trans. H. Tomlinson and B. Habberjam. New

York: Columbia University Press, 2002.『ディアローグ――ドゥルーズの思想』江川隆男／増田靖彦訳、河出文庫、2011年。

Detienne, Marcel. “Apollon Archégète : Un modèle politique de la territorialisation.” In *Tracés de fondation*, ed. M. Detienne, 301–11. Louvain-Paris: Peeters, 1990.

——. *The Masters of Truth in Archaic Greece*. Trans. J. Lloyd. New York: Zone Books, 1996.

——. “Qu'est-ce qu'un site?” In *Tracés de fondation*, ed. M. Detienne, 1–16. Louvain-Paris: Peeters, 1990.

Detienne, Marcel, and Giulia Sissa. *The Daily Life of the Greek Gods*. Trans. J. Lloyd. Stanford, Calif.: Stanford University Press, 2000.

Dosse, François. *Gilles Deleuze and Félix Guattari: Intersecting Lives*. Trans. D. Glassman. New York: Columbia University Press, 2010.『ドゥルーズとガタリ――交差的評伝』杉村昌昭訳、河出書房新社、2009年。

Gleick, James. *Chaos: Making a New Science*. New York: Penguin Books, 2008.

Grimal, Pierre. *The Dictionary of Classical Mythology*. Trans. A. R. Maxwell-Hyslop. Oxford: Basil Blackwell, 1986.

Günzel, Stephan. “ ‘Geschichtlicher Boden’: Nachphänomenologische Geophilosophie bei Heidegger und Deleuze.” In *Phänomenologische Forschungen*, eds. E. W. Orth and K.-H. Lembeck, 51–85. Hamburg: Felix Meiner Verlag, 2002.

——. “Nietzsches Geophilosophie und die ‘gemässigte Klimazone’ im Denken des Abendlandes.” *Dialektik*, no.1 (2000): 17–34.

Hegel, Georg Wilhelm Friedrich. *Philosophy of Right*. Trans. T. M. Knox. Oxford: Oxford University Press, 1952. *Werke*, Bd. 7, *Grundlinien der Philosophie des Rechts oder Naturrecht und Staatswissenschaft im Grundrisse*, 2. Aufl., Frankfurt a. M.: Suhrkamp, 1989.『ヘーゲル全集9a　法の哲学　上巻』上妻精／佐藤康邦／山田忠彰訳、岩波書店、2000年。

——. “Who Thinks Abstractly?” In *Hegel: Texts and Commentaries*, trans. W. Kaufmann, 113–18. Garden City, N.Y.: Doubleday, 1965. “Wer denkt abstrakt?” *Werke*, Aufl. 8, Bd. 2, Frankfurt a. M.: Suhrkamp, 1986, 575–581 .「抽象的に考えるのはだれか」村田晋一／吉田達訳、『ヘーゲル初期論文集成』所収、作品社、2017年、256–262頁。

Heidegger, Martin. *Basic Concepts of Aristotelian Philosophy*. Trans. R. D. Metcalf and M. B. Tanzer. Bloomington: Indiana University Press, 2009. *Grundbegriffe der aristotelischen Philosophie, Gesamtausgabe*, Bd.18, hrsg. Mark Michalski, Frankfurt a. M.: Vittorio Klostermann, 2002.

——. *Elucidations of Hölderlin's Poetry*. Trans. K. Hoeller. Amherst, N.Y.: Prometheus Books, 2000. *Erläuterungen zu Hölderlins Dichtung (1936–1968), Gesammtausgabe*, Bd. 4, hrsg. Friedrich-Wilhelm v. Herrmann, Frankfurt a. M.: Vittorio Klostermann, 1981.『ヘルダーリンの詩作の解明――ハイデッガー全集第四巻』濵田恂子／イーリス・ブッハイム訳、創文社、1997年。

——. *Introduction to Metaphysics.* Trans. G. Fried and R. Polt. New Haven, Conn.: Yale University Press, 2000.『形而上学入門——ハイデッガー全集第四〇巻』岩田靖夫訳、創文社、2000年。

——“Was ist das — die Philosophie?,” In *Identität und Differenz, Gesamtausgabe*, Bd. 11, hrsg. Friedrich-Wilhelm v. Hermann, Frankfurt a. M.: Vittorio Klostermann, 2006, 3–26.『哲学とは何か——ハイデッガー選集第七巻』原佑訳、理想社、1960年。

Herodotus. *The Histories.* Trans. A. de Sélincourt. Harmondsworth, U.K.: Penguin Classics, 1972.『歴史』上中下巻、松平千秋訳、岩波文庫、1972年。

Hesiod. *The Homeric Hymns and Homerica.* Trans. H. G. Evelyn-White. Cambridge, Mass.: Harvard University Press, 1959.『ヘシオドス全作品』中務哲郎訳、京都大学学術出版会、2013年。

Jullien, François. *De l'universel, de l'uniforme, du commun et du dialogue entre les cultures.* Paris: Fayard, 2008.

——. *A Treatise on Efficacy: Between Western and Chinese Thinking.* Trans. J. Lloyd. Honolulu: University of Hawai'i Press, 2004.

Joly, Henri. *Etudes platoniciennes : La question des étrangers.* Paris: Vrin, 1992.

Kant, Immanuel. *Critique of Pure Reason.* Trans. P. Guyer and A. W. Wood. Cambridge: Cambridge University Press, 1998.『純粋理性批判』上下巻、石川文康訳、筑摩書房、2014年。

Kojève, Alexandre. “Tyranny and Wisdom.” In Leo Strauss, *On Tyranny*, 143–88. Ithaca, N.Y.: Cornell University Press, 1968.「僭主政治と知恵」石崎嘉彦／飯島昇藏／面一也訳、『僭主政治について』下巻所収、現代思潮新社、2007年、9–83頁。

Lawlor, Leonard. “Intuition and Duration: An Introduction to Bergson's ‘Introduction to Metaphysics.’” In *Phenomenology and Bergsonism*, ed. M. Kelly, 25–41. London: Palgrave-Macmillan, 2010.

——. “A Note on the Relation Between Etienne Souriau's *L'instauration philosophique* and Deleuze and Guattari's *What Is Philosophy?*” *Deleuze Studies* 5 (2011): 400–406.

Lefèvre, François. *Histoire du monde grec antique.* Paris: Librairie Général Française, 2007.

Liddell, Henry George, and Robert Scott. *A Greek-English Lexicon.* Oxford: Oxford University Press, 1968.

Loraux, Nicole. *Born of the Earth: Myth and Politics in Athens.* Trans. S. Stewart. Ithaca, N.Y.: Cornell University Press, 2000.

——. *The Children of Athena: Athenian Ideas About Citizenship and the Division Between the Sexes.* Trans. C. Levine. Princeton, N.J.: Princeton University Press, 1993.

——. “Clisthène, diviseur-lieur d'Athènes.” In *L'inactuel : Psychanalyse & Culture* 8 (special issue on “Territoires, frontières, passages”), 5–27. Paris: Calmann-Levy, 1997.

——. *The Invention of Athens: The Funeral Oration in the Classical City.* Trans. A. Sheridan. Cambridge, Mass.: Harvard University Press, 1986.

Mattéi, Jean-François. *L'Etranger et le simulacre : Essai sur la fondation de l'ontologie platonicienne.* Paris: Presses Universitaires de France, 1983.

——. *Le Procès de l'Europe : Grandeur et misère de la culture européenne*. Paris: Presses Universitaires de France, 2011.

Meier, Christian. *The Greek Discovery of Politics*. Trans. D. McLintock. Cambridge, Mass.: Harvard University Press, 1990.

Nietzsche, Friedrich. *Beyond Good and Evil: Prelude to a Philosophy of the Future*. Trans. W. Kaufmann. New York: Vintage Books, 1989.『善悪の彼岸』信太正三訳、『善悪の彼岸／道徳の系譜』所収、ちくま学芸文庫、1993年、9–356頁。

——. "Homer's Contest." In *The Complete Works of Friedrich Nietzsche*, vol. 2 (Early Greek Philosophy), trans. M. A. Mügge, 49–62. New York: Russell and Russell, 1964.「ホメロスの競争」塩屋竹男訳、『悲劇の誕生』所収、ちくま学芸文庫、1993年、319–331頁。

——. "On the Uses and Disadvantages of History for Life." In *Untimely Meditations*, trans. R. J. Hollingdale, 57–123. Cambridge, Mass.: Cambridge University Press.「生に対する歴史の利害について」小倉志祥訳、『反時代的考察』所収、ちくま学芸文庫、1993年、117–231頁。

——. "Philosophy During the Tragic Age of the Greeks." In *The Complete Works of Friedrich Nietzsche*, Vol. 2 (Early Greek Philosophy), trans. M. A. Mügge, 71–170. New York: Russell and Russell, 1964.「ギリシア人の悲劇時代における哲学」塩屋竹男訳、『悲劇の誕生』所収、ちくま学芸文庫、1993年、349–447頁。

——. *Thus Spoke Zarathustra: A Book for Everyone and No One*. Trans. R. J. Hollingdale. London: Penguin Books, 2003.『ツァラトゥストラ』上下巻、吉沢伝三郎訳、ちくま学芸文庫、1993年。

——. *The Will to Power*. Trans. W. Kaufmann and R. J. Hollingdale. New York: Random House, 1967.『遺された断想（1884秋–85秋）』麻生建訳、白水社、1983年、280–281頁；『遺された断想（1887秋–88年3月）』清水本裕／西江秀三訳、白水社、1985年、340–341頁

Patton, Paul. *Deleuzian Concepts: Philosophy, Colonization, Politics*. Stanford, Calif.: Stanford University Press, 2010.

Plato. *Collected Dialogues*. Trans. E. Hamilton and H. Cairns. Princeton, N.J.: Princeton University Press, 1980.『クラテュロス』水池宗明訳、『プラトン全集2』所収、岩波書店、1974年；『ポリティコス』水野有庸訳、『プラトン全集3』所収、岩波書店、1976年；『メネクセノス』津村寛二訳、『プラトン全集10』所収、岩波書店、1975年；『国家』藤沢令夫訳、『プラトン全集11』所収、岩波書店、1976年；『ピレボス』山田道夫訳、京都大学学術出版会、2005年。

Renan, Ernest. *Souvenirs d'enfance et de jeunesse*. Paris: Calmann Lévy, 1893.『思い出』上下巻、杉捷夫訳、岩波文庫、1953年。

Ruyer, Raymond. *Néo-Finalisme*. Paris: Presses Universitaires de France, 2012.

Schmitt, Carl. *Der Nomos der Erde im Völkerrecht des Jus Publicum Europaeum*. Berlin: Duncker and Humblot, 1988.『大地のノモス——ヨーロッパ公法という国際法における』新田邦夫訳、慈学社、2007年。

Shapiro, Gary. "Beyond Peoples and Fatherlands: Nietzsche's Geophilosophy and the Direction of the Earth." *Journal of Nietzsche Studies*, nos. 35–36 (2008): 9–27.

Simmel, Georg. “Die Geselligkeit (Beispiel der Reinen oder Formalen Soziologie).” In Georg Simmel, *Gesamtausgabe*, vol. 16, 103–21. Frankfurt a. M.: Suhrkamp, 1999.『社会学の根本問題（個人と社会）』居安正訳、世界思想社、2004年。

Somers-Hall, Henry. *Hegel, Deleuze, and the Critique of Representation: Dialectics of Negation and Difference*. Albany: State University of New York Press, 2012.

Thiele, Kathrin. “‘To Believe in This World, As It Is’: Immanence and the Quest for Political Activism.” *Deleuze Studies* 4, supplement (2010): 28–45.

——. *The Thought of Becoming: Gilles Deleuze's Poetics of Life*. Berlin: Diaphanes, 2008.

Towarnicki, Frédéric de. “Libres propos de Jean Beaufret.” *Ethernité* 1, no. 1, 91–97. Paris: Editions de la Différence, 1985.

Vernant, Jean-Pierre. *The Origins of Greek Thought*. Ithaca, N.Y.: Cornell University Press, 1982.『ギリシャ思想の起原』吉田敦彦訳、みすず書房、1970年。

Weil, Erich. “Le ‘matérialisme’ des stoïciens.” In *Essais et conférences*, vol. 1, 106–23. Paris: Vrin, 1991.

プリゴジン、イリヤ／スタンジェール、イザベル『混沌からの秩序』伏見康治／伏見譲／松枝秀明訳、みすず書房、1987年。

地理哲学

ドゥルーズ&ガタリ『哲学とは何か』について

著　者：ロドルフ・ガシェ
訳　者：大久保歩

2021年4月20日初版第1刷発行

発行者：小林浩
発行所：有限会社月曜社
〒182-0006 東京都調布市西つつじヶ丘4-47-3
電話 03-3935-0515　FAX 042-481-2561
http://getsuyosha.jp/

印刷・製本：株式会社シナノパブリッシングプレス
装丁・DTP：北岡誠吾

ISBN978-4-86503-105-8
Printed in Japan

叢書・エクリチュールの冒険　第18回配本

いまだない世界を求めて

ロドルフ・ガシェ

本邦初訳、日本版オリジナル論集。ハイデッガー、レーヴィット、デリダを読み解き、美学、政治哲学、倫理学の問いへと現象学的思考を解き放つ。ヴェテランの半生を詳しく振り返るロング・インタビューを付し、知られざるその思想的境位を明かす。吉国浩哉訳、2012年1月刊、本体3,000円。

脱構築の力——来日講演と論文

ロドルフ・ガシェ

日本版オリジナル論集第2弾。2014年の来日講演を全収録し、アーレント論やデリダ追悼論文、文芸批評における脱構築の理論的射程を解明した記念碑的論文「批評としての脱構築」（1979年）などを併載。宮﨑裕助編訳、入江哲朗／串田純一／島田貴史／清水一浩訳、2020年1月刊、本体2,700円。